Web Promotion – Professionelle Werbung im Internet

Martin Bürlimann

Web Promotion

Professionelle Werbung im Internet

Midas Management Verlag
St. Gallen • Zürich

Web Promotion – Professionelle Werbung im Internet

Die Deutsche Bibliothek – CIP-Einheitsaufnahme:

Bürlimann, Martin:
Web Promotion – Professionelle Werbung im Internet. 2. komplett überarb. und erw. Aufl. / Martin Bürlimann. St. Gallen / Zürich: Midas Management Verlag 2001.

ISBN 3-907100-15-8

Lektorat: Elisabeth Schüßlbauer
Satz: Alfred G. Bühler
Druck- und Bindearbeiten: Koninklijke Wöhrmann B.V., Zutphen, Niederlande

Inhaltsverzeichnis

1. Im Internet – was nun?

2. Werbung – Marketing – PR – Sales Promotion

3. Bannerwerbung

5. Bannerwerbung in der Praxis

6. Unternehmenskommunikation im Internet

7. Erfolgsauswertung

Danksagung zur 1. Auflage

Dieses Buch entstand im Herbst 1998 in Wipkingen, Zürich. Große Hilfe, gute Tips und fachliche Unterstützung erhielt ich von Dr. Kornél Szabó vom Institut für Informatik an der Universität Zürich, Marie-Louise Affolter, Barbara Schneider, Dr. Boris Nitsche, meiner Geschäftspartnerin Bettina Stich, Soziologin, ihrem Lebenspartner Peter Reichel, Bell Laboratories (USA), und Elisabeth Schüßlbauer vom Midas Verlag. Spezieller Dank gebührt Bernhard Würsten für sein immenses Fachwissen und Oliver Timme für seine genialen Würfe, beide von der Internetfirma SERCON AG in Stäfa.

Vorwort zur 2. Auflage

Das größte Kompliment für ein Buch ist eine zweite Auflage. Seit dem Erscheinen der 1. Auflage hat Internet-Werbung in der Praxis einen riesigen Professionalisierungsschub erfahren. Für die meisten Agenturen und Berater gehört das Internet heute zum Alltag – was vor zwei Jahren noch nicht überall der Fall war. In der Theorie, vor allem in der Betriebswirtschaftslehre, ist die Integration des Internet in die Unternehmenskommunikation eine Selbstverständlichkeit geworden. Am erfreulichsten aber ist wohl der Umstand, dass das Internet die Welt der Informatik verlassen hat und als das behandelt wird was es ist – nicht Technik, sondern Kommunikation.

Grundsätzlich hat sich am Aufbau und an der Struktur des Buches nichts geändert. Als wesentliche Neuerung ist in der 2. Auflage das Kapitel 6, «Unternehmenskommunikation im Internet», dazu gekommen. An vielen Stellen sind Einzelheiten ergänzt oder berichtigt worden. Kapitel 2 wurde leicht gekürzt. Die meisten Abbildungen und Tabellen sind aktualisiert; ebenso entsprechen die Beispiele dem heutigen Stand. Das Buch wurde der neuen Rechtschreibung angepasst.

Ein spezieller Dank gebührt den Leserinnen und Lesern, die per Mail eine Menge an Ideen und konstruktiver Kritik eingebracht haben. Ich habe mir erlaubt, viele der Tipps ohne Namenangabe zu verwenden. Auch dem Publikum an diversen Veranstaltungen und Workshops habe ich viele Ideen und konkrete Hinweise zu verdanken. Bei der 2. Auflage danke ich wiederum meiner Lektorin Elisabeth Schüßlbauer für ihren großen Einsatz. Speziell danke ich Ursula Stalder, Geschäftsleiterin der Wirz Interactive AG, für ihre guten Ratschläge zum Thema Corporate Communications im Internet. Und ein ganz großes Dankeschön auch diesmal Bernhard Würsten und Oliver Timme von der SERCON AG für ihre Ideen und ihr profundes Wissen.

Martin Bürlimann
http://www.ionos.ch
bue@ionos.ch

1

Im Internet – was nun?

«Das Internet ist zehn Prozent Technik und neunzig Prozent Kommunikation»

Ausgangslage ist eine bereits existierende Firmenpräsentation im Internet. Das Unternehmen muss das Medium Internet verstehen, die Kommunikation beherrschen und im täglichen Geschäft anwenden können. Ziel ist es, das Angebot im Internet als eigenständiges Instrument in die Unternehmenskommunikation zu integrieren. Oft stellt ein Unternehmen fest, dass die Abfragezahlen bescheidener sind als erwartet. Die Aufgabe besteht nun darin, die Abfragezahlen auf dem Internet-Angebot zu erhöhen. Dazu muss das Unternehmen neue Kanäle generieren, das Absatzgebiet ausdehnen, neue Formen von Partnerschaften eingehen und das Internet als Kommunikationsmittel in die betrieblichen Prozesse integrieren. Integration des Internet in betriebliche Prozesse, Verständnis des Mediums und sattelfeste Anwendung sind die Voraussetzungen für effektive Online-Werbung.

1.1 Wir sind online!

Sie haben den Sprung geschafft – Glückwunsch! Ihr Unternehmen präsentiert sich im Internet, die Arbeitsplätze sind vernetzt, die Angestellten haben eine eigene E-Mail-Adresse und können damit umgehen. Das Tor zur Welt ist offen.

Schön. Sie sind im Internet wie alle anderen auch – aber wozu eigentlich? Es gibt heute praktisch kaum ein Unternehmen, das im Internet tatsächlich Geld verdient. Die Investitionen sind zwar nicht so dramatisch hoch – ein Online-Shop kostet weniger als ein neuer Geschäftswagen –, aber der Zeitbedarf und die Zusatzaufgaben sind doch recht umfangreich. Wozu also eine unsichere Investition tätigen? Und weshalb zusätzlich Geld ausgeben für Werbung? Und wenn – für welche Werbung? Wie viel in welchem Medium investieren? Wie viel der bisherigen Werbung kann für den Online-Verkauf verwendet werden? Was kann das Unternehmen selbst erledigen und was muss es einkaufen?

Dieses Buch will Ihnen helfen, diese Fragen zu beantworten. Es soll Möglichkeiten und Grenzen zeigen, wie Sie Ihr Unternehmen und Ihre Produkte im Internet darstellen und tatsächlich verkaufen. Der Kern des Buches zielt darauf ab, Ihnen zu zeigen, wie Sie das Internet in Ihr Unternehmen integrieren und wie Sie den Verkehr auf Ihrer Site und in Ihrem Online-Shop erhöhen können.

1.1.1 Firmenpräsentation im Internet

Die erste Stufe der Internet-Nutzung ist die Selbstdarstellung. Jedes Unternehmen muss sich online mit seinen Produkten und seinen Dienstleistungen präsentieren. Dies ist so elementar wie ein Imageprospekt. Die Angestellten haben eine eigene E-Mail-Adresse, das ist so selbstverständlich wie ein Visitenkärtchen. Die Selbstdarstellung im Internet hat nichts mit Eitelkeit zu tun, sie ist für die Kunden nützlich, für die Kommunikation hilfreich und für die Arbeitsabläufe praktisch.

Die Firmenpräsentation ist der erste Schritt in die Zukunft. Das Internet ist eine komplett neue Form von Kommunikation. Es ist nicht besser oder schlechter, es ist anders. Das Internet weist einige Tücken und Fallgruben auf. Das Unternehmen muss die Möglichkeiten anwenden, um sich durch «Learning by doing» das Know-how anzueignen und die Ängste vor dem neuen Medium zu verlieren.

Die beste Möglichkeit, sich diese Fähigkeiten anzueignen und den mentalen Sprung in die vernetzte Zukunft zu tun, ist der Firmenauftritt im Internet. Die Maßnahme ist kostengünstig, einfach und bei richtigem Vorgehen nahezu risikolos. Der Sprung ist massiv: Die Firma ist buchstäblich über Nacht auf diesem Planeten präsent, und zwar auf dem ganzen. Jeder Interessierte von überallher hat die Möglichkeit, die Firma anzusehen und mit dem Unternehmen in Kontakt zu treten. Für die Angestellten öffnet sich umgekehrt eine neue Welt: Sie können in jedem Land jedes Internet-Angebot anklicken und mit jeder Firma auf der Erde Kontakt aufnehmen. Damit öffnen sich neue Horizonte; diese Vorteile gilt es zu nutzen.

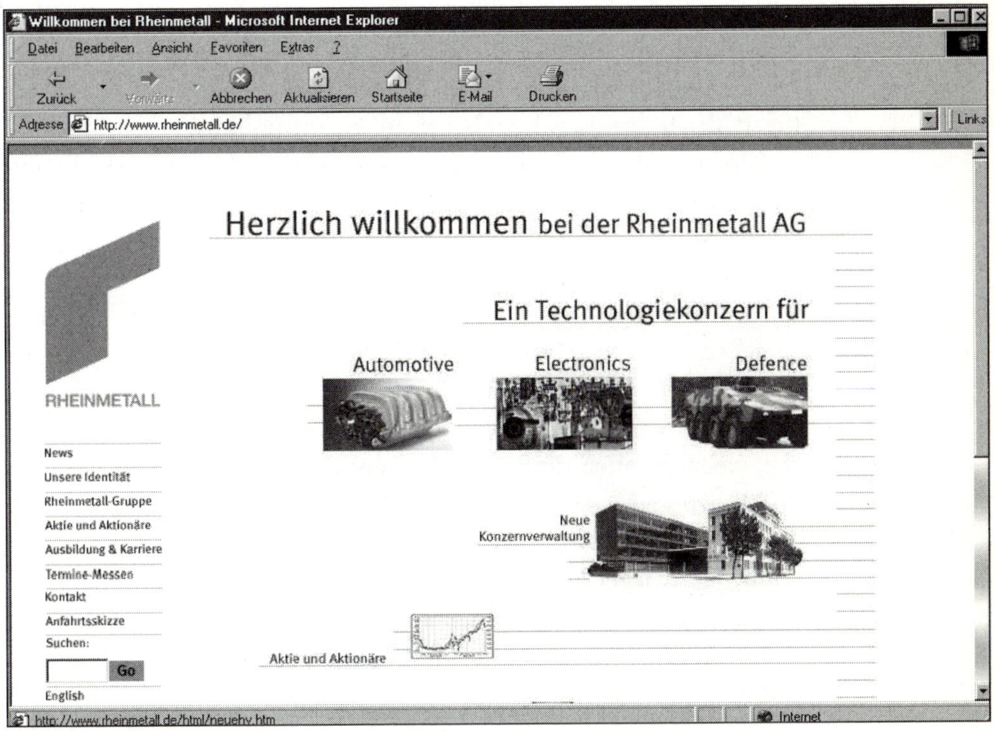

Abb. 1.1: Ein Beispiel für eine Firmenpräsentation im Internet: Die Firma Rheinmetall stellt sich vor. Dieses Unternehmen nutzt das Internet als Kommunikationsplattform (http://www.rheinmetall.de).

Die technische Vernetzung ist das eine – die mentale Vernetzung das andere. Alle Angestellten sind nun jederzeit für den Kunden erreichbar: Es gibt keinen Schalter mehr mit einem unsichtbaren Backoffice. Alle Kunden treten direkt mit dem zuständigen Sachbearbeiter in Kontakt, wann immer sie wollen. Und sie erhalten auch online eine Antwort. Wenn das aber nicht möglich ist, weil die Firma nicht im Internet ist, gehen die Kunden vielleicht zur Konkurrenz. Und Online-Kunden brauchen nicht zu *gehen*, sie sind nur einen Mausklick von jedem Konkurrenzanbieter weg.

1.1.2 Online-Shop im Internet

Die augenfälligste Möglichkeit, eine Firmenpräsentation auszubauen, ist ein Online-Shop. Die Produkte und Dienstleistungen der Firma sind im Internet präsentiert und die Kunden können die Produkte einsehen und bestellen. Ein Online-Shop ist eine Stufe komplexer als die Selbstdarstellung im Internet. Bedingung für Aufbau und Betrieb eines Online-Shops ist, dass die Angestellten bereits über die Fähigkeiten verfügen, das Internet im beruflichen Alltag anzuwenden.

Bereits heute zeigen einige Shops spektakuläre Erfolge. Wie die Zukunft des Online-Shopping im Detail aussehen wird, wie sich die einzelnen Branchen entwickeln und in welchen Gebieten große Umschichtungen von bisherigen Verkaufsformen in Internet-Verkaufsformen entstehen werden, ist allerdings vollkommen offen. Vielleicht vergehen noch zwei Jahre, bis substanzielle Umsätze über Online-Verkauf getätigt werden, vielleicht vergehen aber noch sieben Jahre. Vielleicht werden dann zehn Prozent des Gesamtumsatzes Ihrer Branche, vielleicht auch fünfzig Prozent online erzielt. Niemand weiß das und Prognosen basieren auf einem unsicheren Fundament. Wichtig ist die Erkenntnis, dass früher oder später ein gewisser Teil der Umsätze online abgewickelt wird. Wann und wie viel das sein wird spielt überhaupt keine Rolle. Wichtig ist einzig, dass Ihr Unternehmen den Zug nicht verpasst und sich Wissen und Fähigkeiten des Online-Shoppings früh genug aneignet.

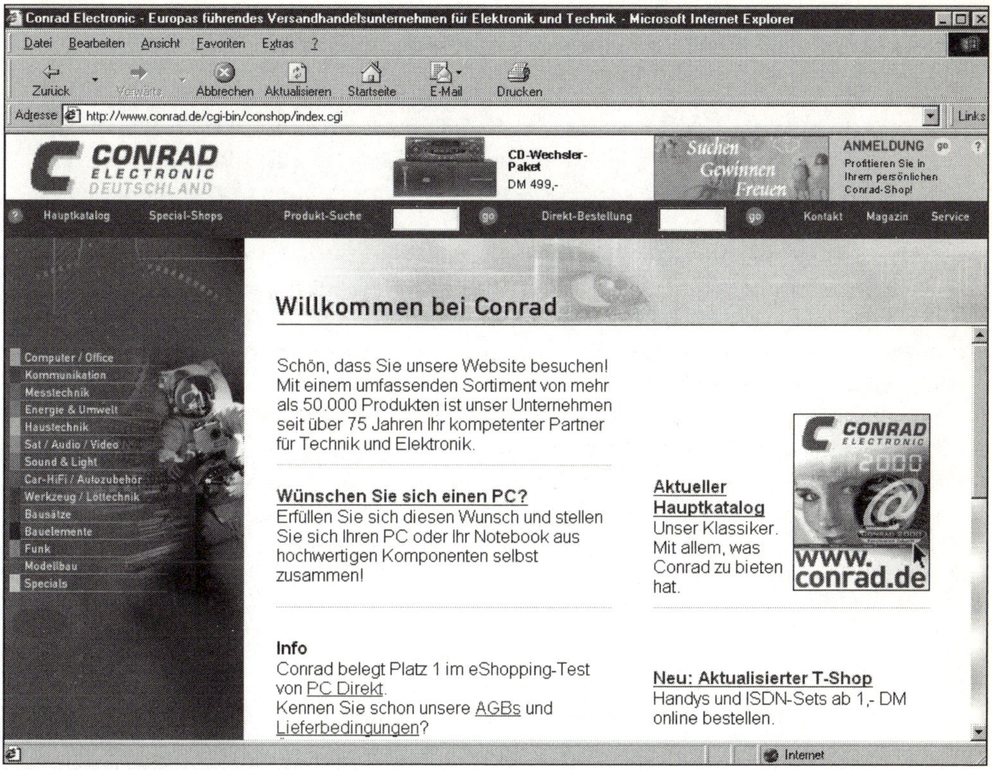

Abb. 1.2: Ein typisches Beispiel für einen Online-Shop: Die Firma Conrad Electronic präsentiert ihre Produktpalette im Internet und gibt ihren Kunden die Möglichkeit, online zu bestellen und zu bezahlen (http://www.conrad.de).

Geld verdienen im Internet – wozu?

Alle fragen sich: Wie kann ich im Internet Geld verdienen? Dies ist vielleicht die falsche Frage. Drehen Sie den Spieß um und fragen Sie sich: «Wie kann ich im Internet Kosten senken?». Es gibt prinzipiell zwei Methoden um den Gewinn zu steigern: höhere Einnahmen oder tiefere Kosten. Es ist sehr schwer, im Internet Einnahmenströme zu generieren. Oft sind die Kosten für neue Kunden höher als der Umsatz, den das Unternehmen mit ihnen erzielt. Umgekehrt bietet das Internet eine ganze Reihe von Möglichkeiten, Geld zu sparen, angefangen bei der Telefonrechnung bis zu eingesparten Druckkosten für Kataloge, die jetzt online sind.

Internet ist nicht Informatik, Internet ist Kommunikation

Sie werden in diesem Buch mehrmals einen Fachausdruck aus der Kommunikationswissenschaft finden. Es handelt sich um die *Funktionalitätsumkehr in der Rezeption.* Rezeption heißt Medienkonsum und die Umkehr der Funktionalität heißt, dass der Empfänger sich die Botschaft beim Sender *holt.* In klassischen Medien wie einer Zeitung *bringt* der Journalist seine Botschaft dem Leser, in einem gewissen Sinne wörtlich: der Leser findet die Zeitung morgens in seinem Briefkasten. Im Internet bringt der Sender der Botschaft niemandem etwas. Eine Seite ist auf einem Server gespeichert. Wenn jemand diese Seite anschauen will, gibt der Empfänger die Adresse in seinen Computer ein und holt sich die Botschaft. Das Holen der Botschaft ist ebenfalls wörtlich zu verstehen, die Daten werden über verschiedene Knoten vom Sender (dem Betreiber der Website) hin zum Empfänger (derjenige, der die Adresse aufgerufen hat) geschickt. Es braucht Sie nicht zu kümmern, wie das technisch vor sich geht. Internet ist Kommunikation, nicht Technik. Wichtig ist, dass Sie das Prinzip der Funktionalitätsumkehr kennen und verstehen. Ihre Internet-Werbung ist erfolgreicher, wenn Sie dieses Phänomen berücksichtigen.

1.1.3 Unternehmen in der Lernphase

Alle Unternehmen befinden sich in einer Lernphase. Je schneller diese Lernprozesse abgeschlossen sind, umso eher hat das Unternehmen eine Chance, das Internet tatsächlich gewinnbringend einzusetzen. Die Möglichkeiten sind enorm – es geht darum, Ideen in die Realität umzusetzen und die Chancen zu ergreifen.

Es sind im Wesentlichen drei Lernprozesse, die jedes Unternehmen möglichst schnell hinter sich bringen soll: Erstens muss das Alltagswissen bezüglich der Internet-Anwendung bei jedem Angestellten und an jedem Arbeitsplatz vorhanden sein. Ein Mail zu empfangen und direkt zu beantworten muss für alle Angestellten vom Lageristen bis zum Verwaltungsratspräsidenten absolut selbstverständlich sein. Die Fähigkeit, ein E-Mail zu beantworten ist so elementar wie die Bedienung der Kaffeemaschine. Eine andere Firma im Internet zu suchen und zu finden muss so alltäglich sein, wie eine Nummer im Telefonbuch zu suchen.

Der zweite Lernprozeß bezieht sich auf die Integration unternehmerischer Prozesse. Die Präsentation der Dienstleistungen und Produkte im Internet alleine genügt nicht. Es gilt, weitergehende Möglichkeiten wie Online-Verkauf oder Online-Kundenservice zu beherrschen. Dazu ist es notwendig, Prozesse und Abläufe anzupassen oder neu einzurichten. Die Bestellungen im Online-Shop müssen bearbeitet werden. Dies betrifft den Bestellungseingang, die Bearbeitung, die Auslieferung, die Rechnungsstellung und das Inkasso. Diese Prozesse spielen sich nicht von selbst ein – ein realisierbares Konzept ist absolut essenziell. Online-Kundenservice heißt mehr als ein paar Mails beantworten.

Als drittes muß jedes Unternehmen die Kommunikation mit dem neuen Medium Internet beherrschen. Relevant ist die Kommunikation mit Kunden und Partnern. Die Kunden müssen ihre Fragen und Probleme auch über Internet deponieren können. Wenn ein Kunde einen Brief schreibt, geht er davon aus, dass der Brief gelesen wird. Er erhält eine Antwort. Wenn der Kunde eine Anfrage per E-Mail abschickt, will er ebenfalls eine Antwort. Ein Unternehmen, das nicht fähig ist, eine Kundenanfrage im Internet zu beantworten, hat den Anschluss an die Moderne verpasst. Mit den Partnern muss das Unternehmen seinen Einkauf und seine Distribution abwickeln. Das Internet unterstützt diese Aufgaben. Das Unternehmen kann Kosten sparen, wenn es die Möglichkeiten nutzt und effizient einsetzt.

1.2 Die Fragen

Ziele festlegen ist einfach – Ziele erreichen nicht unbedingt. Wer realistische Ziele festlegen will, muss die richtigen Fragen stellen. Die Ausgangslage ist zwar für jedes Unternehmen individuell; trotzdem kann man viele Gemeinsamkeiten ausmachen. Nach dem Einrichten der Firmenpräsentation stehen fünf Fragen im Vordergrund: Wie lassen sich Abfragezahlen steigern? Welche Werbemaßnahmen sind im Internet sinnvoll? Was kostet Internet-Werbung? Wie lässt sich das Internet in die Unternehmenskommunikation integrieren? Make or buy?

1.2.1 Wie lassen sich Abfragezahlen steigern?

Praktisch jedes Unternehmen macht dieselbe Erfahrung: Die Zahl der Menschen, die das Internet-Angebot des Unternehmens tatsächlich nutzen, ist enttäuschend gering. Das Ziel heißt nun dafür zu sorgen, dass diese Zahl steigt. Mit der Firmenpräsentation im Internet und mit dem Online-Shop alleine ist es nicht getan. Auch die Integration des Internet in die Unternehmensprozesse ist wichtig, ebenso das Know-how in der Anwendung des Internet im täglichen Gebrauch. Die Hauptfrage bleibt aber dennoch bestehen: Wie hoch sind die Abfragen auf dem Internet-Angebot und wie lassen sich die Abfragezahlen systematisch und dauerhaft steigern? Der Unterschied zwischen erfolgreichen und erfolglosen Unternehmen mit einem Internet-Angebot liegt wesentlich darin, wie gut das Unternehmen diese Frage für sich selbst beantworten kann und die Antworten in Taten umsetzt.

1.2.2 Welche Werbemaßnahmen sind im Internet sinnvoll?

In den klassischen Medien gibt es eine Palette von Werbemitteln und Werbemaßnahmen. In der Internet-Werbung kommt nun eine ganze Reihe von neuen Möglichkeiten hinzu. Es gilt, die Palette von Werbemaßnahmen kennen zu lernen und auszunutzen. Es gibt Site Promotion im Internet und Site Promotion außerhalb des Internet. Viele der klassischen Werbemittel können für Internet-Werbung genutzt werden. Neu gibt es eine Reihe von Werbemöglichkeiten, die erst mit dem Aufkommen des Internet entstanden sind. Die wichtigste davon ist die Bannerwerbung. Das Unternehmen muss die Möglichkeiten kennen lernen und für seine Zwecke einsetzen.

1.2.3 Was kostet Internet-Werbung?

Internet-Werbung ist so jung wie das Medium selbst. Professionelle Internet-Werbung in Form von Site Promotion und Bannerwerbung war in Europa vor 1997 eine Seltenheit. Seit Anfang 1998 professionalisiert sich Bannerwerbung und die Site Promotion beginnt, ihren Namen langsam zu verdienen. Das Unternehmen muss Werbung für das eigene Internet-Angebot betreiben. Die Kosten dürfen allerdings nicht beliebig hoch sein, sie müssen in einem gesunden Verhältnis zu anderen Marketing-Maßnahmen sein. Die zusätzlichen Einnahmen, die mit oder durch das Internet erzielt werden, müssen die Werbeausgaben schlussendlich rechtfertigen.

1.2.4 Wie lässt sich das Internet in die Unternehmenskommunikation integrieren?

Aus theoretischer Sicht stünde die Frage am Anfang: «Wie integrieren wir das Internet in die Unternehmenskommunikation?» In der Realität hat es sich gezeigt, dass praktisch überall die ersten Gehversuche ohne abschließendes Konzept stattfanden. Dies kann kein Vorwurf sein, da es Ende der Neunzigerjahre nicht absehbar war, wie sich das Internet entwickeln würde und welchen Stellenwert es nach der großen Euphorie noch haben würde. Heute ist es offensichtlich: Das Internet ist in jeder Branche für jede Organisation strategisch bedeutsam. Die konkrete Aufgabe lautet jetzt, das bestehende Internet-Angebot mit dem bestehenden Marketing in Einklang zu bringen, die Mittel, Maßnahmen und Instrumente zu synchronisieren und die gesamte Kommunikation zu vereinheitlichen.

1.2.5 Make or buy?

Die zentrale Frage jeder unternehmerischen Tätigkeit lautet: Was kann das Unternehmen selbst und was muss es einkaufen? Diese Frage ist bei der Internet-Werbung aus zwei Gründen wichtig: Viele Unternehmen unterschätzen die Anforderungen. Internet-Werbung ist jung, die Erfahrungen sind bescheiden und bei falscher Anwendung können gewisse Risiken entstehen. Es kann eine gute Investition sein, für die Internet-Werbung Fachleute beizuziehen. Der zweite Grund, weshalb die Frage «make or buy» wichtig ist, ist die Wahl des Partners. Erfahrung in klassischer Werbung genügt nicht, um erfolgreich im Internet zu werben. Das Unternehmen muss sich seinen Partner für Internet-Werbung besonders sorgfältig aussuchen.

1.3 Die Aufgaben

Der Firmenauftritt ist der Beginn des Abenteuers. Es stellen sich eine ganze Reihe von Aufgaben. Jedem Unternehmen ist es selbst überlassen, in welchem Tempo und mit welchem Effort es die Aufgaben in Angriff nimmt. Die Unterschiede zwischen den verschiedenen Branchen sind ziemlich groß; auch innerhalb einer Branche können die Firmengröße und Besonderheiten einer Firma Anlass sein, die Tätigkeiten zu forcieren oder zu bremsen. Im Prinzip sind jedoch sämtliche Aufgaben für jede Firma in allen Branchen dieselben. Es gilt, das Medium zu nutzen, neue Kanäle generieren, Kunden online zu bedienen und neue Märkte zu erschließen.

In diesem Abschnitt sind einige der wichtigsten Aufgaben kurz beschrieben, die es zu erledigen gilt, wenn eine Firma im Internet mehr erreichen will als nur sich selbst darzustellen. Die Ziele sind stets dieselben: es geht darum, das Internet in die unternehmerischen Prozesse zu integrieren und die Kommunikation mit Kunden und Partnern auch via Internet abzuwickeln. Das Endziel der Aufgaben ist es, die Abfragen auf der eigenen Internet-Seite zu steigern und damit dem Internet-Angebot zum Erfolg zu verhelfen. Als übergeordnetes, langfristiges Ziel muss das Unternehmen die Massnahmen im Internet mit der gesamten Kommunikation synchronisieren.

1.3.1 Integration in die Unternehmenskommunikation

Die grundsätzliche Aufgabe lautet, das Internet als ein Medium der Kommunikation zu erkennen und in die bestehende Unternehmenskommunikation zu integrieren. Ziele, Mittel und Maßnahmen müssen geplant, budgetiert und realisiert werden. Meist sind dazu viele Parteien gefordert. Auch Geschäftspartner wie Lieferanten oder Zwischenhändler sollten in die Planung einbezogen werden. Diese Aufgabe ist langfristig ausgelegt. Das Tempo ist derart hoch, dass man nicht warten kann, bis ein theoretisches Fundament besteht und abgesichert ist. Viele Unternehmen lösen diese Aufgabe, indem sie die täglichen Aufgaben bewältigen und unterschwellig eine konzeptionelle Basis erstellen. Kapitel 6 ist diesem Thema gewidmet.

1.3.2 Neue Kanäle generieren

Eine wichtige Aufgabe heißt, neue Kanäle zu generieren. Verkauf und Absatz über Internet ist absolut neu und es gibt einige Besonderheiten, die kein konventioneller Kanal aufweist. Wie verkauft das Unternehmen an einen Kunden, den es nie zu Gesicht bekommt? Wie schafft die

Firma Vertrauen, wenn der Kunde nie persönlich einem Firmenmitarbeiter begegnet? Wie werden die Produkte physisch ausgeliefert, wenn ein Kunde am Bildschirm bestellt?

Kanäle einrichten ist keine Aufgabe für den Informatiker. Im Gegenteil, die Technik ist Handarbeit, genauso das Design des Shops. Die eigentliche Denkarbeit betrifft die Organisation der Verkaufskanäle. Diese Aufgabe ist eine echte Herausforderung und je schneller das Unternehmen sich ihr stellt, umso größer ist sein Vorsprung vor der Konkurrenz.

1.3.3 Absatzgebiet ausdehnen

Das Internet ist weltumspannend. Es gibt keine Landesgrenzen, keine Zölle, keine Beamten, keine Verkehrspolizisten, keine Öffnungszeiten, keine Kontrolleure, keine Inspektoren... Die Feststellung, dass das Internet global ist, nützt für sich nicht viel. Was bedeutet es konkret? Welche Chancen eröffnen sich? Jedes Unternehmen muss überlegen, wie es sein Absatzgebiet ausdehnen kann. Ein kleines Fachgeschäft kann nun Kunden bedienen, die nicht in derselben Gemeinde wohnen. Und ein Konzern kann in einem Land flächendeckend tätig sein, in welchem er nur eine einzige Filiale an einem Standort unterhält. Eine Treuhandgesellschaft in Berlin kann ihre Unternehmensberatung in ganz Deutschland anbieten und der frühpensionierte Steuerberater in Liechtenstein kann sich einen hübschen Nebenverdienst einrichten, indem er weltweit Firmen berät, die im Ländle einen Briefkastensitz einrichten wollen.

1.3.4 Neue Formen von Partnerschaften eingehen

Alle sprechen vom virtuellen Unternehmen – wenige probieren es aus. «Virtuell» heißt nicht, dass die Firma alle Angestellten entlässt und von vorne beginnt. Virtuell bedeutet, dass einige unternehmerische Prozesse mit Hilfe des Internet vereinfacht werden. Der Informationsfluss lässt sich in vielen Fällen stark vereinfachen und Angestellte von verschiedenen Unternehmen rücken näher zusammen. Gerade im Einkauf ist ein enger Kontakt zum Lieferanten interessant. Gemeinsamer Einkauf mit der Konkurrenz erhöht die Marktmacht massiv. Zusammenlegung von administrativen Tätigkeiten bietet sich ebenfalls an. Gerade für kleinere Betriebe ist beispielsweise das Outsourcen von Buchhaltung und Papierkram sehr interessant.

1.3.5 Produkte online verkaufen

Im Internet-Shop treffen Bestellung und Zahlung online ein. Sie kommen aber nicht von selbst. Die Menschen «surfen» nicht am Laden vorbei, diese bildliche Umschreibung der Internet-Nutzung ist falsch. Am Hamburgerstand im Hauptbahnhof gehen jeden Tag Hunderte von Menschen vorbei. Ab und zu wird schon jemand einen Hamburger kaufen. Wenn die Auslage appetitlich hergerichtet und die Bedienung nett ist, dürfte die Kasse am Abend stimmen. Am Online-Shop schlendert nie jemand vorbei. Die Betreiber des Online-Shops müssen sich jeden einzelnen Klick verdienen. Die Kunden wählen die Adresse, wenn sie sie kennen. Und sie sind jederzeit nur einen Mausklick von der Konkurrenz entfernt.

1.3.6 Dienstleistungen online verkaufen

Die Darstellung der Produkte und Dienstleistungen ist ein zentraler Faktor dafür, ob im Online-Shop überhaupt jemals etwas verkauft wird. Physische Produkte sind für die Kunden greifbar, eine Darstellung mit Beschreibung und einer Fotografie ist leicht verständlich. Am einfachsten lassen sich Produkte wie Schuhe zeigen: Foto, Markenlogo, Text und Attribute wie Schuhgröße, Preis und Spezialitäten sind mit einem guten Shopkonzept einfach darstellbar.

Kniffliger ist es, Dienstleistungen zu verkaufen. Dienstleistungen verkaufen heißt Vertrauen verkaufen. Dienstleistungen online verkaufen ist die Krönung im Internet-Verkauf. Nur Dienstleistungsanbieter, die das Internet perfekt beherrschen und alle Register ziehen können, haben eine Chance, überhaupt jemals einen Abschluss im Online-Shop zu tätigen.

1.3.7 Neue Dienstleistungen offerieren

Mit Fantasie und Fleiß kann man im Internet seinen Kunden echte Neuigkeiten anbieten. Was Kunden wollen, ist Unterstützung. Wie wäre es mit technischem Support per Internet? Es kostet einen Pappenstiel, ein Kundenforum einzurichten, in dem Fragen zur Anwendung von Produkten besprochen werden können. Oder könnte man seinen Kunden nicht etwas Besseres bieten als die oft fürchterlich umständlichen Gebrauchsanleitungen? Wie wäre es mit einer 3D-Gebrauchsanweisung, bei der die Kunden das Produkt und seine Zusammensetzung dreidimensional auf dem Bildschirm sehen? Online-Dienstleistungen sind eine Möglichkeit, sich von der Konkurrenz abzuheben. Der Fantasie sind dabei keine Grenzen gesetzt.

1.3.8 Online-Kundenservice einrichten

Unternehmen können ihren Kunden sinnvolle, nützliche und praktische Dienstleistungen anbieten. Statt dass ein Kunde mit einer Reklamation sich dreimal verbinden lassen muss, nur um zu hören, dass Herr Müller «gerade nicht am Platz ist», kann er sein Problem im Online-Kundenservice deponieren. Natürlich erhält er möglichst noch am gleichen Tag eine Antwort. Der Online-Shop bietet eine Reihe von Möglichkeiten, um den Kundenservice zu erweitern und mit nützlichen Funktionen zu ergänzen. Ein Online-Kundenservice ist eine Gelegenheit, sich um Klassen von der Konkurrenz abzuheben.

1.3.9 Abfragen steigern

Der Kreis schließt sich: Alle Internet-Angebote sind Selbstzweck und Nabelschau, wenn die Abfragezahlen nicht stimmen. Die Erfahrungen sind oft hart: Die Euphorie war groß, das Engagement hoch. Jetzt, wo der Online-Shop in Betrieb ist, macht sich Ernüchterung breit. Kaum ein Kunde im Shop, praktisch keine Bestellungen.

Die Abfragestatistiken müssen konstant steigen, die Tagesschwankungen geben einen Durchschnitt mit steigendem Trend. Mit den Abfragen tropfen die ersten Bestellungen ein – zaghaft, langsam, zähflüssig. Wenn die Werbung stimmt, steigen die Abfragen konstant an und die Umsätze im Online-Shop nehmen eine Dimension an, die sich sehen lässt. Der Erfolg im Internet steht und fällt mit den Abfragezahlen – und die Abfragezahlen sind eine direkte Folge der Internet-Werbung.

1.4 Das Vorgehen

Das Unternehmen ist mit einem Firmenauftritt im Internet. Die Angestellten kennen ihre Mailadresse und die elementaren Funktionen des Internet. Ein Online-Shop ist bereits in Betrieb oder die Aufnahme eines Online-Verkaufs ist geplant. Die Abfragestatistik ist bekannt und wird regelmäßig ausgewertet. Die Abfragezahlen sind bescheiden. Die Führung gibt als strategisches Ziel an, das Internet zu einem Verkaufskanal wachsen zu lassen, der einen gewissen Anteil am Gesamtumsatz ausmacht. Die Basis für den Erfolg ist eine stetig wachsende Zahl von Abfragen auf dem Server. Fernziel ist ein selbsttragender Online-Shop.

Die Maßnahmen und Mittel, um diese Ziele zu erreichen, sind der Unternehmensleitung nicht im Detail bekannt. Die Unternehmensleitung ist dabei, sich die notwendigen Informationen für die Grundlagenentscheide zu beschaffen. Drei Schritte sind dabei elementar wichtig: Die Unternehmensführung muss Verantwortlichkeiten festlegen. Sie muß einen Zeitplan fixieren und alle notwendigen Entscheidungen fällen. Diese Aufgaben sind strategischer Natur. Die Umsetzung ist operativ und stützt sich auf die Grundsatzentscheidungen.

Es gibt keine allgemein gültigen Tipps oder Regeln. Jedes Unternehmen muss für sich selbst in seiner jeweiligen Situation die Informationen beschaffen, die strategischen Entscheidungen fällen und die Mittel für die Durchführung bereitstellen. Ein Kriterium ist universell gültig: Je schneller die Aufgaben in Angriff genommen werden, umso eher besteht eine Chance, einen Konkurrenzvorteil herauszuholen. Je länger man wartet, umso größer wird der Rückstand.

1.4.1 Verantwortlichkeiten festlegen

Was in jedem Geschäftsbereich selbstverständlich ist, geht oft unter, sobald es um Entscheidungen in Sachen Internet geht. Verantwortlichkeiten festlegen heißt nicht eine Arbeitsgruppe gründen. Verantwortlichkeiten festlegen heißt Kompetenzen und Aufgaben verteilen und Kontrollmechanismen installieren.

1.4.2 Zeitplan aufstellen

Die Unternehmensführung muss einen verbindlichen Zeitplan festlegen. Der Zeitplan ist die Basis für die Weiterentwicklung der Internet-Präsenz. Zusammen mit dem Zeitplan sind Budgetentscheidungen und das Controlling der Maßnahmen festgelegt.

Ein Zeitplan muß realistisch sein. Wichtig ist, dass der Zeitplan die Besonderheit der Arbeitsweise im Internet berücksichtigt: Es braucht Pragmatismus und Mut zur Lücke. Das Internet ist keine Spielwiese für Experimente, dennoch muss das Vorgehen zügig und entschlossen sein. Die Entwicklung im Internet ist derart schnell, dass nicht jeder Schritt bis ins letzte Detail abgeklärt sein kann. Wer zügig vorwärts schreitet, verschafft sich dafür einen Konkurrenzvorteil.

1.4.3 Entscheidungen treffen

Die strategischen Entscheidungen der Geschäftsleitung liegen schriftlich vor. Sie sind die verbindliche Grundlage für das operative Vorgehen. Die Angestellten, die für die Umsetzung zuständig sind, können sich darauf stützen.

Ein Ziel dieses Buches ist es, vertiefte Informationen für Grundlagenentscheidungen zu liefern. Die Beschreibung von Vorgehensweisen und Anforderungen für erfolgreiche Abfragesteigerung sollen helfen, vernünftige, tragbare Entscheidungen zu fällen.

Checkliste: Im Internet – was nun?

Bevor Erfolg im Internet möglich ist, müssen die Vorbereitungen abgeschlossen sein und der Umgang mit dem Internet muss für alle Angestellten selbstverständlich sein. Das absolute Minimum ist eine professionelle Firmenpräsentation, besser ist ein Online-Shop. Das Know-how im täglichen Umgang ist vorhanden und das Internet ist in die Kommunikation und in die betrieblichen Abläufe integriert.

Die folgenden Punkte müssen erledigt sein, damit Werbung im Internet überhaupt erst möglich ist.

1. Ihr Unternehmen hat die notwendigen Vorbereitungen für Online-Werbung abgeschlossen.

- ☐ Domain ist registriert und aktiv
- ☐ Firmenpräsentation läuft
- ☐ Online-Shop ist eingerichtet
- ☐ Firmenpräsentation und Shop basieren auf einem Konzept, welches schriftlich vorliegt
- ☐ Die Kompetenzen und die Aufgaben sind verteilt

2. Die Verantwortlichen und die Angestellten haben das notwendige Know-how im täglichen Umgang mit dem Internet.

- ☐ Alle Angestellten kennen die Internet-Adresse des Unternehmens und die eigene Mailadresse
- ☐ Alle Angestellten können ein E-Mail empfangen und beantworten
- ☐ Jeder Angestellte hat unbeschränkten Zugang zum Internet
- ☐ Alle Angestellten wissen, wie man im Internet sucht und findet
- ☐ Eingehende Mails sind am folgenden Arbeitstag beantwortet

3. Das Internet ist in die Unternehmenskommunikation integriert.

- ☐ Die Firmenpräsentation ist ein Kommunikationspfeiler im Unternehmen nach außen (zu den Kunden)
- ☐ Die Firmenpräsentation ist ein Kommunikationspfeiler im Unternehmen nach innen (zwischen den Abteilungen und mit Partnerunternehmen)
- ☐ Die Mailadressen der Angestellten sind auf dem Internet-Angebot leicht zu finden

- ☐ Die Angestellten schicken ein Mail, wenn sie einem Kollegen in einem Partnerunternehmen eine Frage stellen
- ☐ Kürzerer Text wird nicht per Post, sondern selbstverständlich per Attachment, als Anhang zum E-Mail versandt

4. Das Internet ist in die Betriebsabläufe integriert.

- ☐ Die Bestellungen im Online-Shop werden täglich erledigt
- ☐ Die Bestellungen gelangen ohne Zeitverlust in die Auslieferung
- ☐ Der Informationsfluss zwischen Einkauf, Bestellwesen, Auslieferung und Ähnliches sind eingespielt
- ☐ Kunden können beim Online-Kundenservice im Shop genauso einfach eine Reklamation deponieren wie per Telefon

2

Werbung Marketing Public Relations Sales Promotion

Kommunikationsmaßnahmen lassen sich einteilen in Werbung, Marketing, Public Relations und Sales Promotion. Der Einfluss des Internet auf die Werbemittel Inserat, Plakat, Mailing und Spot ist unterschiedlich stark. Das Unternehmen und seine Werbeagentur müssen diese Einflüsse kennen und verstehen. Der Marketingmix, hier beschrieben als die «4P» Product, Price, Place und Promotion, erfährt eine Reihe von Einflüssen durch das Internet, die je nach Größe und Branche des Unternehmens unterschiedlich wichtig sind. Analoges gilt für Public Relations und Sales Promotion: Das Unternehmen muss den jeweiligen Einfluss des Internet in seiner spezifischen Situation untersuchen. Erfolgreiche Internet-Werbung basiert auf fundiertem Wissen über den Einfluss des Internet auf die gesellschaftliche Kommunikation im Allgemeinen und auf die Unternehmenskommunikation im Speziellen.

2.1 Klassische Werbung

2.1.1 Überblick über die klassische Werbung

Werbung ist die älteste Form, den Kunden mitzuteilen, welche Produkte und Dienste ein Unternehmen zu welchen Bedingungen anbietet. Werbung ist extrem vielseitig und facettenreich. Die Formen und Ausprägungen von Werbung kennen keine Grenzen; jede Botschaft kann durch jedes Medium und mit jedem Träger einen Weg zum Kunden finden. Werbung ist das sichtbarste Element im gesamten unternehmerischen Prozess. Ihr Zweck ist es, Kunden zu informieren.

Werbung alleine bringt jedoch nichts. Sie ist eingebettet in den Marketingmix, in die Public Relations und in die Verkaufsförderungsmaßnahmen. Ob der Kunde ein Produkt tatsächlich kauft, hängt ab vom Produkt selbst, vom Preis, von der Qualität, vom Service, von Zahlungsbedingungen und weiteren Aspekten. Ohne Werbung verkauft das Unternehmen nichts – da schlicht niemand die Dienstleistung oder das Produkt kennt.

Die Kernaufgaben der Werber sind im Wesentlichen die Festlegung des Werbebudgets, die Formulierung der Botschaft, die Wahl der Medien und die Methoden zur Bewertung des Erfolgs.

Werbebudget

In der Regel legen Unternehmen ihr Werbebudget jährlich fest. In der Praxis ist die «Soviel-wie-wir-uns-leisten-können-Methode» am häufigsten anzutreffen. Eine nur unbedeutend bessere Methode ist die Umsatzprozent-Methode: Viele Unternehmen legen die Höhe der Werbeausgaben in einem bestimmten Prozentsatz des Umsatzes fest, sei es als Erfahrungswert oder als Prozentsatz des erwarteten Umsatzes. Der Kausalzusammenhang, der bei dieser Methode unterstellt wird, scheint nicht ganz klar – Werbung ist nicht eine Folge des Umsatzes, sondern gerade umgekehrt: Werbung soll den Umsatz positiv beeinflussen. Dasselbe gilt bei der Festlegung des Werbebudgets als Anteil am Gewinn – die Werbeausgaben sind nicht eine Folge des Gewinns sondern umgekehrt.

Eine bessere Methode ist die Wettbewerbs-Paritäts-Methode. Hier geschieht die Festlegung des Budgets aufgrund der Konkurrenzvorgaben und der Marktbedingungen. Konkurrenzunternehmen und Gegebenheiten des Marktes setzen einen Spielraum, in dessen Höhe sich ein Werbebudget bewegen sollte. Typische Beispiele sind Werbung für Bier und für Waschmittel. In diesen Märkten sind die Werbebudgets bis zu einem gewissen Grad durch die Werbeintensität der Konkurrenz vorgegeben.

Die wohl beste Methode zur Festlegung eines Werbebudgets ist die Ziel-und-Aufgaben-Methode. Werbefachleute definieren die Ziele der Werbung und beschreiben die Aufgaben, die sich durch die Zielvorgaben ergeben. Die Kosten dieser Aufgaben werden möglichst genau abgeschätzt; darauf basiert dann der Budgetantrag. Die Methode heißt im angelsächsischen Sprachraum «objective-and-task-method». Die Stärke dieser Methode liegt darin, dass das Unternehmen gezwungen ist, seine Ziele zu formulieren. In der Realität überwiegen bei Budgetdebatten die Grabenkämpfe. Die Ziel-und-Aufgaben-Methode liefert eine Entscheidungsgrundlage für emotionslose und zielgerichtete Budgetentscheidungen.

Formulierung der Botschaft

Menschen kaufen aus emotionalen Gründen und rechtfertigen den Kauf erst später rational. Werber wissen um dieses Phänomen. Der rationale Teil der Botschaft enthält Informationen über die Qualität des Produktes, den Preis, die Eigenschaften, Vorzüge gegenüber Konkurrenzprodukten, Nutzen für den Kunden, Garantieleistungen, Service und so weiter. Der emotionale Teil der Botschaft spricht den Bauch des Kunden an: Die Sonnenbrille soll nicht nur UV-Strahlen abwehren, sie soll auch für besseres Aussehen sorgen oder ein bestimmtes Image vermitteln.

Information über ein Produkt ist komplex, Werbung ist knallig. Gute Werbung setzt die Hauptbotschaft ins Zentrum, stellt sie mediengerecht und kreativ dar und trifft den schmalen Grat zwischen rationalem Informationsgehalt und Emotionen. Größere Budgets erlauben es, auf verschiedenen Trägern eine Serie von Kernbotschaften mit unterschiedlichen Ausprägungen zu einem Botschaftenmix zusammenzufassen.

Zielgruppe, Medien und Träger

Die Wahl der Medien, in denen die Botschaft übermittelt wird, folgt aus der Zielgruppendefinierung. Die Aufgabe der Zielgruppenwahl besteht darin, denjenigen Kreis von Personen zu bestimmen, die als Käufer des Produktes in Frage kommen. Die Werbegemeinten sind dabei die eigentliche Zielgruppe. Die Werbeberührten sind die Leute, die die Botschaft tatsächlich erhalten. Die Differenz der beiden Werte ist der Streuverlust. Die Werbeberührten sind zum Teil werbebeeindruckt, sie erfassen die Botschaft und speichern sie. Von den Werbebeeindruckten kauft ein Teil tatsächlich das Produkt. Sie sind die Werbeagierer.

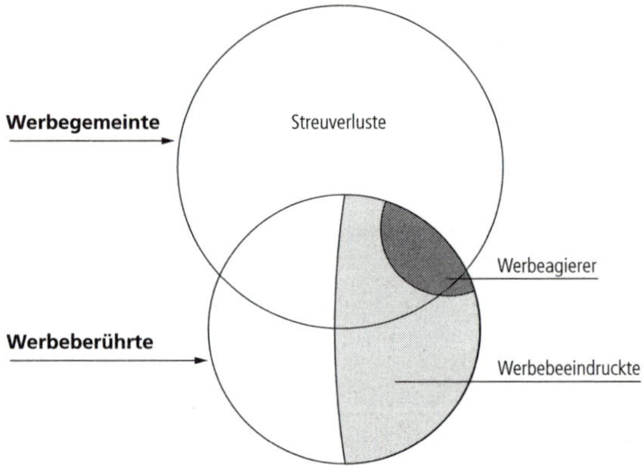

Abb 2.1: Zielgruppendifferenzierung (Nach Jean-Paul Thommen, Betriebswirtschaftslehre Bd. 1, S. 360).

Aus der Definierung der Zielgruppe resultiert die Wahl der Medien. Medien sind die eigentlichen Träger der Botschaft, die Mittel sind die Ausprägungsformen, die die Botschaft enthalten. Die Funktionalität des Mediums spielt bei dieser Auswahl keine Rolle, wichtig ist die Wahrscheinlichkeit, mit dem Medium die Werbeagierer möglichst genau zu treffen. Nach der Auswahl der Werbemedien werden die Werbemittel ausgesucht. Die wichtigsten Werbemittel sind das Inserat, das Plakat, der Spot und das Mailing.

Methoden zur Erfolgsauswertung

Die Werbebranche kennt eine Reihe von guten und ausgereiften Methoden, Zielgruppen zu bestimmen, Werbeträger und Trägermedien auszuwählen und die Botschaften kreativ umzusetzen. Für die Messung des Erfolgs oder Misserfolgs von Werbemaßnahmen sind die Methoden eher bescheiden.

Die Messung des Erfolgs von Werbung ist relativ schwierig, wenn sie mehr erfassen soll als bloße Veränderungen in Umsatzzahlen oder Gewinnen. Interessant sind die tatsächlichen Verhaltensänderungen der Konsumenten. Die Funktionalität der klassischen Medien erschwert solche Messungen enorm: Klassische Medien sind als Massenmedien einseitig, sie kommunizieren vom Kommunikator zum Rezipienten, also vom Sender zum Empfänger. Nur das Internet erlaubt eine echte Zweiwegkommunikation. Diese Zweiwegkommunikation – vom Sender zum Empfänger und wieder zurück – ermöglicht erst eine wirklich aussagekräftige Erfolgsauswertung. Die Grundlagen dazu sind in Kapitel 7 ausführlich beschrieben.

Die Werbemittel

Die verbreitetsten Werbemittel in der klassischen Werbung sind das Inserat, das Plakat, der Spot und das Mailing. Es gibt natürlich weitere mögliche Mittel und im Kommunikationsmix können die Mittel nahezu beliebig kombiniert werden. An dieser Stelle sind die vier wichtigsten Mittel kurz beschrieben. Später wird versucht, den Einfluss des Internet auf diese Mittel herauszukristallisieren.

Inserat

Das Inserat ist das klassische Werbemittel schlechthin. Ein Inserat in einem Printmedium ist die verbreitetste, gängigste, akzeptierteste Form von Werbung. Das Inserat ist in allen Bevölkerungsschichten und -kreisen bekannt und akzeptiert; der Bekanntheitsgrad des Inserats ist derart hoch, dass die Begriffe Werbung und Inserat oft synonym verwendet werden. Praktisch alle Unternehmen haben eigene Erfahrung mit Inseraten. Die Werbeträger zum Werbemittel Inserat sind Tages- und Wochenzeitungen, Zeitschriften, Fachpublikationen, Anzeigenblätter, Veranstaltungsprogramme oder Ähnliches. Die Handhabung des Inserates als Werbemittel ist relativ einfach und braucht häufig keine externen Berater. Viele Unternehmen wählen daher aus Kostengründen die Form des Inserats um ihre Botschaft zu transportieren.

Plakat

Das Plakat ist das augenfälligste und somit das öffentlichste Werbemittel. Es ist ebenfalls weit verbreitet, sehr bekannt und allgemein akzeptiert. Plakate können nur durch ausgebildete Spezialisten hergestellt werden. Die Kosten sind relativ hoch, allerdings deutet einiges darauf hin, dass Plakate mit ihren hohen Erfolgsraten die Investitionen rechtfertigen. Die Zielgruppenerreichung ist bei Plakaten höher als gemeinhin angenommen, da Plakate sehr präzis platziert werden können, sei es an Fachmessen, an öffentlichen und privaten Gebäuden, an und in Geschäften usw. Plakate sind konkurrenzlos in ihrer Fähigkeit, eine präzise geografische Verbreitung zu erreichen.

Spot

Fernseh- und Kinospots sind die einzigen Werbemittel, die mit ihrer Kombination von Bild, Ton und Text eine multimediale Kommunikation ermöglichen. Die Akzeptanz der Fernsehspots und Radiospots scheint tendenziell eher abzunehmen, da mit dem Aufkommen der Privatsender eine sehr hohe Sättigung von Spots erreicht ist. Spots sind konkurrenzlos in ihrer Fähigkeit, eine präzise zeitliche Platzierung zu erreichen. Eher ungünstig sind beim Fernsehspot die hohen Streuverluste. Ein Nachteil der Spots ergibt sich dadurch, dass der Rezipient einfach wegzappen kann.

Mailing

Ungezielt gestreute Mailings sind eine Geldverschwendung für die Unternehmen und ein Ärgernis für die Empfänger. Gezielte, präzise ausgerichtete Mailings hingegen sind entgegen ihrem schlechten Image eines der interessantesten und erfolgreichsten Werbemittel überhaupt. Die gesellschaftliche Akzeptanz des Mailings ist verglichen mit den anderen Werbemitteln eher tief, ebenso die Reputation des Mailings bei den Unternehmern. Der Hauptvorteil des Mailings ist, dass es als einziges klassisches Werbemittel ein direktes Feedback unterstützt, beispielsweise mit einem frankierten Antwortcouvert. Ein Mailing, das an eine klar definierte Zielgruppe versendet wird, hat eine deutlich höhere Erfolgsquote als gemeinhin angenommen.

2.1.2 Bedeutung des Internet für die bisherige klassische Werbung

Das Internet ist eine komplett neue Form der Kommunikation. Das Internet ist jung, es ist alles andere als ausgereift und es entwickelt sich in einem atemberaubenden Tempo. Es gibt keine Obrigkeit, keine zentrale Verwaltung, keine leitende Organisation; es gibt einzig einige Konventionen bezüglich Datenübertragung und minimale Standards kombiniert mit einer ungeheuren Eigendynamik.

Das Internet hat bereits in alle Bereiche der Wirtschaft Einzug gehalten. Bis das Internet substanzielle soziodemografische Veränderungen auslöst, mag noch viel Zeit vergehen; dennoch sind die Unternehmen gut beraten, sich bereits heute den Herausforderungen zu stellen. Besonders stark gilt dies für die Werbebranche als Kommunikator der Unternehmen. Werbeleute sind gefordert, das Medium kennen zu lernen, zu beherrschen und als neues, zusätzliches Instrument in die Kommunikationsaufgaben zu integrieren.

Das Fundament für Internet-Werbung basiert aus Sicht des Unternehmens auf strategischen Entscheidungen: Welche Dienstleistungen im Internet bietet das Unternehmen künftig an? Wie ändern sich Absatzformen? Wie entwickelt sich die Branche? Das Management muss der Unternehmensführung Entscheidungsgrundlagen aufbereiten, damit die Führung zügig eine Strategie festlegen kann.

Die Basis für Werbeunternehmen, ihre Kunden in Sachen Internet-Werbung zu betreuen, ist die Unternehmensstrategie im Internet. Ungezielte Projekte, die nicht in eine Strategie eingebettet sind, haben praktisch keine Chance auf Erfolg. Auch die Werbefirma ist somit gut beraten, auf die Ausformulierung der Strategie zu drängen.

Werbebudget

An den Methoden, ein Werbebudget festzulegen, ändert das Internet nichts. Für die Festlegung des Werbebudgets im Internet eignet sich die Ziel-und-Aufgaben-Methode am besten. Die Instrumente zur Auswertung des Erfolgs erlauben es, Ziele zu überprüfen und Maßnahmen zu ergreifen, wenn die Ziele nicht erreicht sind. Diesen Sachverhalt können die Entscheidungsträger für die Budgetentscheidungen ausnützen.

Die Ziel-und-Aufgaben-Methode für Budgetentscheidungen in der Internet-Werbung ist vielen anderen Methoden derart überlegen, dass ein Unternehmen sich sogar überlegen sollte, auf diese Methode umzuschwenken, wenn sie bisher eine andere verwendete. Auf jeden Fall empfiehlt es sich, für Budgetentscheidungen in der klassischen Werbung und in der Internet-Werbung dieselbe Methode zu verwenden.

Ein unternehmensexternes Problem ist das horrende Tempo der Entwicklung im Internet. Für das Unternehmen ist das wichtigste unternehmensinterne Problem der Mangel an Erfahrung mit Internet-Werbung. Die Führung muss sich überlegen, ob sie für Werbebudget-Entscheidungen nicht eine kürzere Periode wählt, beispielsweise Festlegung und Kontrolle pro Quartal anstatt jährlich. Der Einbezug von externen Fachleuten empfiehlt sich unbedingt, wenn das Unternehmen zum ersten Mal mit einem Internet-Projekt an die Öffentlichkeit geht.

Formulierung der Botschaft

Das Internet hat keinen Einfluss auf die Werbebotschaft an sich. Die Werber müssen bei der Formulierung der Botschaft Rücksicht nehmen auf die unterschiedliche Kommunikationsform im Internet, auf die Verschiedenartigkeit der Träger und Mittel von Internet-Werbung und auf den Aufbau der Botschaft. Die Kernbotschaft kann über Internet-Kanäle genauso wie über klassische Kanäle verbreitet werden, anpassen muss sich lediglich die Form der Botschaftsübermittlung.

In der Internet-Werbung steigt allerdings der Stellenwert der Botschaft an. Der Grund ist, dass Internet-Werbung, verglichen mit anderen Werbeformen, wesentlich weniger Kreativität erlaubt. Ein Werber kann mit einem Fernsehspot ungleich viel mehr aussagen als mit jeder Internet-Werbung; die Tiefe und Breite der Botschaft ist ungleich größer und die Umsetzung der Botschaft ist um ein Vielfaches kreativer. Dies bedeutet, dass die relative Bedeutung der Botschaft in der Internet-Werbung steigt, da so gut wie keine kreativen Mittel zur Verfügung stehen.

In der Internet-Werbung ändert sich auch die Art der Botschaftsübermittlung: Das Prinzip der Hyperlinks im Internet ermöglicht eine beliebige fraktale Tiefe. Ein Spot dauert dreißig Sekunden, in dieser Zeit muss die Botschaft umgesetzt sein und möglichst einen Kaufimpuls auslösen. Das Prinzip der Botschaftsformulierung im Internet ist prinzipiell anders: Die Möglichkeiten der Träger und Mittel sind im Internet extrem limitiert, allerdings kann die Botschaft praktisch unendlich ausgebaut werden. Die Werber müssen diesen Umstand berücksichtigen und den Aufbau der Werbebotschaft (Kernbotschaft und Zusatzinformationen) entsprechend modular konzipieren.

Zielgruppe, Medien und Träger

Das Internet hat einen starken Einfluss auf die klassischen Medien und das Internet ist selbst ein neues Medium. Analog wie die Zielgruppe Zeitungen liest, benützen Teile der Zielgruppe Internet-Plattformen. Die Aufgabe für die Werber lautet, die Gewohnheiten der Zielgruppe im Internet zu erkennen. Internet-Werbung zielt genau wie die klassische Werbung auf die Werbegemeinten, auf die Werbeberührten und auf die Werbebeeindruckten. Das Hauptmerkmal der Internet-Kommunikation, die Funktionalitätsumkehr in der Rezeption, braucht den Werber nicht zu kümmern. Für die Platzierung der Botschaft und den Transport via Träger spielt dies keine Rolle.

Die Werbeträger im Internet sind die Plattformen. Werbeträger im Internet transportieren die Botschaft analog wie ein Inserat mittels der Zeitung eine Botschaft transportiert. Die Funktionalität des Internet ist zwar komplett anders als bei klassischen Medien, dennoch ist der Effekt derselbe: Die Information gelangt vom Sender zum Empfänger.

Methoden zur Erfolgsauswertung

Die Methoden der Erfolgsauswertung für klassische Werbung können nur sehr beschränkt auf Internet-Werbung angewendet werden. Technische Möglichkeiten und kommunikative Eigenschaften ändern die Erfolgsauswertung, wie man sie aus der klassischen Werbung kennt, radikal. Die Zählweise im Internet und die Auswertung der Ergebnisse sind ausführlich in Kapitel 7 beschrieben.

Die Werbemittel

Das wichtigste Werbemittel im Internet ist nach wie vor das Banner – trotz aller Mängel. Die anderen Werbemittel im Internet sind Unterformen von Site Promotion oder Internet-Marketing. Die bisherige

Eine neue Dimension

Die Mittel der Internet-Werbung und die Instrumente der Erfolgsauswertung eröffnen eine neue Dimension in der Werbung: Das Unternehmen kann eine Zielgröße vorgeben, wieviel Kunden sie in ihrem Online-Laden haben will, und sie kann die Zielerreichung überwachen. Das Mittel ist das Banner und das Steuerinstrument ist die CTR-Rate (Click-Through-Rate, sie gibt an, wieviel Prozent von den Menschen, die das Banner gesehen haben, tatsächlich draufgeklickt haben). Bannerwerbung ist ausführlich in Kapitel 3 beschrieben, die CTR-Rate in Kapitel 7. Folgendes Beispiel soll dies illustrieren:

Das Unternehmen will pro Tag 250 Besucher in seinem Online-Shop. Es geht folgendermaßen vor:

Von der Internet-Werbeagentur erhält es die Erfahrungswerte von 4 Prozent CTR für Streuwerbung und 17 Prozent CTR für Stichwortkoppelung. Die Agentur kennt die Werte aus vergleichbaren Kampagnen in der gleichen Branche. Die Agentur schaltet für den Online-Shop des Unternehmens pro Tag 5000 Views gestreut und 300 Views gekoppelt; das heißt, 5000-mal erscheint das Werbebanner zufällig auf einem ausgesuchten Werbeträger und 300-mal pro Tag gekoppelt an geeignete Stichworte. Die Werbeträger sind zum Beispiel zwei Suchmaschinen und ein Branchenverzeichnis.

Dies ergibt folgendes Resultat:

5000 Views gestreut mit CTR = 4 Prozent gibt	200 User im Online-Shop.
300 Views gekoppelt mit CTR = 17 Prozent gibt	51 User im Online-Shop.
Zusammen besuchen dank der Bannerschaltung	251 User den Online-Shop.

Die Kosten:

5000 Views mit Tausenderpreis 65 CHF gibt	325 CHF
300 Views mit Tausenderpreis 150 CHF gibt	45 CHF
Summe	370 CHF

Das Unternehmen hat Zugang zu der Erfolgsauswertung der Kampagne und beobachtet den Erfolg der Kampagne direkt am Bildschirm. Sie sieht die Statistik der Bannerwerbung und die Statistik des eigenen Online-Shops.

Das Ergebnis:
Für 370 CHF am Tag oder 11 100 CHF im Monat hat das Unternehmen 250 Kunden pro Tag oder 7500 Kunden pro Monat in seinem Shop.

Entwicklung der Internet-Werbung lässt darauf schließen, dass das Banner für die absehbare Zukunft das wichtigste Werbemittel im Internet bleibt. Nicht auszuschließen ist natürlich, dass durch die fulminante Entwicklung des Internet ein komplett neues Werbemittel entsteht, welches heute noch nicht existiert.

Inserat

Bereits heute findet eine Substitution statt zwischen Inseraten in Printmedien und Internet-Inseraten. Ein Print-Inserat erscheint an einem Tag in einer Tageszeitung auf einer Seite. Ein Internet-Inserat ist einige Wochen oder gar Monate geschaltet und ständig in der Datenbank präsent. In der Zeitung gibt es keine Suchfunktion für Leser, sie sind an die Struktur der Zeitung gebunden. Ein Inserat in einem Internet-Anzeiger lässt sich einfach mit Kategoriensuche und Stichwortsuche finden. Die Vorzüge der Internet-Inserate gegenüber Zeitungsannoncen sind offensichtlich.

Der Bekanntheitsgrad und die gesellschaftliche Akzeptanz von Internet-Inseraten sind noch eher bescheiden verglichen mit der breiten Bekanntheit und Akzeptanz von Print-Inseraten. Mit der Verbreitung von Internet-Anschlüssen in Privathaushalten und Unternehmen steigen parallel Nutzung und Akzeptanz von Internet-Inseraten. Bereits heute gibt es für viele Bereiche Gratisanzeiger im Internet. Kostenpflichtige Anzeiger liegen deutlich unter dem Preis von Kleinanzeigen in Printmedien.

Für größere Annoncen, insbesondere Inserate im Sinne von Anzeigen, ist das Internet weniger gut geeignet. Das Geschäft mit Kleinanzeigen in den Tageszeitungen scheint ernsthaft gefährdet. Hingegen ist nicht zu erwarten, dass Internet-Inserate im großen Stil Print-Anzeigen substituieren. Dieser Umstand berührt die Zeitungsmacher und die Drucker, weniger die Werber.

Plakat

Das Plakat als Werbemittel wird durch das Internet nicht berührt; eine Substitution ist nicht abzusehen. Internet-Werbung übernimmt hingegen eine absolut zentrale Synergie-Funktion für Plakatwerbung: Der Informationsgehalt, der im Plakat naturgemäß beschränkt ist, erhält eine Ergänzung der Botschaft im Internet. Zudem erweitert sich der Informationsfluss: Online-Verkauf und Außenwerbung rücken näher zusammen; Kommunikationsabläufe fließen in Unternehmensprozesse ein.

Spot

Für den Spot gilt dasselbe wie für das Plakat. Eine Substitution von Spots durch Internet-Werbung ist nicht zu erwarten, auch ist der Spot als Werbemittel durch Internet-Werbung nicht direkt tangiert. Die Hauptaufgabe ist hier die gleiche wie wie bei der Plakatwerbung: Der Spot erhält eine Ergänzung der Botschaft im Internet und die Kommunikation rückt näher an den Verkauf.

Die Werbeagentur muss auch hier in der Lage sein, die Botschaft des Spots im Internet fraktal auszubauen und die Unternehmenskommunikation in die unternehmerischen Prozesse einzubinden. Der Online-Verkauf rückt mit der Verbindung zwischen Spot und Internet-Information näher an die Kunden.

Mailing

Mailings können aus Kostengründen eine teilweise Substitution durch Internet-Werbeaktionen erfahren. Insbesondere bei Massenmailings kann gezielte Bannerwerbung als Ersatz für Streuwerbung dienen. Da ungezielter Massenversand ohnehin wenig bis nichts bringt, ist eine Überprüfung der Mailings durchaus angesagt. Zudem gilt für Mailings dasselbe wie für Plakate und Spots: Ein Mailing muss als Zusatzfunktion den Weg von der Botschaft zum Verkauf verkürzen.

Online-Shops mit Memberfunktionen können einen Teil der Mailing-Aufgaben übernehmen. Kunden sind direkt mit dem Online-Kundendienst verbunden und haben Zugriff auf Informationen, die oft per Mailing versendet werden, wie etwa ein spezielles Sonderangebot.

Das Mailing wird hingegen tendenziell wichtiger in der Kommunikation mit Kunden und Partnern, die über keinen Internet-Anschluss verfügen. Eine Substitution von Mailings durch Internet-Werbung sollte in dieser Hinsicht überprüft werden.

Banner

Die Bedeutung des Banners als Werbemittel im Internet ist absolut dominant. Das Kapitel 3 ist dem Banner als Werbemittel gewidmet.

Werbemittel	Einfluss des Internet	Bedeutung für die Praxis
Inserat	Sehr großer Einfluss auf Inserate und Annoncen, weit reichende Substitution zu erwarten. Wenig Einfluss auf Anzeigen. Gesellschaftliche Akzeptanz von Internet-Inseraten nimmt zu.	Wichtig für Printmedien und Drucker. Große Bedeutung für Informationstransfers wie Wohnungssuche. Kaum Einfluss für Imagefunktion von Printwerbung wie Anzeigen in Fachzeitschriften.
Plakat	Minimaler direkter Einfluss des Internet, keine Substitution absehbar. Informationsgehalt des Plakats ist beschränkt. Internet übernimmt eine Zusatzfunktion mit Informationserweiterung.	Plakat übernimmt Zusatzfunktion und weist auf das Internet-Angebot hin. Die Funktion des Internet muss dem Werber bekannt sein: Das Plakat rückt näher an den Verkauf, Informationsflüsse und betriebliche Prozesse nähern sich einander an.
Spot	Minimaler direkter Einfluss des Internet, keine Substitution absehbar. Internet-Werbung übernimmt Zusatzfunktionen für den Spot.	Spot als Werbemittel wird durch das Internet nicht direkt tangiert. Wichtig auch hier: der Verkauf im Online-Shop rückt näher an den Kunden; die unterschiedlichen Informationsflüsse im Spot und im Banner müssen dem Werber bekannt sein.
Mailing	Aus Kostengründen teilweise Substitution wahrscheinlich. Gezielte Bannerwerbung kann Funktionen von Mailings übernehmen.	Mailing wird wichtiger für Kunden, die keinen Internet-Anschluss haben. Aufgabe für Direkt-Werber: Mailings überprüfen und wo möglich durch gezielte Bannerwerbung ersetzen.

Tab. 2.1: Einfluss des Internet auf die vier wichtigsten Werbemittel Inserat, Plakat, Spot und Mailing und die jeweilige Bedeutung für die Praxis (© ionos GmbH).

2.2 Marketingmix

2.2.1 Überblick über den Marketingmix

Die gängige Version des Marketingmix hält sich an die berühmten «4 P», für Product, Price, Place und Promotion. Marketing als Denkhaltung und unternehmerische Weltanschauung umfasst in diesem Sinne die vier Entscheidungsfelder Produktdesign («Product»), Marktorientierung («Price»), Absatz («Place») und Kommunikation («Promotion»). Im Zentrum steht der Mensch als Kunde. Der erfolgreiche Marketingmix verschmilzt die vier Spannungsfelder zu einer Einheit und führt damit das Unternehmen zum Erfolg.

Product

Das Produkt ist all das, was dem Unternehmen Umsatz bringt. Es sind physische Güter, Dienstleistungen, Menschen, Organisationen, Hoffnungen, Ideen, Know-how oder anderes. Sinnvoll ist eine Unterteilung in Kernprodukt und Produkteigenschaften. Eine Sonnenbrille schützt profan vor UV-Strahlen, das Unternehmen verkauft aber die Hoffnung, attraktiver auszusehen.

Das Unternehmen muss seinen Produktmix hinsichtlich Breite, Tiefe und Geschlossenheit kennen. Die Breite des Produktmix bezieht sich auf die Anzahl Produktlinien, die ein Unternehmen anbietet. Die Tiefe bezieht sich auf die Anzahl Artikel in den Produktlinien und die Geschlossenheit zeigt sich in der Ähnlichkeit der Produktlinien bezüglich ihres Verwendungszwecks.

Price

Jedes Unternehmen steht vor der Aufgabe, seine Produkte mit Preisen zu versehen. Es gibt viele Formen von Preisen: Geldpreise, Mieten, Honorare, Tarife, Gebühren, Abgaben, Steuern, Tauschverhältnisse oder andere. In der ökonomischen Theorie spielt der Preis eine zentrale Rolle, im täglichen Leben existieren neben dem Preis eine Reihe von weiteren Faktoren, die das Kundenverhalten beeinflussen. Unternehmen fällen Entscheidungen bezüglich Preiszielen, Preispolitik und Preisbildungsverfahren.

Die Preisbildung berücksichtigt die Kosten, die Nachfrage und die Preise der Konkurrenz. Je homogener ein Produkt ist, je höher die Markttransparenz, der Informationsstand der Nachfrager und je höher die Offenheit der Märkte sind, umso näher liegt der Preis bei den Grenzkosten der Produktion.

Das Unternehmen kennt seine Preisziele vor der Festlegung der Produktpreise. Die Preisziele geben die strategische Antwort auf Fragen, ob das Unternehmen Gewinn oder Marktanteil maximiert, in neue Märkte eindringt, Konkurrenten verdrängen will, neue Produkte lanciert oder Ähnliches. Die Preispolitik befasst sich mit dem Image, das durch die Preisziele entsteht. Sind wir Discounter oder im Luxussegment? Die Preispolitik berücksichtigt Reaktionen der Endkonsumenten, der Konkurrenten, Lieferanten, Kapitalgeber und der eigenen Angestellten.

Place

Alles gerät früher oder später an den Endkonsumenten – und trotzdem ist der Endabsatz nur ein kleiner Teil des ganzen Marktes in einer Volkswirtschaft. Alle Güter und Produkte müssen lange Wege beschreiten, ehe sie zur rechten Zeit am rechten Ort beim richtigen Kunden sind. Die gängige Unterscheidung ist diejenige zwischen Absatzwegentscheidungen und physischer Distribution. Die Entscheidungen über Absatzwege bestimmen die Struktur eines Unternehmens außerhalb des Kernbereiches: Gelangen die Produkte direkt an den Endkunden oder sind eine oder mehrere Zwischenstufen vorhanden? Mit den Produkten fließen auch Informationen, Zahlungen, Eigentumsrechte und Risiken.

Absatzwegentscheidungen

Die Entscheidungen über Absatzwege sind sehr langfristig und tragen wesentlich zum Erfolg und Misserfolg eines Unternehmens bei. Insbesondere beeinflussen Absatzwegentscheidungen alle anderen Marketingentscheidungen direkt oder indirekt. Gewählte Absatzwege lassen sich nur schwer ändern, was den langfristigen Charakter der Absatzwegentscheidungen unterstreicht. Die Führung entscheidet über die Strategie im Absatz, im laufenden Geschäft ist ein effizientes Absatzwegmanagement für Unterhalt und Verbesserung verantwortlich. Veränderungen im Umfeld und im Markt müssen strategisch in die Absatzwegentscheidungen einfließen.

Physische Distribution

Die physische Distribution ist Teil der Logistik. Ihr Ziel ist es, das richtige Produkt zur rechten Zeit an den rechten Ort zu bringen. Physische Distribution umfasst im Wesentlichen das Lagerwesen, die Auftragsabwicklung und den Transport. Das Lagerwesen optimiert Bestände und zweckmäßige Lagerung in Zentral- oder Zwischenlagern, die Auftragsabwicklung erledigt die Administration und der Transport bringt die Produkte mit dem geeigneten Transportmittel an den richtigen Ort.

Promotion

Jedes Unternehmen will seinen Kunden mitteilen, welche Produkte und Dienstleistungen in welcher Qualität wo und wie zu welchen Konditionen erhältlich sind. Ein Unternehmen, das keine Promotion betreibt, kann nichts verkaufen – aus dem einfachen Grund, weil niemand das Unternehmen und seine Produkte kennt.

Ein treffenderer Ausdruck als Promotion ist der Begriff Marketing-Kommunikationsmix. In einem gewissen Sinne ist jede Tätigkeit des Unternehmens Teil des Kommunikationsmix, da alles innerhalb eines Unternehmens auf den Verkauf hinzielt. Etwas enger definiert umschreibt der Begriff die Instrumente, die dem Zweck der Mitteilung dienen. Darunter fallen im Wesentlichen die vier Hauptinstrumente Werbung, persönlicher Verkauf, Verkaufsförderung und Publicity.

Werbung

Werbung ist die vielseitigste Form im Marketing-Kommunikationsmix. Sie ist in Abschnitt 2.1 beschrieben.

Persönlicher Verkauf

Jeder zwischenmenschliche Kontakt eines Mitarbeiters mit einem Außenstehenden ist persönlicher Verkauf. Die Angestellten sind Mitglieder im Quartierverein, der Chef ist im Gemeinderat oder der Verwaltungsratsvorsitzende ist Präsident des Golfclubs. Sie vertreten das Unternehmen bewusst oder unbewusst nach außen. Die standardisierten Formen von persönlichem Verkauf sind der Reisende im Außendienst, Berater im Einzelhandel, Vertreter im Zwischenhandel, Spezialisten an der Fachmesse oder Ähnliches.

Verkaufsförderung

Die Verkaufsförderung ist in Abschnitt 2.4 beschrieben.

Publicity

Wenn ein Unternehmen in den Medien erscheint, kommt sie in den Genuss kostenloser Werbung. Medienpräsenz ist für Unternehmen wichtig und kann den Erfolg spürbar erhöhen. Die Folgen können sogar spektakulär sein. Presseartikel oder Beiträge in Radio und Fernsehen sind glaubwürdig; das Publikum schätzt den Wahrheitsgehalt im redaktionellen Teil der Medien in der Regel weit höher ein als in der bezahlten Werbung. Via Medien kann das Unternehmen die Reichweite und die Tiefe der Kommunikation deutlich erhöhen.

Es hält sich in weiten Kreisen hartnäckig ein Klischee welches besagt, dass jede Medienpräsenz – auch die negative – gute Publicity ist. Das ist Unsinn. Extreme Beispiele sind der umgekippte Wagen der A-Klasse, die Umweltschlagzeilen von Shell in Nigeria oder in den Siebzigern der Vorwurf der Ausbeutung der dritten Welt an Nestlé. Die Extrembeispiele sollten deutlich zeigen, dass negative Publicity nur eines ist – negative Berichterstattung über ein Unternehmen.

Product (Produkt)	Price (Preis)	Place (Ort)	Promotion (Absatzförderung)
Qualität	Listenpreis	Absatz	Werbung
Eigenschaften	Rabatte	Verteilung	Persönlicher Verkauf
Styling	Nachlässe	Bezugsquellen	Publicity
Marke	Zahlungsbedingungen	Lagerbestände	
Größen	Kreditbedingungen	Transportbestände	
Service			
Garantie			
Rückgabemöglichkeit			

Tab. 2.2: Marketingmix (Gliederung nach Philip Kotler, Marketing-Management, C.E. Poeschel Verlag, Stuttgart).

2.2.2 Bedeutung des Internet für den bisherigen Marketingmix

Das Ziel lautet, den bestehenden Marketingmix für den Eintritt in das Internet vorzubereiten. Der überarbeitete Marketingmix ist ein Führungsinstrument für strategische Entscheidungen im Unternehmen. Für die Anpassung des Marketingmix ist ein hohes Verständnis für das Internet als Medium unabdingbar. Das Management formuliert die Änderungen, welche der Marketingmix erfährt, für die strategischen Entscheidungen trägt die Führungsetage die Verantwortung.

In diesem Abschnitt sind summarisch die vier Elemente Product, Price, Place und Promotion des Marketingmix beschrieben. Die Ausführungen sind natürlich nicht als abgeschlossen zu betrachten sondern sollen Hinweise und Anstöße geben, das eigene Unternehmen diesbezüglich zu durchleuchten.

Product

Vor dem Start des Online-Shops muss das Unternehmen ihren Produktmix bezüglich Breite, Tiefe und Geschlossenheit kennen. Das Internet als Medium bestimmt, welche Produkte aus dem Produktmix online angeboten werden, welche mit Zusatznutzen versehen werden, welche gar nicht erscheinen und welche exklusiv in den Online-Shop aufgenommen werden. Ein Internet-Shop ist die perfekte Gelegenheit, eine neue Produktlinie in den Produktmix aufzunehmen und den Produktmix zu optimieren.

Für den Produktmix hat das Internet generell einen eher bescheidenen Einfluss verglichen mit dem Einfluss auf Place oder Promotion. Der Haupteinfluss auf die Produkte sind neue Möglichkeiten von Zusatznutzen wie Online-Handbücher, 3D-Bedienungsanleitungen oder Ähnliches. Das Internet beeinflusst den Produktmix viel stärker im Sinne der Sortimentserweiterung oder Aufnahme von neuen Linien. Elementar wichtig sind die Serviceleistungen, die sich mit dem Internet stark ändern können.

Die Produktpräsentation im Online-Shop ist prinzipiell anders als in Katalogen. Nach einem Suchvorgang, beispielsweise einer Stichwortsuche oder einer Sortimentsanzeige, erscheint eine Übersicht. Nach dem Klick auf ein bestimmtes Produkt erscheint die Detailanzeige. Sie enthält die notwendigen Informationen für den Kunden. Neben einem

Informationstext sind Zusatzinformationen wie Preis, Größen, Farben oder Ähnliches anwählbar. Die Produktpräsentation ist natürlich mit dem Bestellvorgang verknüpft.

Price

Das Internet hat in dreierlei Hinsicht einen Einfluss auf die Preise. Erstens beeinflusst das Internet die Transaktionskosten und damit die Marktstruktur. Zweitens steigt die Markttransparenz, da Konsumenten und Zwischenhändler problemlos Preise vergleichen können. Drittens steigt der Grad der Marktoffenheit und damit geraten die unzählbaren heimatgeschützten Branchen in ganz Europa gehörig unter Druck. Der Zeitraum, in dem das Internet die Preise beeinflussen wird, dürfte in der Größenordnung von ein bis mehreren Jahren liegen. Der Einfluss selbst und die Wirkungen sollten nicht unterschätzt werden.

Das Unternehmen muss zwei Aufgaben lösen: Es muss neue Preise für neue Produktlinien im Online-Shop festlegen und es muss bestehende Preise verändern.

Neue Preise für Produktlinien

Im Internet grassiert die Unsitte, Preise im Internet-Shop über den Daumen festzulegen. Die Unternehmensführung ist gut beraten, wenn sie

TIPP

Brach liegendes Wissen

Es gibt wohl kein einziges Unternehmen in Westeuropa, in dem sich nicht jeden Sommer ein BWL-Student die Beine in den Bauch steht. Anstatt ihn Belege lochen zu lassen, setzen Sie ihn besser auf den Marketingmix an! Es lohnt sich, Ihren momentanen Marketingmix einmal zu durchleuchten; die Wahrscheinlichkeit ist hoch, dass dies noch nie in der ganzen Firmengeschichte geschehen ist, obwohl es in jedem Sitzungsprotokoll der letzten dreißig Jahre vermerkt ist. Die Ergebnisse liefern die Basis für die Ausgestaltung des neuen Produktmix, für strategische Preisentscheidungen, für das Ausnützen möglicher neuer Absatzkanäle und für komplett neue Formen der Unternehmenskommunikation. Geben Sie dem Studenten eine Woche freie Hand – und Sie haben große Chancen, dass Sie weit und breit das einzige Unternehmen in Ihrer Branche sind, das sich intensiv mit dem Thema «Internet und Marketingmix» auseinandergesetzt hat.

das neue Verkaufsstandbein aus strategischer Sicht angeht und eine kluge, langfristig orientierte Preispolitik festlegt. Ein Internet-Shop ist ein komplett neuer Verkaufskanal, genauso wie wenn ein Katalogversandhaus plötzlich Filialen eröffnet. Der neue Kanal verlangt zwingend eine eigene Preispolitik, die sich nahtlos in die bisherige integriert.

Bestehende Preise ändern

Der Teil des Produktmix, der ins Internet einfließt, erfährt unter Umständen Preisänderungen. Wichtig ist, dass die Kernprodukte selbst gleich bleiben, aber durch den neuen Kanal die Produkteigenschaften ändern. Elementare ökonomische Kenntnisse von Konsumentenreaktionen auf Preisänderungen wie Preiselastizität der Nachfrage, Reaktion der Konkurrenz oder Wahrnehmung beim Konsumenten müssen be-

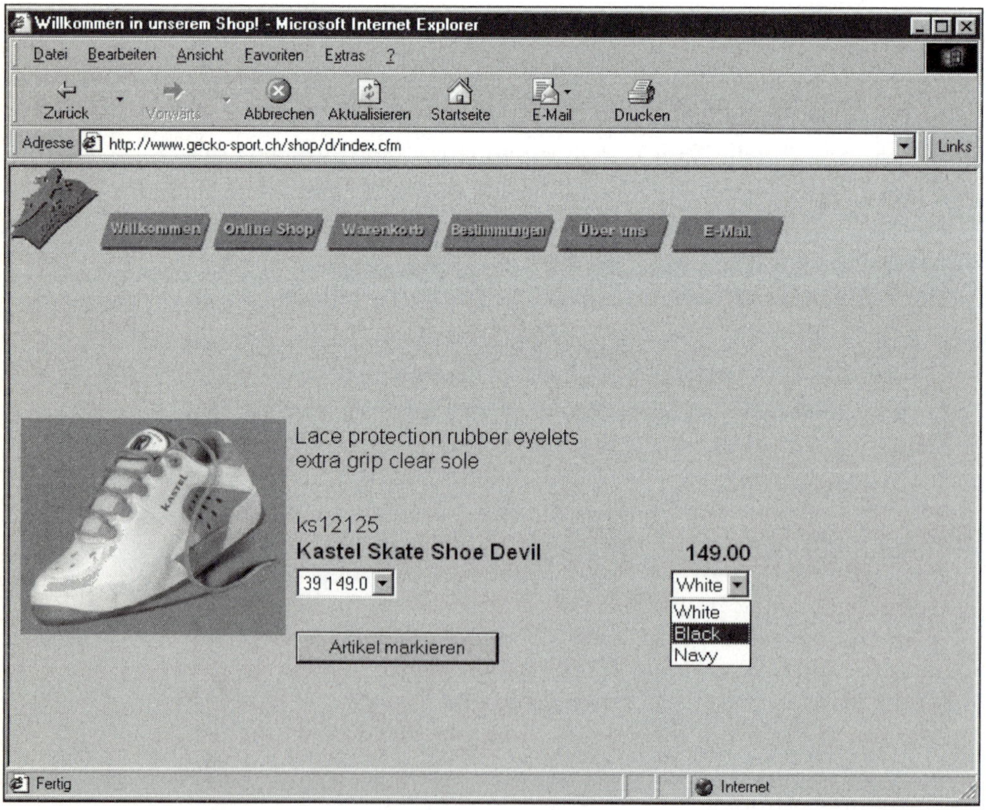

Abb. 2.2: Produktpräsentation im Online-Shop: Gecko Sport (http://www.gecko-sport.ch).

kannt sein. Die Änderung bestehender Preise geschieht operativ, allerdings müssen sich die Manager auf eine strategische Leitlinie abstützen können.

Place

Absatzentscheidungen sind Formen von Handel. Das Internet bietet komplett neue Absatzkanäle, neue Einkaufskanäle und eine systemische Vernetzung aller Stufen. Der Handel wird durch das Internet gehörig geschüttelt. Vier Faktoren sind es, die den «Place» im Marketingmix beeinflussen: Verfügbarkeit, Zwischenhandel, Marktstruktur und Informationsfluss. Daraus resultieren zwei Aufgaben, die es zu lösen gilt: die Integration des Internet in die Absatzwegentscheidung und die Integration des Internet in die physische Distribution.

Verfügbarkeit

Die Verfügbarkeit von Produkten und Dienstleistungen steigt mit dem Wachstum des Internet enorm an und hat theoretisch keine Grenzen. Internet-Shops sind 24 Stunden an 365 Tagen geöffnet. Landesgrenzen sind nur noch Makulatur, Zölle sind Fossilien aus vergangenen Zeiten. Die Welthandelsorganisation WTO hat das Internet zur zollfreien Zone erklärt. Die Verfügbarkeit der Güter und Dienstleistungen ist einerseits abhängig von der Durchdringung des Internet in den Unternehmen und in den Privathaushalten. In beiden Teilen ist ein konstant hohes Wachstum zu verzeichnen. Andererseits hängt die Verfügbarkeit nach wie vor von Transportkosten ab, diese werden durch das Internet kaum beeinflusst. Das Unternehmen muss deshalb die Verfügbarkeit der Güter vorwärts und rückwärts («downstream und upstream») untersuchen und entsprechend reagieren.

Zwischenhandel

Zwischenhändler müssen mit dem Aufkommen des Internet Angst um ihre Existenz haben. Der Endkonsument kann direkt beim Hersteller bestellen, Produzenten können direkt Endverbraucher ansprechen und beide haben ein Interesse daran, den Zwischenhändler auszuschalten.

Die Aufgabe für die Zwischenhändler lautet, ihren Service zu perfektionieren. Bloße physische Distribution genügt nicht mehr zum

Überleben, hier gerät man unter die Räder der Transportunternehmen. Neben dem besseren Service muss der Zwischenhändler eine breitere Palette anbieten, insbesondere Marketingfunktionen wie Imagepflege und Risikoübernahme.

Marktstruktur

Das Internet senkt die Transaktionskosten und dadurch ändert sich die Marktstruktur. Es deutet einiges darauf hin, dass Stufen im Zwischenhandel tendenziell verschwinden, hingegen bleiben die bisherigen Endverkäufer in einer guten Position. Generell sollten sich Endverkäufer upstream (rückwärts) integrieren und verstärkt Funktionen des Zwischenhandels übernehmen. Produzenten sollen sich einen Direktversand via Internet an Konsumenten sehr gut überlegen, die Schwierigkeit wird häufig unterschätzt. Produzenten sollten vielmehr downstream (vorwärts) integrieren und ebenfalls Funktionen des Zwischenhandels wahrnehmen. Sie können online die Endverkäufer direkt bedienen mit Bestell- und Lieferservice, Beratung und Verkäuferkundendienst.

Informationsfluss

Dem Informationsfluss sind im Internet keine Grenzen gesetzt. Es gibt de facto keine Gesetze, keine Hemmnisse, keine Zensur, keine Obrigkeit. Das Internet ist eine Face-to-Face-Kommunikation. Diese Eigenschaft des Internet kann gar nicht genug betont werden: In allen Stufen,

TIPP

Das Internet unterstützt den Verkauf

Fällen Sie die strategische Entscheidung im «Place», in welcher Form das Internet den persönlichen Verkauf unterstützt und wo und wie das Internet Kosten im persönlichen Verkauf einsparen kann. Nehmen Sie sich die Zeit oder setzen Sie jemanden im Unternehmen auf dieses Thema an – und Sie haben beste Chancen, dass Sie eine kluge langfristige Entscheidung getroffen haben, die 90 Prozent Ihrer Konkurrenz noch nicht einmal diskutiert hat.

Umdenken ist angesagt!

Der klassische Marketinggedanke basiert auf dem Merksatz «Zuerst der Kunde, dann die Fabrik». Marketing unterstützt den Verkauf von Produkten und Dienstleistungen, die bereits bestehen und fördert den Verkauf von Innovationen, die noch nicht pfannenfertig vorliegen. Im Internet ändert sich dies radikal: Es gilt gnadenlos der Merksatz: «Zuerst die Fabrik, dann der Kunde». Es ist nicht möglich, im Internet etwas zu verkaufen, wenn der Online-Shop nicht perfekt eingerichtet ist und professionell gepflegt wird.

in allen Richtungen, ungebremst durch Distanz und Zeit fließen Informationen von einem Menschen zum anderen und von einem Unternehmen zum anderen. Je rudimentärer die Kommunikationstechnologie in der Vergangenheit war, umso stärker war der Informationsfluss parallel an die physische Distribution gekoppelt. Im Mittelalter übertrug der Kutscher mit der Kiste sämtliche Informationen, es gab kein schnelleres Medium als die Postkutsche. Im Industriezeitalter flossen Informationen deutlich schneller als die Produkte, allerdings gab es Medienbrüche und der Einfluss von Zeitzonen und Distanzen war deutlich größer. Das Internet bläst alle Hindernisse aus dem Weg: Der Informationsfluss explodiert und damit ändern sich auch Faktoren wie Eigentumstransfer oder Risikoübertragungen.

Integration des Internet in die Absatzwegentscheidung

Das Internet ändert das Umfeld jedes Unternehmens. Änderungen im Umfeld verlangen eine Überprüfung der strategischen Ebene in den Absatzwegentscheidungen. Die Unternehmen sind gut beraten, wenn sie sich Gedanken machen, in welcher Form und in welcher Tiefe das Internet ihre Absatzwege und Absatzformen beeinflusst. Die Entscheidungsträger sollten diesen Punkt primär positiv betrachten: Das Internet ist nicht eine Gefahr für das Unternehmen, sondern eine Chance. Die Frage heißt somit nicht: «Wird das Internet in die Absatzwege integriert?» sondern die Frage heißt: «Auf welche Weise ergänzt oder substituiert das Internet die bestehenden Absatzwege?».

Die Entscheidung, ob das Internet bestehende Absatzwege ergänzt oder substituiert, ist strategischer Natur. Er wird von der Führungsetage

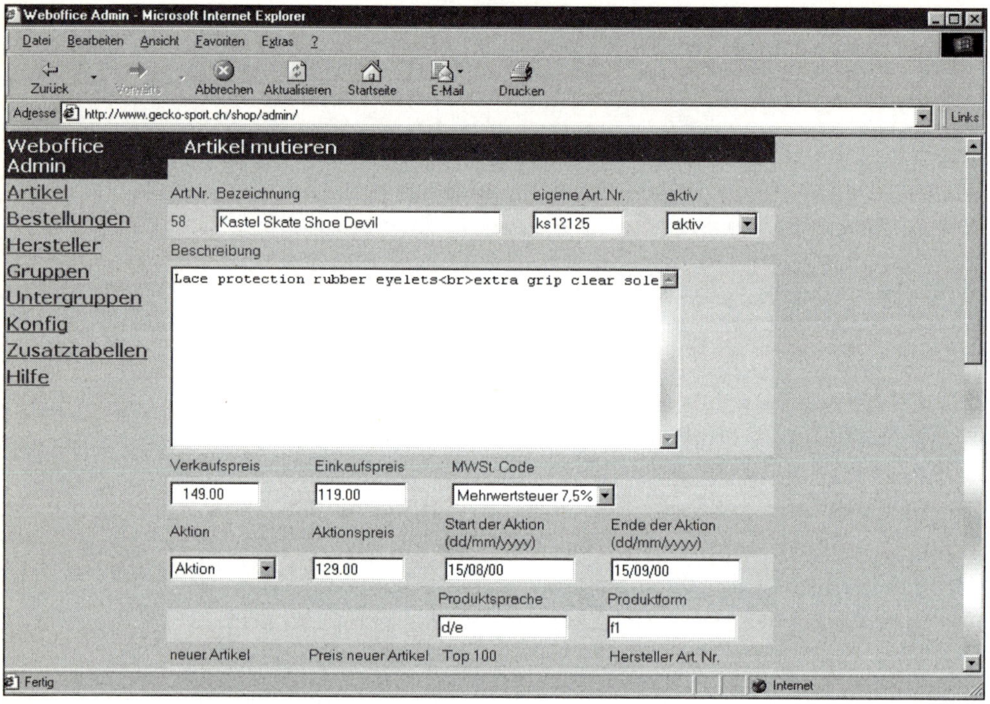

Abb. 2.3: Arbeitsoberfläche eines Online-Shops.
Die Grafik zeigt eine typische Arbeitsoberfläche für einen Online-Shop. Damit kann die verantwortliche Person am Arbeitsplatz im Unternehmen den Shop verwalten. Die wichtigsten Funktionen sind Preise ändern, neue Produkte einfügen, alte entfernen, Aktionen lancieren und Ähnliches. Die Arbeitsoberfläche dient der Integration des Shops in die Unternehmensprozesse: Eine professionelle Shopverwaltung ermöglicht die Bearbeitung von Kundendateien und dient als Bindeglied zur Auslieferung. Professionelle Arbeitsoberflächen ermöglichen eine Shopverwaltung ohne Programmierkenntnisse via Internet. Dies ist eine elegante Möglichkeit, den Online-Shop in die Arbeitsprozesse zu integrieren. Alle beteiligten Instanzen von der Verwaltung über Einkauf, Buchhaltung bis zur Auslieferung haben den maßgeschneiderten Zugriff, den sie für ihre Tätigkeit brauchen.

gefällt. Das Management muss der Führung die notwendigen Entscheidungsgrundlagen bereitstellen. Das Management ist auch für die Umsetzung der Entscheidungen im operativen Bereich zuständig.

Integration des Internet in die physische Distribution

Die Integration des Internet in die physische Distribution ist primär operativer Natur. Das Management und die ausführenden Organe sollten sich auf eine Strategie stützen können, die aus den Absatzwegentscheidungen resultiert.

Die wichtigste Eigenschaft des Internet in diesem Zusammenhang ist der ungebremste Informationsfluss. Es gilt, die bestehende Distribution mit Hilfe dieses Informationsflusses zu unterstützen.

Die Auftragsabwicklung erhält mit dem Online-Shop eine neue Komponente. Am Prinzip der Ausführung einer Auftragsabwicklung ändert sich nichts. Es ändern sich lediglich die Medien, beispielsweise erscheint im Versand ein E-Mail statt ein Lieferschein. Eine optimierte Auftragsabwicklung kann die Kosten beträchtlich senken.

Das Lagerwesen wird durch das Internet unter Umständen stark berührt. Die verbesserten Informationsflüsse und die veränderte Risikoverteilung helfen mit, Lagerbestände zu optimieren und Durchlaufzeiten zu senken. Am Prinzip und an der Kernaufgabe des Lagers selbst ändert sich nichts, allerdings weiten sich die Aufgaben des Lageristen aus, indem er Zugriff hat auf Informationen wie Bestellungseingang im Online-Shop oder Ähnliches.

TIPP

Absatzwegentscheidungen durchleuchten

Nehmen Sie die Integration des Internet zum Anlass, die Absatzwegentscheidungen in Ihrem Unternehmen zu durchleuchten. Ändert das Internet als Informationskanal etwas an der Absatzstrategie? Oder etabliert es sich in Ihrer Branche als ein zusätzlicher Kanal? Ändert sich die physische Distribution? Oder ändert sich lediglich der Informationsfluss parallel zur physischen Distribution? Wie weit beeinflusst das Internet die Eigentumsrechte im Absatz? Gibt es neue Schnittstellen im Eigentumstransfer und im physischen Vertrieb? Bleiben diese Schnittstellen so wie sie heute sind? – Machen Sie sich Gedanken zu diesen Fragen. Sie haben gute Chancen, dass 90 Prozent der Konkurrenzanbieter in Ihrer Branche dies nicht tun.

Das Naturell des Transports ändert sich durch das Internet nicht; Güter werden von A nach B transportiert. Transport im Internet selbst ist natürlich nur mit immateriellen Gütern möglich wie etwa Software, Musik, wissenschaftliche Studien, Beratung oder Ähnliches. Für Logistik und Transport stellt sich die Aufgabe, den Informationsfluss parallel zum Transport zu optimieren. Kosteneinsparungen sind beispielsweise mit verkürzten Transportwegen, Senken der Leerfahrtenzahl oder die verbesserte Wahl von Transportmitteln wie normierte Container möglich.

Promotion

Der Einfluss des Internet auf die Promotion ist stark, allerdings können sich große Unterschiede im Branchenvergleich ergeben. Für das Verständnis des Einflusses sind elementare Kenntnisse der Funktionsweise der Kommunikation im Allgemeinen und im Internet unabdingbar.

Werbung

Der Einfluss des Internet auf die Werbung ist enorm stark und komplex. Die Bedeutung des Internet auf die klassische Werbung ist in Abschnitt 2.1.1 beschrieben.

Persönlicher Verkauf

Das Internet kann den persönlichen Verkauf entweder ergänzen oder substituieren. Das Unternehmen muss diesbezüglich eine strategische Entscheidung fällen. Die Entscheidung gehört zum Thema Absatzwegentscheidung (der «Place» im Marketingmix). Nach Implementierung des Online-Shops entsteht unverhofft eine neue Realität für die Verkäufer im Geschäft oder im Außendienst. Das Verkaufspersonal und die Verkaufsinstitutionen nehmen den Online-Shop wahr und integrieren ihn je nach Geschmack mehr oder weniger in ihre Tätigkeiten. Die Ineffizienz ist offensichtlich, deshalb sollte der Weg anders sein: Das Management unterbreitet der Führung Unterlagen, damit die Führung die strategische Entscheidung fällen kann, wie erstens das Internet den persönlichen Verkauf unterstützt und zweitens wo und wie das Internet persönlichen Verkauf substituieren kann und damit Kosten spart.

Die Ergänzung des persönlichen Verkaufs geschieht beispielsweise dadurch, dass die Außendienstmitarbeiter via Laptop und Modem Zugang zum internen Teil des Online-Shops haben und Lieferfristen, Mar-

Product (Produkt)	Das Internet bestimmt	Entscheidungsinstanz/ Ausführung
Qualität, Eigenschaften, Styling, Marke, Größen, Service, Rückgabemöglichkeiten	Wahl der Produktlinie im Online-Shop	Strategisch
	Tiefe und Breite der Produktlinien	Strategisch
	Neue Dienstleistungen	Strategisch
	By-Products wie Handbücher, 3D-Gebrauchsanleitungen	Operativ
	Sortimentserweiterung	Operativ

Price (Preis)		
Listenpreis, Rabatte, Nachlässe, Zahlungsbedingungen, Kreditbedingungen	Preispolitik im Online-Shop	Strategisch
	Preise für neue Produktlinien	Strategisch
	Anpassung bestehender Preise im Online-Shop	Operativ
	Konditionenpolitik im Online-Shop	Strategisch
	Zahlungsbedingungen im Online-Shop	Strategisch
	Preisnachlässe, Aktionen, Lockvogelangebote im Online-Shop	Operativ

Place (Ort)	Vier Faktoren:	Zwei Aufgaben:
Absatz, Verteilung, Bezugsquellen, Lagerbestände, Transportbestände	Verfügbarkeit Zwischenhandel Marktstruktur Informationsfluss	Integration des Internet in die Absatzwegentscheidung (strategisch) Integration des Internet in die physische Distribution (operativ)

Promotion (Absatzförderung)		
Werbung, persönlicher Verkauf, Verkaufsförderung, Publicity	Ergänzung oder Substitution von persönlichem Verkauf	Strategisch
	Umsetzung neuer Verkaufsformen	Operativ
	Einbindung des Online-Verkaufs in Sales Promotion	Operativ
	Sales Promotion für Online-Verkauf	Operativ

Tab. 2.3: Einfluss des Internet auf den Marketingmix (© ionos GmbH).

gen oder Ähnliches jederzeit aktuell abrufen können. Eine Substitution kann beispielsweise im Telefonservice entstehen: Kunden müssen für einfache Anfragen wie über Preise oder Rabatte nicht mehr telefonieren oder in den Laden kommen, sie haben die Information online verfügbar. Dies spart massiv Kosten.

Verkaufsförderung

Der Einfluss des Internet auf die Verkaufsförderung ist in Abschnitt 2.4.1 beschrieben.

Publicity

Publicity ist erwünscht, solange sie positiv ist. Am einfachsten erhält ein Unternehmen Publicity mit dem Internet, indem es ein Internet-Projekt auf die Beine stellt, das sich in der Branche durch echte Neuerung auszeichnet. Die Zeiten, mit denen man mit einem Internet-Projekt rasch in die Schlagzeilen gerät, sind allerdings schon vorbei. Publicity erreicht man auch durch Implementierung eines neuartigen Zahlungssystems oder durch eine kostenlose Dienstleistung, die mit dem Kerngeschäft nicht direkt zu tun hat. Es empfiehlt sich jedoch, solche Projekte sehr genau zu prüfen; wer heute kostenlose Wetterberichte mit einer Online-Kamera vom Firmendach aus anbietet, läuft Gefahr, sich lächerlich zu machen. Die Unternehmensführung muss es sich gut überlegen, wenn sie mit solchen Projekten in den redaktionellen Teil der Medien kommen will. Eine solche Entscheidung sollte unbedingt im Zusammenhang mit dem Thema Nebenformen der Site Promotion (siehe Abschnitt 4.5) begutachtet werden.

Negative Publicity durch Flops im Internet kann ein Problem sein; allerdings ist die Gefahr meist kleiner als befürchtet wird. Alltagsfehler wie Serverabsturz oder langsame Auslieferung liefern heute keine Schlagzeilen mehr.

TIPP

Bürgernähe

Für staatliche Organisationen und Institutionen ist die Public-Relations-Funktion des Internet absolut zentral. Durch nichts kann ein Staatsbetrieb besser eine moderne Gesinnung, eine mentale Offenheit, Bürgernähe und einen zukunftsweisenden Service demonstrieren als mit einem guten Internet-Angebot.

2.3 Public Relations

2.3.1 Überblick über Public Relations

Public Relations (PR) ist Öffentlichkeitsarbeit. Ein Unternehmen oder eine Institution versucht, der Öffentlichkeit ein Bild über sich selbst zu vermitteln. Das Ziel ist, ein Vertrauensverhältnis zu schaffen, welches die Zusammenarbeit mit neuen Kunden und Partnern langfristig erleichtert. Wer Public Relations betreibt, will grundsätzlich Offenheit schaffen. Der Hauptunterschied zu Marketing und Kommunikation liegt in der Zielgruppe: Marketing ist marktorientiert und visiert die Kunden als Zielgruppe an, Public Relations hat eine gesellschaftspolitische Informationsfunktion und ist öffentlichkeitsorientiert.

Oft sind es öffentlich-rechtliche Institutionen, die sich der Mittel der Public Relations bedienen. Zentral ist die Imagefunktion der PR: Das Vorstellungsbild der Öffentlichkeit von einer Institution oder einer Organisation kann mit PR langfristig und dauerhaft verändert und verbessert werden. Typische PR findet man bei staatlichen Organisationen wie Bahn, Post, Steuerämtern, Einwohnerkontrollen oder bei Verbänden und NGOs (non-governmental organizations, also Nichtstaatliche Organisationen, meist Hilfsorganisationen). Gerade bei allseits ungeliebten Institutionen wie einem Steuer- oder Betreibungsamt kann PR die Tätigkeit enorm erleichtern, den Erfolg spürbar erhöhen und nicht zuletzt die Qualität der Arbeitsplätze dauerhaft verbessern.

2.3.2 Bedeutung des Internet für die bisherige Public Relations

Viele Unternehmen betreiben keine Public Relations im engen Sinne; die Kommunikation ist bei ihnen durch den Marketingmix umfassend abgedeckt. Wer bisher keine PR betrieb, muss dies nicht im Internet nachholen. Spezielle Internet-PR zum Selbstzweck ist in der Regel weder sinnvoll noch notwendig.

Die Bedeutung des Internet für Unternehmen und Organisationen, die bereits PR als Kommunikationsmittel anwenden, ist hingegen sehr hoch. Öffentlich-rechtliche Organisationen und die klassischen PR-Anwender wie Steuerämter (sofern sie den Anschluss an die Moderne gefunden haben) und Hilfsorganisationen sind gut beraten, das Internet zur Verstärkung der bestehenden PR zu verwenden. Der Nutzen in Form von Kundenzufriedenheit wiegt die Kosten bei weitem auf.

Öffentlich-rechtliche Unternehmen können mit geschickter Public Relations zudem substanziell Kosten sparen. Wer das Internet als Informationsmedium einsetzt, erspart sich viele kleine und große Anfragen. Die Kunden finden Formulare, Anforderungen für Gesuche, juristische Hinweise und Ähnliches auf dem Server. Die gesamte Verwaltung und Administration kann einen Großteil der Anfragen via Internet erledigen. Die Kunden finden auf einem übersichtlich strukturierten Server rasch und präzis die Information und können sich die gewünschten Formulare lokal speichern. Die PR-Funktion durch perfekten Service kombiniert sich auf diese Weise ideal mit Einsparungen.

Den Imagegewinn durch einen Server auf hohem technischen Niveau mit wirklich nützlichen Online-Dienstleistungen darf man nicht unterschätzen. Der Server ist das sichtbare Zeichen von mentaler Beweglichkeit und fortschrittlichem Handeln. Wer in Prospekten sich selbst als modern und dynamisch bezeichnet und noch nicht einmal die eigene Domain reserviert hat, entlarvt sich selbst. Das Internet ist bereits heute so weit verbreitet, dass für Firmen ohne eigenen Auftritt ein Negativimage entsteht. Regelrecht peinlich sind Internet-Adressen im Stil «moderne-firma@billigprovider.com». Die Kosten durch den Imageverlust sind unter dem Strich wesentlich höher als die Aufwendungen für einen anständigen Auftritt. Und umgekehrt: Der Image-

Zeitbedarf nicht unterschätzen

Die Unternehmen sind gut beraten, wenn sie den Zeitbedarf nicht unterschätzen: Es dauert erfahrungsgemäß rund drei Monate, bis jeder und jede Angestellte die Internet-Adresse der Firma und die eigene E-Mail-Adresse kennt, ein erstes Mal einen Browser aufgestartet und ein erstes Mal ein E-Mail empfangen und abgesendet hat. Weitere drei bis sechs Monate dauert es, bis Visitenkärtchen, Briefpapier, Rechnungen oder Couverts mit der Internet-Adresse versehen sind. Bis sich im Internet die ersten Erfolge in Form von steigenden Abfragezahlen oder zusätzlichem Umsatz zeigen, dauert es nochmals einige Monate. Es ist nicht übertrieben, einen Zeitbedarf von 6–12 Monaten zu veranschlagen, wenn eine Firma sich ins Abenteuer Internet stürzt. Wichtig dabei ist, dass diese Zeiträume konstant sind: Sie gelten ab dem Tag, an dem das Unternehmen online ist – ob nun heute oder erst im übernächsten Jahr.

gewinn beim Publikum dank einem guten Internet-Angebot wiegt die zeitlichen und finanziellen Kosten um ein Vielfaches auf.

2.4 Sales Promotion

2.4.1 Überblick über Sales Promotion

Sales Promotion oder Verkaufsförderung sind Maßnahmen, die direkt oder indirekt das Verkaufspersonal oder die Verkaufsinstitutionen in ihren Tätigkeiten unterstützen. Verkaufsförderung ist oft kurzfristig ausgerichtet und die Grenzen zu Werbemaßnahmen oder Public Relations sind häufig verschwommen. Hinsichtlich einer Einteilung nach Zielgruppen bestehen drei Arten von Sales Promotion: Verbrauchsorientierte Maßnahmen zielen auf den Letztverwender ab, außendienstorientierte Maßnahmen sollen die Motivation des eigenen Verkaufspersonals stimulieren und händlerorientierte Maßnahmen richten sich an den Zwischenhandel.

Die gängigen Verkaufsförderungen sind für Endkunden Gutscheine, Wettbewerbe, Zugaben, Kaufnachlässe, Rabatte oder Geschenke. Für Zwischenhändler sind die bekanntesten Verkaufsförderungen Kaufnachlässe, kostenlose Güter oder kooperative Werbenachlässe. Für Mitglieder im Verkauf oder deren Organisation werden oft Verkaufswettbewerbe durchgeführt und Boni gewährt.

2.4.2 Bedeutung des Internet für die bisherige Sales Promotion

Die Rolle des Internet bezüglich Sales Promotion hat sich noch nicht klar herauskristallisiert. Bei den meisten Unternehmen sind die Online-Verkäufe gemessen am Gesamtumsatz noch sehr bescheiden und das Online-Angebot umfasst meist nur einen kleinen Teil der gesamten Palette an Produkten und Dienstleistungen. Sales Promotion im Internet ist für den Endverkäufer wichtiger als für den Zwischenhändler. Im Business-to-Business sind vorrangig andere Aufgaben zu lösen, insbesondere das Einrichten von Kanälen respektive die Unterstützung von bestehenden Kanälen in einem Extranet oder in einem geschützten Bereich, in dem nur autorisierte Händler Zugang zu internen Informationen haben. Diese Aufgabe gehört zum Bereich Einbettung des Internet in die Logistik.

Hinsichtlich Sales Promotion im Internet stellen sich zwei Aufgaben: Die eine Aufgabe lautet, den Online-Verkauf in die Sales Promotion einzubetten. Die zweite Aufgabe lautet, für den Online-Verkauf selbst Sales Promotion zu betreiben.

Einbettung des Online-Verkaufs in Sales Promotion

Die Verkäufe, die über Internet erfolgen, müssen früher oder später in die Maßnahmen der Verkaufsförderung eingebettet werden. Die Verkaufsförderung ist Teil der Kommunikationspolitik. Manfred Bruhn definiert in seinem Buch *Kommunikationspolitik* (1997) Verkaufsförderung als «Analyse, Planung, Durchführung und Kontrolle meist zeitlich begrenzter Aktionen mit dem Ziel, auf nachgelagerten Vertriebsstufen durch zusätzliche Anreize Kommunikationsziele eines Unternehmens zu erreichen». Wichtig ist bei diesem Verständnis der Verkaufsförderung, dass mindestens zwei Ebenen angesprochen sind: der Zwischenhandel und die Endverbraucher. Die Werber müssen entsprechend den Verkauf über Internet in die bestehenden Verkaufsunterstützungen einbetten.

Sales Promotion für den Online-Verkauf

Im Internet-Verkauf empfiehlt es sich, eigene Sales Promotions ausschließlich für den Online-Shop zu gestalten. Die heute am weitesten verbreitete Maßnahme ist es, ein Lockvogelangebot zu platzieren. Ein

TIPP

Über Qualität verkaufen, nicht über den Preis

Die Versuchung ist groß, einen Internet-Shop, der nicht recht zum Laufen kommen will, mit Tiefpreisen anzuheizen. Dies ist ein Fehler, der später kaum wieder gut zu machen ist. Ein Lockvogelangebot für den Internet-Shop drängt sich zwar auf, allerdings sollten diese Aktionen punktuell und zeitlich beschränkt sein. Im Online-Shop sollte statt Billigpreisen Zusatznutzen für die Kunden angeboten werden. Wenn beim Start noch nicht klar ist, wie dieser Zusatznutzen aussehen kann, dürfen die Unternehmen nicht der Versuchung verfallen, deswegen übertrieben großzügige Tiefpreise einzuführen.

Produkt wird zu Selbstkosten oder zu einem Dumpingpreis angeboten, damit bei den Online-Kunden die Hemmschwelle einer Online-Bestellung sinkt. Eine weitere gut bewährte Methode ist es, ein Produkt exklusiv im Internet-Shop anzubieten. Bestens geeignet ist diese Maßnahme bei Konsumgütern wie Sonnenbrillen oder Textilien, wo ein bestimmtes Modell nur im Online-Shop erhältlich ist.

Zum Verständnis der Verkaufsförderung im Internet gehört die Kenntnis der Informationsflüsse im Internet. Diese sind in Abschnitt 6.4 besprochen. Wenn Verkaufsförderung mehr sein soll als ein schnelles Anheizen der Verkaufszahlen, muss sie in den Marketingmix eingebettet sein und langfristig angelegte Ziele verfolgen. Insbesondere Verkaufsförderung von Markenartikeln, konsumgerichtete Verkaufsförderung und handelsgerichtete Verkaufsförderung sind schwierige Aufgaben. Sie greifen tief in Absatzpolitik, Marketing und Kommunikation ein. Relativ problemlos ist hingegen eine Verkaufsförderung für einen Online-Shop mit dem Ziel, das Internet-Angebot bekannt zu machen und Kunden im virtuellen Laden ein Schnäppchen anzubieten.

Generell gilt bei der Verkaufsförderung die Faustregel: «Aus Interessierten Kunden machen». Im realen Verkauf heißt das, dass schöne Schaufenster, gelungene Dekoration und nettes Personal die Besucher im Laden zum Kauf verführt. Der Analogieschluss für den Online-Shop ist nicht unbedingt richtig, da es im Internet nur beschränkt möglich ist, Produkte wirklich überzeugend darzustellen. Abbildung 2.4 zeigt den Unterschied zur realen Verkaufsförderung. Ein Anlass, in diesem Beispiel ein Bratwurststand, an dem die Besucher Rabattcoupons erhalten, lockt die Leute in die Filiale, wo sie vom Angebot profitieren können. Der Anlass wirkt unmittelbar, ohne zeitliche und örtliche Verzögerung. Ein gleicher Anlass für einen Internet-Shop kann denselben Effekt haben, die Menschen lösen den Coupon ein. Allerdings gibt es eine zeitliche und örtliche Verschiebung, sie müssen zu Hause die Internet-Adresse eintippen und online bestellen.

Die Aufgabe der Sales Promotion für den Online-Verkauf lautet nicht, Leute in den Internet-Shop zu locken und dann etwas zu verkaufen, sondern umgekehrt: den Menschen das Produkt verkaufen und dann die Bestellung übers Internet auslösen. Der eigentliche Kaufakt geschieht nicht vor dem Bildschirm, der Computer ist nur eine alternative Bestellmöglichkeit. Dies steht im Widerspruch zur Philosophie der Internet-Werbung, wo geschickte Site Promotion möglichst viele Besucher ins Internet-Angebot bringen soll. Umso wichtiger ist es, dass die Werber ihre Sales Promotion für den Online-Verkauf im Kommunikationsmix geschickt platzieren.

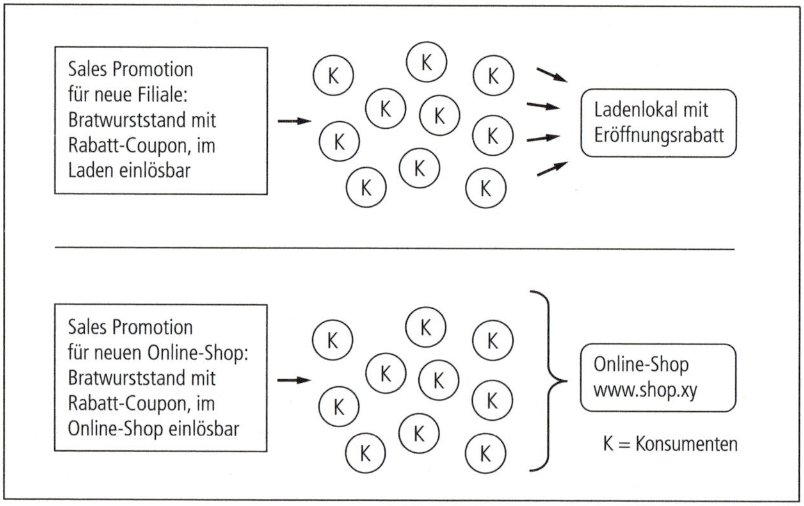

Abb 2.4: Sales Promotion für eine Filiale und für einen Internet-Shop. Derselbe Anlass kann verschiedene Effekte auslösen: entweder unmittelbar einen Besuch im Geschäft oder zeit- und ortverzögert einen Besuch der Internet-Seite.

Den Online-Kunden die Hemmungen nehmen

Jeder Internet-Shop hat nach dem Going online die gleiche Nuss zu knacken: Viele Kunden haben eine hohe Hemmschwelle bei ihrer Erstbestellung. Das Unternehmen muss mit psychologischen Tricks, mit Vertrauensbildung und mit guter Kommunikation mithelfen, beim Kunden diese Hemmschwelle abzubauen. Die Praxis hat gezeigt, dass eine geeignete Sales-Promotion-Maßnahme enorm hilfreich sein kann: Verteilen Sie in Ihrem Geschäft reale Gutscheine, die nur im Online-Shop eingelöst werden können. Der Gutschein lautet beispielsweise auf «20 Cyber-Euro», die bei der ersten Online-Bestellung in Zahlung genommen werden.

Checkliste: Werbung – Marketing – PR – Sales Promotion

Vor dem Start der Internet-Werbung sollte das Unternehmen eine Auslegeordnung seiner bisherigen Kommunikation vornehmen. Die Auslegeordnung sollte eher breit als detailliert sein. Die Themen sind Werbung, Marketing, Public Relations und Sales Promotion sowie der jeweilige Einfluss des Internet.

1. Die Verantwortlichen für die Internet-Werbung haben folgende Informationen zur Verfügung.

Werbung

- ☐ Werbebudget total laufendes Jahr
- ☐ Werbebudget total nächstes Jahr
- ☐ Werbebotschaft
- ☐ Zielgruppe, Medien, Träger

Marketing

- ☐ Marketingkonzept
- ☐ Produktpalette, Produktlinien, Sortiment
- ☐ Preispolitik
- ☐ Langfristige strategische Absatzentscheidungen
- ☐ Distributionskonzept

Public Relations und Sales Promotion

- ☐ Budget
- ☐ PR-Konzept und eventuelle Ausbaupläne
- ☐ Alle Maßnahmen der Verkaufsunterstützungen: Gutscheine, Aktionen, Wettbewerbe etc.

2. Die Verantwortlichen der Internet-Werbung verfügen über genügend Zeit und Mittel, um sich mit den Einflüssen des Internet auf die vier Punkte Werbung, Marketing, PR und Sales Promotion vertraut zu machen.

- ☐ Auslegeordnung der Werbeziele
- ☐ Auslegeordnung der Werbeträger und Werbemittel
- ☐ Bedeutung des Internet für Ziele, Träger und Mittel
- ☐ Preispolitik für Online-Shop
- ☐ Verkaufskonzept und Auslieferungskonzept für Online-Shop

3. **Die Kompetenzen sind geregelt. Die Verantwortlichen verfügen über die nötigen Mittel und können über die folgenden Punkte entscheiden.**

- ☐ Preisfestlegung für neue Produktlinien im Online-Shop
- ☐ Verwendung neuer Zahlungsmittel
- ☐ Ausprobieren neuer Verkaufsformen
- ☐ Planung und Durchführung von Verkaufsförderungsmaßnahmen

3

Bannerwerbung

Die mit Abstand wichtigste Werbeform im Internet ist Bannerwerbung. Ein Banner als Werbemittel verweist nach dem Prinzip eines Links auf ein beworbenes Internet-Angebot. Der größte Unterschied zu klassischen Werbemitteln ist, dass kein Medienbruch stattfindet: Der Transfer der Werbebotschaft, die Reaktion des Zielpublikums, Bestellung im Online-Shop und Bezahlung finden im gleichen Medium statt. Das Banner selbst kann verschiedenste Ausprägungen annehmen; Banner sind in der operativen Umsetzung das wichtigste und sichtbarste Werbeelement. Die Bannerwerbung als Ganzes ist jedoch ein Teil der integrierten Unternehmenskommunikation. Als Werbeträger kommt prinzipiell jede Internet-Seite in Betracht, die typischen Werbeträger sind jedoch Suchmaschinen und Plattformen mit hohem Bekanntheitsgrad und hohen Abfragezahlen. Die Schaltung kann nach verschiedenen Kriterien erfolgen. Die wichtigste Wirkung von Bannerwerbung ist die Abfragesteigerung auf dem beworbenen Internet-Angebot.

3.1 Allgemeines zur Bannerwerbung

Bannerwerbung ist die wichtigste Form von Werbung im Internet. Ein Banner ist die Werbefläche, die auf einer Internet-Seite eingebaut ist. Durch einen Mausklick auf das Banner gerät der Besucher direkt auf das angepriesene Internet-Angebot. Das Banner ist ein komplett neues Werbemittel. Es ist die naheliegendste und sinnvollste Werbemöglichkeit im Internet. Die Position des Banners ist derart dominant, dass Internet-Werbung oft gleichgesetzt wird mit Bannerwerbung.

Der größte Unterschied zu anderen Werbemitteln besteht aus informationstheoretischer Sicht darin, dass kein Medienbruch stattfindet. Dieser Unterschied ist fundamental. Es gibt andere Werbeformen, die ebenfalls ohne Medienbruch auskommen – beispielsweise Telefonmarketing – und bei denen die Werbung auf demselben Kanal hin zum Kunden fließt wie sie in das Unternehmen zurückkommt. Dieser Unterschied zwischen Bannerwerbung und allen anderen Werbeformen geht noch einen Schritt weiter: Der Medienbruch fehlt nicht nur beim Informationsfluss zwischen Unternehmen und Kunden in beiden Richtungen, der Medienbruch fehlt sogar zwischen Informationsfluss und Kaufabwicklung. Das ist revolutionär.

Bannerwerbung stellt eine neue Dimension in der Welt der Werbung dar. Das Banner als Informationsträger der Werbebotschaft und als Werbemittel ist absolut neu. Es ist vor vielleicht sieben oder acht Jahren entstanden und hat sich seit 1996 explosionsartig ausgebreitet. Erst vor vier oder fünf Jahren war es überhaupt absehbar, dass sich das Banner zu einem bedeutenden Werbemittel entwickeln würde. Vor vielleicht drei Jahren wurde es endgültig zum unübersehbar dominierenden Werbemittel im Internet. Heute deutet alles darauf hin, dass sich Bannerwerbung zu einer Werbeform mit substanziellem Marktanteil entwickeln wird.

Derzeit sind die Umsätze in der Internet-Werbung gemessen am gesamten Werbekuchen noch verschwindend klein. Die Überlegenheit der Bannerwerbung verglichen mit anderen Werbeformen und die teils massiven Kostenersparnisse, die sich mit Bannerwerbung erzielen lassen, deuten aber darauf hin, dass die Bannerwerbung eine ganz große Zukunft haben wird.

3.1.1 Funktion

Bannerwerbung funktioniert nach dem Prinzip der Hyperlinks im Internet. Ein Link verweist auf eine andere Stelle in einem Internet-Angebot oder auf ein anderes Internet-Angebot. Hinter dem Link befindet sich die entsprechende Internet-Adresse. Ein Mausklick auf den Link aktiviert einen Befehl, diese Adresse aufzurufen. Das Banner funktioniert grundsätzlich nach dem gleichen Prinzip: Das Unternehmen platziert ein Banner an einer geeigneten Stelle im Internet – sinnvollerweise auf einem Werbeträger mit hohen Abfragezahlen. Die Benutzer der Seite, auf der das Banner geschaltet ist, sehen das Banner und können draufklicken, wenn sie wollen. Auf ihrem Bildschirm erscheint nun das Angebot, auf welches das Banner verweist.

Wichtig sind die neuartigen Informationsflüsse. Das Banner transportiert die Werbebotschaft im Internet zum Zielpublikum. Ein Teil davon klickt auf das Banner und gerät ohne Zeitverlust direkt auf die beworbene Seite. Der umworbene Kunde befindet sich wenige Sekunden nach dem ersten Werbekontakt direkt im Werbeobjekt. Es gibt keine andere Werbeform, die auch nur annähernd die Werbebotschaft derart eng an das Ziel koppelt.

Andere Funktionen von klassischen Werbeträgern wie Imagebildung treten beim Banner deutlich in den Hintergrund. Mit Bannerwerbung lässt sich das Image kaum substanziell steigern. Banner sind sehr funktional, sie machen auf ein Angebot aufmerksam und diejenigen, die sich dafür interessieren, können sich das Angebot genauer anschauen. Der Informationsgehalt des Banners ist rudimentär, aber die Möglichkeiten, die sich mit der Logik der Hyperlinks ergeben, sind buchstäblich unerschöpflich.

«Branding», also Stärkung des Markenimage im Internet, gewinnt an Stellenwert. Realistisch betrachtet ist es mit dem Banner nicht möglich, eine Marke zu schaffen oder bestehende Marken zu stärken. Dazu ist der Informationsgehalt eines Banners viel zu klein und es gibt eigentlich keine Möglichkeit, Emotionen auszulösen. Die Bannerwerbung ist als Teil der Kommunikation zu Kunden und Partnern eingebettet in andere Mittel und Maßnahmen. Die Feststellung, dass Imagewerbung mittels Banner de facto nicht möglich ist, ist kein Argument gegen Bannerwerbung. Vielmehr sollte das werbende Unternehmen das Banner

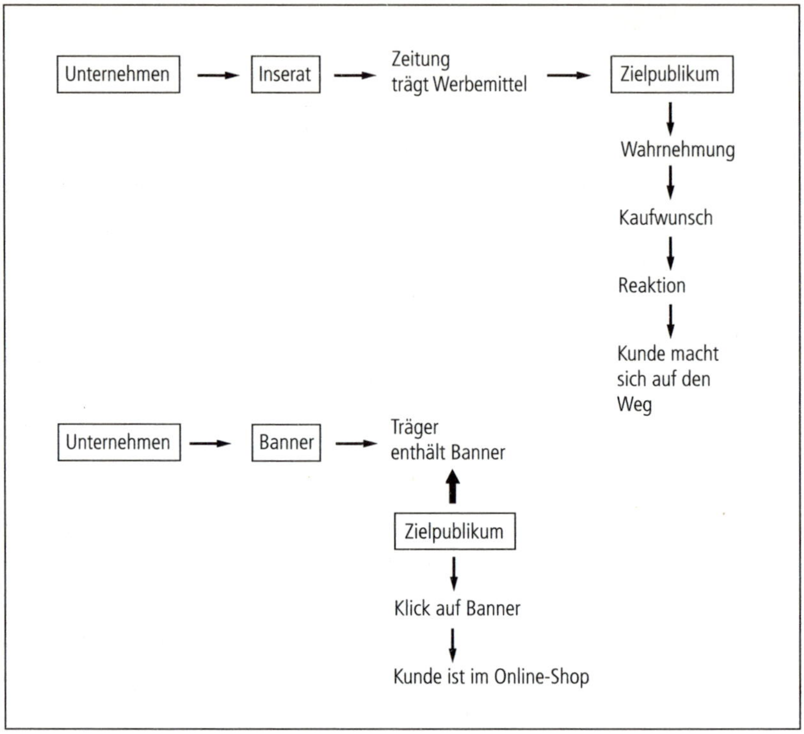

Abb. 3.1: Kommunikationsschema: Informationsfluss von Bannerwerbung verglichen mit dem Informationsfluss eines Zeitungsinserates (© ionos GmbH).

als Element der integrierten Kommunikation betrachten. Kapitel 6 ist diesem Thema gewidmet.

Abbildung 3.1 zeigt beispielhaft den Informationsfluss von Bannerwerbung in Vergleich mit dem eines Zeitungsinserates. Die Zeitung trägt die Botschaft zum Zielpublikum, welches die Botschaft wahrnimmt. Die Wahrnehmung löst bei einem Teil einen Kaufwunsch aus. Die Reaktion ist, dass der Kunde sich auf den Weg macht und in den Laden geht. Bei der Bannerwerbung nimmt das Publikum Kontakt zum Träger auf (Funktionalitätsumkehr in der Rezeption, dargestellt durch den fetten Pfeil) und nimmt die Botschaft wahr. Der Teil des Publikums, bei dem ein Kaufwunsch eine Reaktion auslöst, klickt auf das Banner und befindet sich nach wenigen Sekunden im Online-Shop. Es gibt keine Zeitverzögerung und keinen Medienbruch.

3.1.2 Aufgabe

Die Hauptaufgabe des Banners ist es, die Abfragezahlen auf der beworbenen Seite zu erhöhen. Das Ziel der Bannerwerbung ist es natürlich, eine Umsatzsteigerung im Online-Shop zu bewirken. Beide Effekte, die Abfragesteigerung und die Umsatzsteigerung, lassen sich sehr gut messen, besser als bei jeder anderen Werbeart. Die Mechanismen dazwischen sind hingegen nur sehr schwierig festzustellen. Es gibt noch so gut wie keine Untersuchungen darüber, was die Wirkungsmechanismen sind, die in der Bannerwerbung eine Rolle spielen. Die publizistischen Wirkungstheorien sind nur beschränkt anwendbar und die bekannten Methoden aus der Werbeforschung, die Erfolg und Misserfolg von klassischen Werbemaßnahmen messen, sind wegen der Andersartigkeit des Mediums wenig aussagekräftig.

Die Aufgabe der Bannerwerbung in der Praxis ist deshalb pragmatisch: Sie lautet, das Banner für unternehmerische Zwecke einzusetzen um damit die Abfragezahlen auf dem eigenen Internet-Angebot zu erhöhen und die Umsätze im Internet-Shop zu steigern. Die Umsetzung der Aufgabe erledigt eine Werbeagentur mit dem entsprechenden Know-how. Das Unternehmen beschränkt sich auf Definierung der Zielvorgaben, Kontrolle und Erfolgsauswertung.

3.1.3 Das Werbeobjekt

Analog wie es Site Promotion *im* Internet und Site Promotion *außerhalb* des Internet gibt, kann das Werbeobjekt *im* Internet oder *außerhalb* des Internet sein. Durch das Naturell des Mediums sind Werbeobjekte im Internet wirkungsvoller bewerbbar als diejenigen in der realen Welt. Für Site Promotion außerhalb des Internet gelten die Gesetzmäßigkeiten der klassischen Werbung. Die Bandbreite der möglichen Werbeobjekte ist an sich unbeschränkt, allerdings ist die heute vorherrschende Form des Banners, das ohne Umschweife auf ein beworbenes Internet-Angebot verweist, mit Abstand die wichtigste.

Bannerwerbung bewirbt nicht immer ein Internet-Angebot, aber praktisch immer wirbt ein Banner mittels eines Links. Dies ist der Grund, weshalb Imagewerbung mittels Banner nur beschränkt möglich ist. Die eigentliche Stärke des Internet ist es ja gerade, auf Umwege und

Medienbrüche zu verzichten. Imagewerbung in Form von Bannerwerbung erscheint daher wenig sinnvoll.

Es gibt ein weiteres Paradox: Jeder reale Werbeträger kann immer ein Internet-Angebot bewerben, hingegen können Werbemittel und Werbeträger im Internet praktisch keine realen Angebote bewerben. Das Werbeobjekt im Internet ist virtuell, nicht real. Ein reales Objekt, ein reales Produkt oder ein realer Anlass dagegen wird in der Regel eher mit einer Zwischenseite beworben oder ein Banner verweist in solchen Fällen auf ein Internet-Angebot, das das reale Produkt darstellt. In der Regel ist es sinnvoll, ein Banner direkt mit einem Link auf die jeweilige Internet-Adresse zu versehen, wenn es sich um eine Firmenpräsentation, eine Website oder einen Shop handelt. Zwischenseiten bieten sich an bei Imagewerbung oder Bewerbung von Marken oder Produktlinien. Die integrativen Banner bewerben das Objekt direkt innerhalb

Werbeobjekt	Banner verweist mittels	Inhalt des Verweises
Firmenpräsentation	Link	Hauptadresse
Internet-Seite	Link	Adresse der Seite
Hauptadresse oder Unteradresse	Link	Adresse der Seite
Online-Shop	Link	Adresse des Shops
Online-Shop, der nicht auf der Hauptdomain läuft	Link	Adresse des Mietshops
Imagewerbung für Firma	Zwischenseite	Kurzbeschreibung mit Link auf Hauptadresse
Markenname	Zwischenseite	Kurzbeschreibung der Marke mit Links
Produktsortiment, Produktlinie	Zwischenseite	Kurzbeschreibung des Sortiments / der Linie mit Links
Einzelnes Produkt	Integrative Banner	Bestellmöglichkeit im Banner integriert

Tab. 3.1: Verweismöglichkeiten auf verschiedene Werbeobjekte (© ionos GmbH).

des Banners selbst. Beispielsweise ist im Banner eine Bestellmöglichkeit integriert. Die Auflistung in Tabelle 3.1 ist natürlich weder zwingend noch vollständig; es sind beliebige Kombinationen denkbar.

Internet-Werbung ist die kommunikative Schnittstelle zwischen Werbeobjekt und Nutzer. Das Banner bildet quasi einen Vorboten der Schnittstelle zwischen einem Internet-Angebot und dem Besucher, den der Anbieter auf seine Seite locken möchte. Das Werbeobjekt ist im Normalfall das Internet-Angebot selbst und das Banner ist die Schnittstelle zwischen Anbieter und Nutzer.

Abbildung 3.2 zeigt, wie revolutionär die Internet-Werbung ist: Keine andere Werbeform kann die Schnittstelle aus eigener Kraft ausschalten. Nur das Banner ermöglicht es, per Mausklick inhaltliche und geografische Distanz zu überwinden. Ohne Zeitverlust und ohne jeden zusätzlichen Aufwand kann ein potenzieller Kunde die Schnittstelle als Eintrittspforte zum Werbeobjekt verwenden. Das Banner schafft den ersten Blickkontakt zwischen Kunde und Werbeobjekt: Nach dem erfolgten Klick auf das Banner befindet sich der Benutzer direkt im Werbeobjekt, beispielsweise in der Firmenpräsentation oder im Online-Shop.

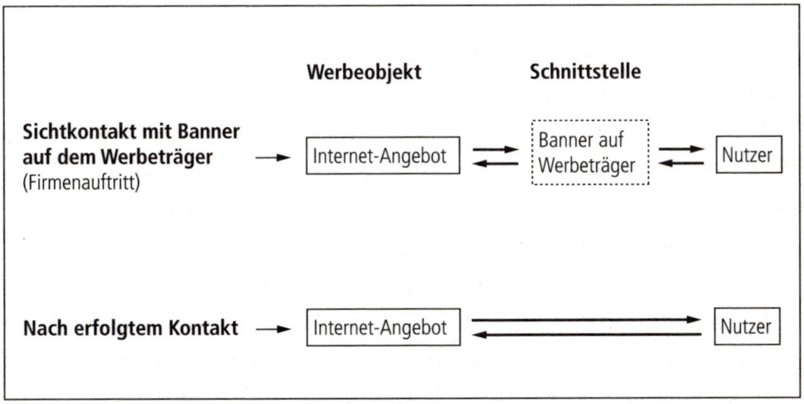

Abb. 3.2: Banner als Schnittstelle zwischen Werbeobjekt und Nutzer (© ionos GmbH).

3.1.4 Der Stellenwert der Bannerwerbung

Die Bannerwerbung ist trotz all ihrer Mängel nach wie vor das wichtigste und sichtbarste Element der Kommunikation nach außen. Bannerwerbung ist so jung wie das Internet und man kann nicht erwarten, dass sie bereits ausgereift ist. Die Entwicklung ist allerdings rasant und in den letzten Jahren sind bestehende Bannerarten verbessert worden und neue Formen zur Anwendungsreife gelangt.

Die Bannerwerbung zählt zu den Instrumenten der Kommunikation. Die Bannerwerbung ist integriert in verschiedene Maßnahmen, mit denen das Unternehmen Kontakt zu Kunden und Partnern sucht. Es gibt keinen objektiven Maßstab, der den Stellenwert des Banners festlegt. Jedes Unternehmen muss diese Frage für sich beantworten und entsprechend umsetzen.

3.2 Das Banner

Ein Banner ist das Werbemittel im Internet. Aus dem Englischen übersetzt heißt Banner Flagge, Wimpel, Transparent oder Fahne. Das Wort stammt ursprünglich aus dem Altfranzösischen «la bannière» und einer romanischen Vorform «bandiere», welche als militärischer Ausdruck den Ort bezeichnet, wo in der Schlacht die Fahne steht. Davon übriggeblieben ist das Panier, ein etwas antiquierter Ausdruck für eine Fahne. Das altfranzösische Verb dazu heißt «banir» und bedeutet verkünden. Der Ausdruck «Banner» für den Träger der Werbebotschaft im Internet könnte nicht treffender sein.

Das Banner bezeichnet die Fläche auf einer Internet-Seite, die jeder Benutzer mit der Maus anklicken kann, genauso wie einen Link. Das Banner wirbt für ein anderes Internet-Angebot. Per Mausklick gerät der Besucher direkt auf die beworbenen Inhalte.

Der klassische Internet-Effekt spielt hier besonders stark: Es scheint vordergründig simpel, ein Banner zu gestalten und am richtigen Ort zu platzieren. Der Eindruck täuscht: Die Erstellung eines Banners ist auf seine spezifische Weise genauso komplex wie die Gestaltung eines Werbeplakates oder eines Fernsehspots. Es braucht im gleichen Maß Erfahrung, profunde Kenntnisse des Mediums, Kreativität, gestalterisches Flair, Sinn für Corporate Identity, technisches Fachwissen, Fähigkeit zu texten, Verständnis für Werbung – und das Talent, alle die verschiedenen Dinge unter einen Hut zu bringen. Gerade die Beschränkungen, die das Internet auferlegt, machen Herstellung und Anwendung des Banners schwierig. Die Werbebotschaft muss auf wenigen Quadratzentimetern Platz finden, der Texter hat nur wenige Silben zur Verfügung, der Grafiker muss sein Instrumentarium stark einschränken, der Informatiker muss alles in seine komplizierten Datenbanken hineinpacken und bei der Schaltung und Erfolgskontrolle sind verschiedenste Leute notwendig, die sich verstehen und ihre Arbeit koordinieren müssen.

Dieser Abschnitt soll eine Übersicht zeigen, welche Arten von Bannern es gibt und welche Vielfalt von Möglichkeiten trotz der Beschränkungen gegeben ist.

3.2.1 Größe

Ein durchschnittliches Banner erscheint auf einem 17-Zoll-Bildschirm etwa in einer Größe von 19 mal 3 Zentimetern. Die effektive Größe ändert sich natürlich mit der Bildschirmgröße des Benutzers und seinen Einstellungen. Die Größenverhältnisse bleiben in der Regel gleich, wie bei kleinen und großen Fernsehbildschirmen.

Die relevanten Werte für Größe sind Pixel und Kb (Kilobyte). Pixel ist der grafische Wert, der die Größe eines Bildes auf einem Bildschirm ausdrückt. Die technische Größe ist Kilobyte, darin sind alle rechnerischen Informationen enthalten, um eine Datei mit einem Computer zu erfassen. Eine typische Größe für ein statisches Banner ist 10 Kb, eine typische Größe für das Bildformat ist 468 x 60 Pixel. Bildlich gesprochen ist das Banner dann 468 Bildpunkte breit und 60 Bildpunkte hoch.

Abb. 3.3: Statisches Banner mit einer typischen Größe von 468x60 Pixel.

Ein Thumbnail – ein «Daumennagel» – ist eine kleine Bannerform, häufig 120x90 Pixel groß und nur 2–3 Kb schwer. Thumbnails lassen sich sehr gut platzieren, ohne den Inhalt des Werbeträgers zu stören und ohne die Ladezeit spürbar zu verlängern. Thumbnails gehören zu den interessantesten Werbemitteln im Internet überhaupt.

Abb. 3.4: Beispiel für ein Thumbnail.

Die Größe eines Banners betrifft den eigentlichen Hersteller, meist Werber oder Grafiker. Kreative Leute haben erfahrungsgemäß Schwierigkeiten, sich mit den scharfen Beschränkungen im Internet abzufinden. Die Größe in Kb beeinflusst die Ladezeit beim Benutzer der Seite. Diese Zeit darf nur einige Sekunden betragen, sonst löst das Banner negative Reaktionen aus, sei es gefühlsmäßig oder durch einen Klick auf die Stop-Taste.

Es gibt im Internet keine Organisation, die Standards verbindlich festlegen kann, allerdings setzen sich Standards im Internet relativ schnell durch und sind oft erstaunlich stabil. Die IAB, das Internet Advertising Bureau aus den USA, hat die Bannergrößen definiert. Sie sind in Tabelle 3.2 aufgelistet. Es empfiehlt sich, diese Bannergrößen zu verwenden, da die meisten AdServer (Rechner, die die Banner auf die Träger verteilen) mit diesen Werten arbeiten.

Bannergröße	Name
468 x 60 Pixel	Standardbanner (Full Banner)
392 x 72 Pixel	Standardbanner mit vertikaler Navigation (Full Banner with Vertical Navigation Bar)
234 x 60 Pixel	Halbes Banner (Half Banner)
120 x 240 Pixel	Vertikales Banner (Vertical Banner)
120 x 90 Pixel	Logo-Button (Button 1)
120 x 60 Pixel	Logo-Button (Button 2)
125 x 125 Pixel	Quadratisches Banner (Square Button)
88 x 31 Pixel	Mikro-Button (Micro-Button)

Tab. 3.2: Bannergrößen. Banner haben vorgegebene Größen: Die IAB-Standards haben sich durchgesetzt (Quelle: IAB Internet Advertising Bureau Schweiz, http://www.iab-schweiz.ch).

3.2.2 Inhalt

Die winzige Fläche des Banners und die minimalen Möglichkeiten, die sich durch die technischen Einschränkungen ergeben, müssen ausreichen, um die Werbebotschaft zu kommunizieren. Für die Darstellung des Inhalts stehen prinzipiell Text, Grafik, Animation und Ton zur Verfügung.

Die beiden wichtigsten Elemente, um Inhalte in einem Banner zu vermitteln, sind Grafik und Text. In den wenigen Kilobytes muss der Inhalt optisch und mit Text dargestellt werden. Gerade weil so wenig Möglichkeiten zur Verfügung stehen, ist Professionalität besonders wichtig. Der Text beschränkt sich in der Regel auf einen Slogan oder eine minimale Werbebotschaft. Der optische Inhalt bezieht sich sinnvollerweise auf das Erscheinungsbild der beworbenen Firma oder Dienstleistung.

Wichtig ist, dass der Inhalt des Banners aus der Werbebotschaft des Unternehmens stammt. Die Aufgabe für Texter und Grafiker lautet, im Banner die Information zu komprimieren, respektive die bestehende Werbebotschaft in das Werbemittel Banner hineinzubringen. Inhalte im Banner sind primär Inhaltsumsetzungen bestehender Botschaften.

Offener und verdeckter Inhalt

Es gibt prinzipiell zwei Arten der Informationsaufbereitung in einem Banner: der offene und der verdeckte Inhalt. Beim offenen Inhalt weist das Banner eindeutig aus, wer oder was beworben wird. Beim verdeckten Inhalt ist nicht klar, worum es geht. Der Sinn der beiden Arten ist naheliegend, der offene Inhalt soll den Kern der Werbebotschaft transportieren. Der verdeckte Inhalt soll Neugier wecken. Abbildung 3.5 zeigt ein typisches Beispiel für einen offenen Inhalt: Das Telekommunikationsunternehmen Worldcom bewirbt sein Angebot mit einem offenen Banner. Die Benutzer erfassen die Information in Sekundenbruchteilen; es gibt keine Zweifel, worum es sich handelt. 11 Silben transportieren die Botschaft. Das Design des Banners ist extrem schlicht. Optisch ist der Name Worldcom als Firmensignet hervorgehoben, das Wort «sparen» ist farblich und mit Großbuchstaben betont. Statische Banner mit offenem Inhalt eignen sich gut für Streuwerbung.

Abb. 3.5: Beispiel für einen offenen Inhalt: Die Botschaft ist klar erkennbar.

Das Beispiel in Abbildung 3.6 arbeitet mit dem Prinzip des verdeckten Inhalts. Das Banner lässt offen, was es bewirbt. Wer wissen will, wer hier die Drahtzieher sind, muss auf das Banner klicken, um es herauszufinden. In diesem Falle warb eine Nachrichtenagentur für ihre Dienstleistungen. Diese Art der Informationsaufbereitung löst hohe Klickraten aus, da die Neugier geweckt wird.

Abb. 3.6: Beispiel für einen verdeckten Inhalt: Das Werbeobjekt ist erst nach dem Klick erkennbar.

3.2.3 Statische Banner

Die einfachste Form des Banners ist statisch. Ein statisches Banner besteht aus einer Datei, die Bild und Text enthält. Das statische Banner ist das Grundmodell der Bannerwerbung. Jedes Unternehmen sollte für seinen Firmenauftritt, seinen Online-Shop oder seine anderen Internet-Angebote ein paar statische Banner in Reserve haben. Professionelle Internet-Anbieter liefern bei der Erstellung des Firmenauftritts ein statisches Banner gleich mit.

Abb. 3.7: Statisches Banner.

Die fraktale Struktur der Information

Das Banner hat eine Besonderheit, die kein anderes Werbemittel kennt: Es ist nahtlos mit Zusatzinhalten verbunden. Das scheint trivial zu sein, ist aber enorm wichtig und eröffnet dem Online-Werber fantastische Möglichkeiten. Die Informationsstruktur im Internet ist fraktal, das heißt, man kann von jedem Ort nahtlos zu jedem anderen Ort springen. Der Ausdruck «fraktal» stammt aus der Chaostheorie und bezeichnet bestimmte Eigenschaften von Systemen. Ein System ist fraktal, wenn es sich selbst abbildet und wenn es bei beliebiger Vergrößerung immer noch ähnlich aussieht. In einem fraktalen System kann man sich beliebig bewegen. Bildlich gesprochen: Wenn Sie ein Schloss betreten, durch sieben Säle schreiten und zurückblicken, befinden sich hinter Ihnen sieben Türen und sieben Säle. Wenn Sie im Internet einen virtuellen Raum betreten, sich siebenmal vorwärts bewegen und umdrehen, stehen Sie neben der Pforte. Und trotzdem befinden sich zwischen Ihnen und dem Ausgangspunkt die sieben Säle.

Das statische Banner hat eine Reihe von Vorteilen. Es ist leicht – in Kilobyte ausgedrückt – und somit beim Benutzer schnell geladen. Die Herstellung ist technisch recht einfach. Grafiker, Texter und Werber können ihre gewohnten Arbeitsinstrumente verwenden und die Arbeitsmethoden beibehalten, um ein statisches Banner zu gestalten. Die Umsetzung der Entwürfe ist anschließend vorwiegend Handarbeit; die Abspeicherung im richtigen Format ist Fließbandarbeit, ebenso korrekte Komprimierung und Speicherung in Formaten, die jeder Browser verarbeiten kann. Der Versand des Banners bietet ebenfalls keine Probleme, es ist lokal einfach speicherbar und hat eine lange Lebensdauer. Bei technischen Fortschritten im Internet genügt es, das statische Banner vom alten ins neue Format umzuschreiben.

Der Suchindex Yahoo! beispielsweise (siehe Abbildung 3.7) platziert seine statischen Banner in seinen eigenen und in anderen Suchmaschinen und wirbt damit für seine spezifischen «Yahoos» in verschiedenen Ländern.

3.2.4 Animierte Banner

Animierte Banner, auch Living Banner und Moving Banner genannt, sind Werbeflächen im Internet, die Bewegung enthalten. Es gibt zwei Arten von Animationen, bewegte Bilder und bewegte Elemente. Die bewegten Bilder sind keine Sequenzen im Sinne eines Kurzfilms sondern meist eine Reihe aneinandergekoppelter Einzelbilder. Dies ist unter dem Stichwort «narrative Banner» beschrieben. Animationen sind bewegte Elemente, die in dem Banner integriert sind.

Als Hauptvorteil der Animation wird oft angegeben, die Bewegung motiviere zum Hinschauen. Dieses Argument mag für Adler und Mammutjäger zutreffen, im Internet ist es eine unbewiesene Behauptung. Gerade ältere Internet-Benutzer und solche, die in ihrer Freizeit weder Videoclips schauen noch Nintendo spielen, schauen auf die bewegten Banner um herauszufinden, wie man das lästige Geflacker abstellen könnte.

Animierte Banner brauchen längere Ladezeit und verlangsamen somit die Nutzung des Werbeträgers. Davon betroffen sind einerseits die Betreiber des Werbeträgers, andererseits die Benutzer des Werbeträgers. Die Statistik weist nicht aus, ob das Banner fertig geladen wurde oder ob die Benutzer die Animation mit der Stop-Taste beendeten, bevor sie überhaupt sichtbar war.

TIPP

Erst die Pflicht, dann die Kür

Bevor ein Unternehmen mit bewegten Bannern experimentiert, sollte es seine statischen Banner im Griff haben. Die Herstellung von animierten Bannern kann teuer sein. Ein Problem bei animierten Bannern sind häufig die Informatiker, die die neueste Software ausprobieren möchten und mit einer Spielerei irgend etwas Lustiges in das Banner hineinzaubern. Ein animiertes Banner ist keine Spielwiese für Experimente! Es ist das komplexeste Werbemittel im Internet. Die Zeiten, in denen das Internet beinahe ausschließlich von Teenagern und Freaks bevölkert war, sind längst vorbei. Das Internet ist heute für viele Menschen ein Hilfsmittel bei der Informationsbeschaffung und ein profanes Kommunikationsinstrument. Es ist auch ohne animierte Banner nervtötend langsam. Bevor Sie Ihrer Kundschaft die Leitungen mit noch mehr Datenmüll verstopfen, sollten Sie sich überlegen, ob Sie Ihre Botschaft nicht mit der Hälfte der Animation hinüberbringen können. Sie müssen berücksichtigen, dass keine Statistik ausweist, wieviel Benutzer sich geärgert haben, weil die Seite wegen eines überladenen Banners langsamer wurde. Werben Sie erst mit animierten Bannern, wenn Sie mit statischen Bannern genügend Erfahrung gesammelt haben.

3.2.5 Verwendung von Ton

Prinzipiell besteht die Möglichkeit, ein Banner mit Ton zu ergänzen. Das Banner kann entweder den Ton gleich mitliefern – das heißt, dass die Töne gewissermaßen im Banner integriert sind – oder die Töne können per Mausklick aktiviert werden.

Vertonte Banner sind heute noch eher die Ausnahme. Es gilt dasselbe wie bei penetrant animierten Bannern. Es animiert nicht zum Hinschauen sondern zum Wegklicken. Viele private Internet-Nutzer haben einen PC, der gar nicht in der Lage ist, die Töne abzuspielen. Vertonte Banner können die Nerven der Besucher arg strapazieren. Auch die Tonqualität ist äußerst bescheiden.

Die Restriktionen der Technik, insbesondere die schmalen Bandbreiten der Datenübertragung und der Stand der Technik in Privathaushalten sind ein Argument, mit vertonten Bannern sehr sparsam umzugehen. Ein perfekt vertontes Banner kann ein gutes Werbemittel sein und eine hohe Klickrate auslösen. Bei einer Vertonung muss die Zielgruppe entsprechend sein; in Frage kommen Computerspiele, Radiostationen, CD-Shops oder Ähnliches.

Ein schlimmer Fehler ist es, wenn beim Endbenutzer ein technisches Problem entsteht, weil das vertonte Banner Software benötigt, die nicht installiert ist. Es kann vorkommen, dass der PC abstürzt und der Benutzer Probleme hat, weil irgendwelche kryptischen Einstellungen verändert wurden. In diesem Fall ist der Erinnerungswert an das vertonte Banner enorm hoch – aber nicht im erwünschten Sinne. Dies hat denselben Effekt, wie wenn ein Fußballfan wegen einer Werbeunterbrechung im Fernsehen ein Tor von Zidane verpasst.

TIPP

Loop abstellen!
Animierte Banner animieren zum Wegklicken, vor allem, wenn sie sich unendlich wiederholen. Es ist nicht möglich, einen Artikel zu lesen, wenn am oberen Rand dauernd etwas ruckelt und zuckelt. Als Betreiber einer Content-Seite müssen Sie darauf bestehen, dass eine Animation höchstens dreimal abläuft. Außerdem muss der User eine Animation mit Klick auf die «Abbrechen»-Taste tatsächlich abbrechen können. Wenn die Animation auch nach dem dritten Loop nicht abstellt, können sie sicher sein, dass sich 90 Prozent Ihrer Besucher verabschieden.

Vertonte Banner sparsam verwenden

Vertonte Banner sind nicht tabu, aber sie sollten sehr sparsam eingesetzt werden. Auch hier gilt: Das Banner ist nicht ein Experimentierfeld für den Ingenieur, es ist ein Werbemittel. Ein raffiniert vertontes Banner, am richtigen Ort platziert, solcherart programmiert, dass beim Endbenutzer keine Probleme entstehen, und so auf den Werbeträgern positioniert, dass nur die Zielgruppe mit dem Banner in Kontakt kommt, kann extrem erfolgreich sein. Auch die fraktale Struktur der Information im Internet will ausgenutzt sein: Im Banner ist nur ein ganz kleines Stück Ton enthalten oder sogar nur ein optischer Hinweis, dass sich hier Ton befindet. Nach dem Klick auf das Banner hört der Besucher die Töne und gerät direkt in das Angebot der Firma, beispielsweise ein Musikgeschäft. Mit einem fraktal aufgebauten Banner hat der Werber die gesamte Zielgruppe mit einem statischen Banner angesprochen, und nur die Werbeberührten geraten mit dem Ton in Kontakt. Wer Ton nicht will, wird nicht damit belästigt und Kids, die die neuesten Formate der WAV-Dateien cool finden, haben Online-Zugang in ihr Programmier-Paradies.

3.2.6 Metatags

Metatags sind Stichworte und Textbausteine, die in der Programmiersprache HTML in einer Internet-Seite fix programmiert sind. Viele Suchmaschinen verwenden die Metatags zum Indexieren. Meist erscheint das Ergebnis einer Suchabfrage mit Titel, Text und URL. Der Programmierer des Internet-Angebotes kann mit Hilfe der Metatags die Darstellung des Suchergebnisses beeinflussen und wesentlich verbessern. Eine schöne Darstellung des Suchergebnisses ist praktisch und erhöht die Klickrate spürbar.

Metatags sind eigentlich ein Element der Internet-Programmierung und nicht primär ein Element der Bannerwerbung. Die Möglichkeiten Metatags einzusetzen, entwickeln sich jedoch rasant und werden auch für die Bannerwerbung immer wichtiger. Insbesondere ist eine Übereinstimmung der Stichworte in den Metatags und in den Kampagnen wichtig.

Die Metatags sind eine Aufgabe für den Werbetexter. Der Texter in der Werbeagentur muss das Prinzip der Metatags kennen und verstehen. Es ist seine Aufgabe, dem Informatiker die Stichworte und die Legenden zu liefern. Überall dort, wo Metatags eingesetzt werden können, sollten sie auch wirklich Anwendung finden. Dem Texter obliegt es, die Stichworte in der Seite und in den Bannern zur Übereinstimmung zu bringen.

3.2.7 Textzeile hinter dem Banner

Viele Werbeträger bieten die Möglichkeit an, mit dem Banner eine zusätzliche Textzeile zu übermitteln. Die Textzeile erscheint so lange, bis das Banner geladen ist. Danach verschwindet die Textzeile hinter dem Banner. Es handelt sich um das so genannte «ALT-Tag», der Alternative Text im HTML-Code. Alte Browser-Versionen und exotische Browser, die Animationen oder Ähnliches nicht laden können, zeigen lediglich die Textzeile hinter dem Banner.

Die Texter der Werbeagentur müssen für jedes Banner eine Textzeile verfassen. Der Inhalt der Textzeile muss mit den Metatags und dem Bannertext einen Zusammenhang haben. Oft genügt der Firmenname oder der Slogan als Textzeile hinter dem Banner; besser ist es, einen eigentlichen Werbetext zu verfassen.

Metatags

Metatags sind eine wichtige Möglichkeit, die Suchergebnisse zu verbessern. Metatags bilden eine wichtige Verbindung zwischen Internet-Seiten und den Bannern. Suchmaschinen suchen das Internet nach Stichworten ab. Die Metatags sind gewissermaßen versteckte Stichworte in einer Internet-Seite. Der Informatiker kann diese Stichworte in die Seite hineinprogrammieren, sie sind für den Betrachter unsichtbar. Das sieht dann zum Beispiel so aus:

<head>
<titel>Pizzablitz – Der Pizzakurier für Bonn</titel>
<Meta name="description" content="Wollen Sie Ihre Pizza heiß serviert? Dann...">
<Meta name="keywords" content="Pizza Bestellung Food Service Gourmet">
</head>

Davon sieht der Betrachter Ihrer Seite nichts. Mit den «keywords» bestimmen Sie zusätzliche Stichworte für Ihre Seite, die «description» beschreibt den Inhalt Ihres Web-Angebotes. Sie müssen die Metatags nicht programmieren können, aber Sie müssen die Funktion verstehen und dem Informatiker sagen, welche Stichworte und welche Beschreibung er programmieren soll. Diese Funktion ist sehr nützlich. Die technische Entwicklung ist auf diesem Gebiet sehr schnell. Ihr Informatiker muss Sie informieren, wenn neue Möglichkeiten dieser Art realisierbar sind. Es lohnt sich, alle diese Möglichkeiten anzuwenden.

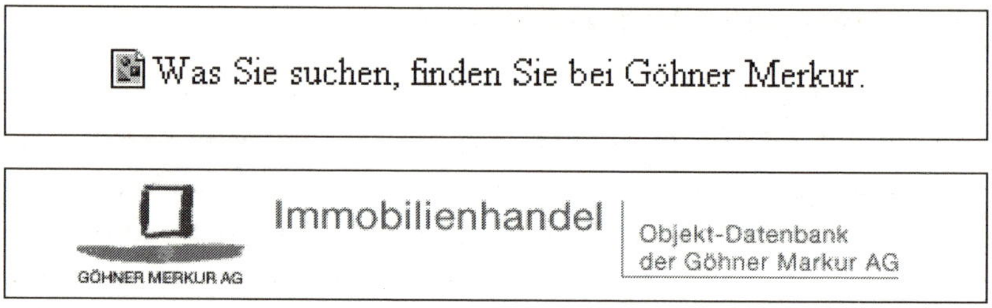

Abb. 3.8: Textzeile mit und ohne Banner. Wenn das Banner nicht geladen wird – was immer der Grund sein mag – erscheint im Minimum die Textzeile. Sobald das ganze Banner geladen ist, verschwindet die Textzeile.

3.2.8 Applikatorische Banner

Applikatorische Banner sind Werbemittel im Internet, die eine Anwendung aufweisen oder eine solche vortäuschen. «Application» heißt Anwendung. Meist ist die Anwendung vorgetäuscht. Typische Elemente sind Pulldown-Menüs zum Anklicken oder Kästchen mit «Stop», «OK», «Cancel» oder Ähnlichem. Die applikatorischen Banner wollen mit grafischen Elementen die CTR (Click-Through-Rate, siehe Kapitel 7) erhöhen. Ein typisches Element um die Internet-Benutzer zu überlisten, ist ein Banner, das wie eine Fehlermeldung aussieht. Manchmal sind die Banner versteckt, so dass sie vom Besucher der Seite gar nicht als Werbung erkannt werden.

Applikatorische Banner haben oft eine hohe Klickrate, aber der Erfolg ist unter Umständen bescheiden. Die Statistik gibt keine Auskunft darüber, wieviele Besucher sich geärgert haben, da etwas auf ihrem Bildschirm erschienen ist, das sie gar nicht sehen wollten. Eine hohe Klickra-

TIPP

Unscheinbar – aber wichtig

Die Textzeile hinter dem Banner zeigt den fraktalen Aufbau der Information im Internet besonders deutlich: Die Textzeile muß in wenigen Silben den Kern der Werbebotschaft enthalten. Das Banner enthält als Werbemittel die eigentliche Werbebotschaft. Mit dem Klick auf das Banner öffnen sich ganze Bibliotheken. Achten Sie bei Ihrer Werbeagentur darauf, ob die Texter die Königsdisziplin der Internet-Werbung beherrschen: komplexe Botschaften in wenige Silben packen.

Linkbeschreibung und Textzeile

Einige Werbeträger im Internet bieten als zusätzlichen Service bei der Bannerschaltung die Möglichkeit, das Banner mit einer Textzeile und einer Linkbeschreibung zu ergänzen. Die Textzeile erscheint meist unmittelbar unter dem Banner und übernimmt eine ähnliche Funktion wie eine Bildlegende in einem Zeitungsphoto. Die Textzeile ist ein wertvolles Instrument für den Transport der Werbebotschaft. Die Linkbeschreibung ist ein Element, welches an Bedeutung verliert. Wenn ein Browser ein Banner nicht laden kann, erscheint der Platzhalter des Browsers (das kleine Quadrätchen mit dem Fragezeichen). Neben dem Platzhalter steht dann der Link als Textzeile.

te kann zwar auf dem Papier interessant sein, ob die Wirkung ausschließlich positiv war, bleibt offen.

Die größte Verbreitung haben applikatorische Banner in der Pornoszene im Internet. Ein Stück nackte Haut ist zu sehen, rechts davon ein Rollbalken um zu scrollen. Beim Klick auf den Rollbalken ist das Banner aktiviert und die Seite wird geladen. Bei der Verwendung von applikatorischen Elementen ist also Zurückhaltung angebracht. Der Gestalter eines applikatorischen Elements muss die Pendants in der Pornoszene kennen und das Banner im Minimum so gestalten, dass es nicht an die Massen von Schmuddelsex im Internet erinnert. Das kann für das werbende Unternehmen peinlich sein.

Applikatorische Banner sind dennoch nicht nur negativ zu bewerten. Richtig eingesetzt können sie die Klickrate positiv beeinflussen, ohne dass Besucher verärgert werden. Es darf durchaus auch einmal ein witziges Element in einem Banner erscheinen. Die Absicht bei der Gestaltung von applikatorischen Bannern sollte jedoch sein, dem Besucher zusätzliche Hilfen zu bieten und nicht, möglichst viele Internet-Benutzer in die Irre zu führen.

Ein typisches Beispiel für ein applikatorisches Element zeigt Ford (siehe Abbildung 3.9): Das Feld, um Stichworte einzutragen existiert

Abb. 3.9: Applikatorisches Banner.

nicht real, es ist eine Täuschung. Egal wohin man klickt, man gelangt direkt auf die beworbene Seite; in diesem Falle http://www.hawkford.com, einen offiziellen Ford-Händler. Auch ein Klick auf «Submit» löst nicht einen Befehl aus, sondern weist direkt auf hawkford.com.

3.2.9 Narrative Banner

Narrative Banner sind Werbemittel im Internet in Form einer Bildfolge. «Narrativ» bedeutet sinngemäß «eine Geschichte erzählend». Ein narratives Banner ist eine Folge von einigen Bildern, die eine Handlung zum Inhalt hat. Narrative Banner haben gegenüber animierten und vertonten Bannern den Vorteil, dass sie durch die technischen Gegebenheiten weniger eingeschränkt sind. Jeder Browser, der ein statisches Banner laden kann, bewältigt auch kleine Bild- und Textfolgen. Die Hauptgefahr des narrativen Banners ist, dass die Möglichkeiten überstrapaziert werden und die kleine Bildfolge zu einem ermüdenden Geflacker oder einem unendlichen Märchen ausartet.

Die Mittel, die für ein narratives Banner zur Verfügung stehen, sind mit denen eines Kinospots nicht vergleichbar. Narrative Banner erlauben eine optische Folge von Bildern und einen erzählenden Text. Wenige Einzelbilder erzählen eine Geschichte. Die kurze Sequenz von Textelementen und Bildern kann in einer Pointe enden oder eine umfangreichere Botschaft vermitteln, die in einem statischen Banner nicht Platz hätte.

«Open new Browser»

Eine Unterform von applikatorischen Bannern sind zusätzliche Browser, die sich öffnen, oder Kästchen, in denen die Werbefläche erscheint. Ein analoges applikatorisches Element ist es, beim Klick auf die «Back»-Taste des Browsers ein neues Fenster zu öffnen. Diese Elemente können nützlich sein und dem Besucher der Seite als echtes Hilfsmittel dienen. Allerdings sind diese Elemente ebenfalls in der Pornoszene weit verbreitet. Es gibt Fakes, um die Abfragezahlen dramatisch zu erhöhen: Beim Klick auf ein Banner oder beim Klick auf die «Back»-Taste des Browsers öffnen sich automatisch hunderte von neuen Fenstern. Wenn der Benutzer ein Fenster schließen will, gehen gleich drei neue auf. Dem Besucher bleibt nichts anderes übrig, als die Leitung zu kappen und den PC neu zu starten. Solche Elemente sind infantil und haben in der Internet-Werbung nichts zu suchen.

Abb. 3.10: Narratives Banner – kürzer geht's nicht. «Waschen – Schneiden – Klick» heißt diese Folge von narrativen Bannern. Die «Geschichte» ist extrem kurz gehalten, fünf Silben transportieren die Werbebotschaft. Man gelangt in Movie Hair Design, ein Lifestyle-Studio.

3.2.10 Integrative Banner

Eine komplett andere Form sind die integrativen Banner. Bei diesem Bannertyp sind Anwendungen direkt im Banner eingebaut. Die typische Anwendung bei den integrativen Bannern ist eine Einkaufsmöglichkeit. Es sind natürlich auch andere Anwendungen möglich. Die Banner sind meist in RichMedia, Java oder direkt als Datenbankanwendung programmiert.

Die Grundidee ist es, dem interessierten Besucher eine Anwendung zu bieten, die er unmittelbar ausführen kann. Damit bleiben die Wer-

Narrative Banner – eine Herausforderung

Die Herstellung eines narrativen Banners ist auf ihre Weise ebenso komplex wie die Herstellung eines Werbespots. Die Grundlage ist ein Drehbuch mit Screenplay. Das Konzept erfordert viel Verständnis für das Internet als Medium, die Umsetzung ist Handwerk. Es empfiehlt sich, mit einfachen narrativen Banner zu beginnen. Bereits mit nur zwei Bildern und zwei Textelementen lässt sich die Werbewirkung vervielfachen. Mit dem Wachstum des Internet und der Verbesserung der Bandbreiten wächst parallel die Bedeutung des narrativen Banners. Mit vier oder fünf Bildern und vielleicht zwanzig Silben Text wird in wenigen Sekunden eine Mini-Geschichte erzählt, schön dargestellt und auf wenigen Quadratzentimetern präsentiert.

beberührten auch nach dem Klick auf das Banner auf dem Werbeträger. Dies ist mit keiner anderen Bannerform möglich. Die integrativen Banner sind nicht ein Link auf eine andere Seite, wie es alle anderen Bannerformen sind, sondern die Anwendung ist direkt in den Werbeträger integriert. Es ist prinzipiell eine analoge Form von Verkauf denkbar wie bei realen «Shop-in-the-Shop»-Prinzipien in einem Kaufhaus.

Im integrativen Banner kann eine komplette Verkaufsfunktion eingebaut sein, die direkt eine Bestellung ermöglicht, ohne dass der Benutzer die ursprüngliche Seite verlassen muss. Der werbeberührte User muss nicht einen neuen Server anwählen und sich neu zurecht finden, sondern sieht direkt das eigentliche Werbeobjekt. Die Hauptstärke des Internet, der Verzicht auf jeden Medienbruch, wird voll ausgenutzt.

Diese Bannerform kann auch innerhalb eines Internet-Angebotes platziert werden. Beispielsweise sind einfache Verkaufsmöglichkeiten von Zusatzinformationen wie detaillierte Börsenkurse oder die ausführliche Version des Zeitungsartikels mit integrativen Bannern bequem realisierbar.

3.2.11 Buttons

Buttons sind eine Unterform von Bannern. Sie heißen auch Logo-Buttons oder Microbanner. Sie haben ein quadratisches oder rechteckiges Format und zeigen oft nicht mehr als ein Firmenlogo. Buttons sind häufig fix in einem Internet-Angebot platziert. Dies senkt die Ladezeit, da kein Zugriff auf einen AdServer erfolgt. Häufig ist ein Button auch an eine Zwischenseite gekoppelt: Beim Klick auf den Button erscheinen weiterführende Informationen. In hochstehenden Lösungen sind Buttons oft auch technisch eng verknüpft, wie Abbildung 3.11 zeigt. Logo-Buttons sind ein beliebtes Mittel für eine Zusammenarbeit auf dem gleichen Internet-Angebot, wenn verschiedene Firmen gemeinsam im Internet tätig sind.

Banner verschwinden oder wechseln mit der Navigation innerhalb einer Site, Buttons hingegen bleiben meist optisch am selben Ort. Buttons haben oft einen Status, der mit der Menüführung vergleichbar ist. Buttons eignen sich für längerfristiges Sponsoring. Für kurzfristige Erhöhung der Besucherzahl sind Buttons ungeeignet. Die Klickraten sind oft tiefer als bei Bannern, dafür ist die Image-Wirkung deutlich höher.

Der Hauptvorteil des Buttons gegenüber den Bannern ist die Unscheinbarkeit: Ein Button stört nicht, nimmt optisch wenig Raum ein und beeinflusst die Ladezeit nicht. Der größte Vorteil scheint die Image-Wirkung zu sein; der repetitive Blickkontakt mit dem Logo fördert die Markenbildung und hilft, Vertrauen aufzubauen.

Häufig verwenden Inhaltsanbieter Buttons für ein Content-Sponsoring. Eine verbreitete Form ist das Inhaltssponsoring von Verlagshäusern für Online-Finanzdienstleistungen von Banken. Auf einer zahlenbeladenen Seite wie beispielsweise Börsenkurse verweist ein Logo-Button auf die Zeitung, die Informationen über das Börsengeschehen bringt. Die User kennen das Logo der Zeitung bereits durch klassische Werbung und den Bekanntheitsgrad der Zeitung außerhalb des Internet. Nach wenigen Klicks kennen die Besucher das Logo und seine Position: Wer die Seite drei mal besucht hat, weiß, dass die Zeitung Hintergründe zur Finanzwelt bringt. Die Verbindung zwischen bestehendem Image der physischen Zeitung und dem Vertrauensgewinn durch den unaufdringlichen Logo-Button ist eine Basis für langfristigen Erfolg mit minimalen Mitteln.

Abbildung 3.11 zeigt die Anwendung eines Logo-Buttons in Perfektion. Der Button der Online-Buchhandlung Amazon ist optisch, inhaltlich und technisch vollständig in die Suchmaschine Altavista integriert. Der Button ist auf der Eintrittsseite von Altavista nicht präsent, er erscheint

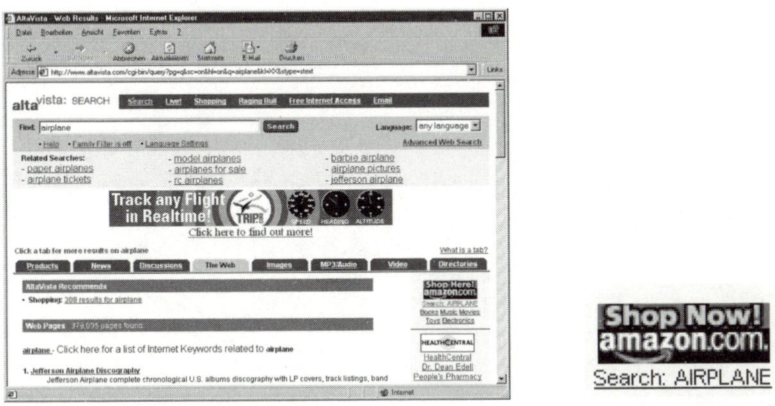

Abb. 3.11: Der Klassiker: Ein Amazon-Button verweist in Suchmaschinen auf Bücher zum gesuchten Stichwort (http://www.altavista.com). Der Logo-Button erweist sich als Schnittstelle zwischen Suchmaschine und Online-Buchhandlung.

erst bei einer Suche. Der Logo-Button ist nicht animiert, 6 Silben und eine variable Textzeile genügen. Der Amazon-Button führt immer zur Hauptadresse von Amazon. Die Textzeile unter dem Button (hier «Search: AIRPLANE») ist variabel und passt sich dem jeweiligen Suchvorgang an; ein Klick auf die Textzeile entspricht also dem Aufruf von amazon.com inklusive Eingabe des Stichwortes im Suchfeld. Der Klick auf Button und Textzeile ruft immer den Amazon-Server auf. Der Besucher verlässt die Suchmaschine Altavista und es führt kein direkter Link zurück. Trotz der einseitigen Benutzerführung ist dieser Button geeignet, die Markenbildung beider Angebote zu unterstützen.

Die folgende Tabelle 3.3 zeigt noch einmal die verschiedenen Möglichkeiten und Elemente, die bei der Bannergestaltung zur Verfügung stehen, und bewertet die Möglichkeiten nach ihrer Praxisrelevanz.

Eigenschaft eines Banners	Beschreibung	Beurteilung für die Praxis
Größe	Bannergröße ist ausgedrückt in Pixel und Kb.	Wichtig für Gestalter und Programmierer.
Inhalt	Inhalt im Banner ist immer Text und Bild, selten Ton.	Zentrales Element. Wichtig für Texter und Gestalter.
Statische Banner	Eine Datei ohne Bewegung, ohne Ton.	Existenziell wichtig. Das statische Banner ist die Basis jeder Internet-Werbung. Es ist die Visitenkarte des Unternehmens.
Animierte Banner	Banner mit bewegten Elementen.	Professionelle Internet-Werbung enthält animierte Banner.
Verwendung von Ton	Tonelemente im Banner; entweder in das Banner integriert oder per Mausklick aktivierbar.	Sehr sparsam verwenden!
Metatags	Stichworte, die in einer Internet-Seite integriert sind. Suchmaschinen indizieren nach diesen Stichworten.	Wichtig für den Texter. Metatags, Bannerinhalt und Slogans der Firma müssen abgestimmt sein.
Textzeile	Eine Textzeile erscheint, bis das Banner geladen ist und verschwindet danach. Kann das Banner nicht geladen werden, bleibt die Textzeile mit dem Platzhalter sichtbar.	Sehr nützlich, geht häufig vergessen. Eine geschickte Textzeile kann die Klickrate stark erhöhen. Der Werbetexter muß das Prinzip der Textzeile anwenden können.
Applikatorische Banner	Anwendungen im Banner, meist vorgetäuscht. Typische Applikationen sind Pulldown-Menüs, vorgetäuschte Fehlermeldungen, Kästchen mit «Stop» oder «OK».	Applikatorische Banner können Klickraten massiv erhöhen. Vorsicht: Applikatorische Banner sind in der Pornoszene weit verbreitet!
Narrative Banner	Bild- und Textfolge im Banner. Das Banner erzählt eine Mini-Geschichte.	Nützliches Element. Erhöht bei richtiger Anwendung die Klickrate massiv.
Integrative Banner	Echte Anwendungen innerhalb des Banners, beispielsweise direkte Bestellmöglichkeit. Meist in der Programmiersprache Java oder in RichMedia.	Sehr interessant. Erlaubt Bestellmöglichkeit einzelner Produkte ohne dass der User den Werbeträger verlassen muss.
Buttons	Banner in Kleinformat. Auch als Logo-Button bezeichnet.	Meist statisch in den Träger hineinprogrammiert. Praktisch für Sponsoring oder Klick-unabhängige Werbepräsenz auf einem Träger.

Tab. 3.3: Übersicht über die Möglichkeiten der Bannergestaltung (© ionos GmbH).

3.3 Herstellung

Die Herstellung eines erfolgreichen Banners erfordert Werbe-Fachwissen und handwerkliches Geschick. Fachwissen aus der klassischen Werbung alleine reicht jedoch nicht aus, um erfolgreiche Banner anzufertigen.

Der handwerkliche Teil für die Herstellung eines Banners umfasst Text, Design und Programmierung. Banner enthalten immer Text und Bild, selten Ton. Die Umsetzung der Vorlage ist Programmier-Fließbandarbeit; dazu gehört es, das Banner korrekt in der richtigen Größe im richtigen Dateiformat aufzubereiten und für die Kampagne bereitzustellen.

Die Arbeitsschritte bei der Herstellung von Bannern sind die Formulierung der Werbebotschaft, Gestaltung und Programmierung. Das Banner enthält die Werbebotschaft. Die Mittel, um die Botschaft

Stelle	Voraussetzungen	Tätigkeiten
Gestalter	Ausbildung als Grafiker, Designer, Polygrafischer Techniker o.ä.; Talent für Gestaltung mit einfachsten Mitteln; Beherrschung der Grafik-Software; Verständnis für Internet als Medium; Verständnis des Datenbank-Prinzips von dynamischen Servern	Corporate Designs des Inserenten erkennen; Werbebotschaft grafisch in Bannergröße umsetzen; Banner gestalten; Dateien komprimieren; Storyboards für narrative Banner umsetzen
Texter	Ausbildung und Berufserfahrung als Werbetexter, Journalist o.ä.; Fähigkeit, Botschaften mit minimalster Textmenge zu formulieren; Verständnis für fraktalen Aufbau von Informationen im Internet	Texten des Banners; Storyboards für narrative Banner schreiben; Werbebotschaft in Bannertext umsetzen; Erweiterungen für Site Promotion texten; Werbebotschaft des Banners in klassische Werbung integrieren und umgekehrt
Programmierer	Programmierkenntnisse für Aufbau und Betrieb von dynamischen Servern; Beherrschung der Grafikprogramme; Beherrschung der Software für Bannerschaltung; Beherrschung der Software für Erfolgsauswertung (Abfragestatistiken, Software für Bannerschaltung o.ä.); Verständnis für Funktionalitätsumkehr in der Rezeption	Banner programmieren, Software-Entwicklung verfolgen und neue Möglichkeiten formulieren; Banner schalten, Aufträge abwickeln, Schaltungen kontrollieren; Kampagne auswerten und Erfolg rapportieren; Banner aufbewahren

Tab. 3.4: Voraussetzungen für ein erfolgreiches Banner (© ionos GmbH).

darzustellen sind Text und Bild. Die Herstellung eines statischen Banners ist vergleichbar mit der Gestaltung einer Anzeige. Animierte und narrative Banner brauchen ein Drehbuch und ein Storyboard. Integrative Banner benötigen ein kleines Konzept für die Bestellabwicklung. Anschließend erhält der Programmierer die Vorlage und bereitet das Banner so auf, dass es geschaltet werden kann.

Das fertige Banner wird als Datei in der Kampagne verwendet. Die Aufgaben für die Durchführung einer Bannerkampagne wie Mediaplan und Einbindung in Unternehmensprozesse sind Folgeaufgaben und berühren die Bannerherstellung nicht. In der Praxis hat es sich bewährt, wenn die Bannerherstellung an einer Arbeitsstelle konzentriert wird. Diese Stelle ist sinnvollerweise in der grafischen Abteilung der Werbeagentur.

Tabelle 3.4 beschreibt die drei Stellen, die für eine erfolgreiche Bannerherstellung nötig sind: der Gestalter, der Texter und der Programmierer. Die Gestaltung des Banners ist eine echte Herausforderung. Auf kleinstem Raum muss eine Werbebotschaft das Zielpublikum zu einem Mausklick verführen.

3.4 Werbeträger im Internet

Werbeträger transportieren eine Werbebotschaft vom Sender zum Empfänger. Im Internet kann prinzipiell jede Seite Werbeträger sein. In der realen Werbung sind die Werbeträger unterschieden nach den verschiedenen Kanälen und Übermittlungsarten, beispielsweise Fachzeitschriften oder Anschlagflächen für Plakatwerbung. Die Werbemittel enthalten die eigentliche Werbebotschaft; beispielsweise ist das Zeitungsinserat das Werbemittel und die Tageszeitung ist der Werbeträger.

Alle Werbeträger im Internet haben als gemeinsames Merkmal die gleiche Richtung des Informationsflusses. Das zentrale Merkmal aller Seiten im Internet ist die *Funktionalitätsumkehr in der Rezeption.* Das bedeutet, die Werbebotschaft wird nicht wie bei jedem klassischen Werbeträger vom Sender zum Empfänger hin geschickt, sondern der Empfänger holt sich die gewünschte Information vom Sender. Bildlich gesprochen sendet der Redakteur einer Zeitung seine Botschaft via Zeitungsausträger seinem Leser am Morgen in den Briefkasten. Im Internet klickt der Leser auf das Internet-Angebot der Zeitung und holt sich die gewünschte Information über das Netz zu sich nach Hause. Dieser Unterschied ist fundamental wichtig.

Bei verschiedenen Werbeformen der Site Promotion außerhalb des Internet – siehe Kapitel 4 – fällt das Kriterium der Funktionalitätsumkehr in der Rezeption weg. Dort gelten die Mechanismen der klassischen Werbung. Im folgenden Abschnitt werden die Werbeträger für Werbung im Internet beschrieben.

3.4.1 Arten von Werbeträgern im Internet

Werbeträger im Internet lassen sich nicht analog wie reale Werbeträger kategorisieren. Alle Internet-Angebote weisen als gemeinsames Merkmal die oben erwähnte Funktionalitätsumkehr in der Rezeption auf. Das heißt, die Empfänger wählen sich ihre Inhalte selbst aus. Der Ausdruck «Werbeträger» ist eigentlich falsch und sollte genau genommen durch einen Ausdruck wie «Werbebringer» ersetzt werden.

Die Funktionalitätsumkehr ist zwar enorm wichtig im Internet, sie hat allerdings für die Platzierung von Werbebotschaften in einem gewissen Sinne keine Konsequenzen. Das Werbemittel muss auf Trägern platziert werden, die das Zielpublikum aufruft und der Werbeträger muss einen gewissen Bekanntheitsgrad haben, der sich in Abfragezahlen ausdrückt.

Es gibt im Wesentlichen neun Arten von Werbeträgern: Suchmaschinen, Suchindizes, Portale, Inhaltsanbieter, thematische Verzeichnisse, thematische Plattformen, Branchenseiten, Dienstleistungsseiten und geografische Plattformen.

Suchmaschinen

Suchmaschinen sind riesige Datenspeicher, die möglichst viele verschiedene Internet-Angebote sammeln und mit Suchfunktionen den Benutzern verfügbar machen. Die Benutzer geben einen Suchbegriff ein und die Datenbank präsentiert eine mehr oder weniger brauchbare Liste von Internet-Angeboten zu diesem Stichwort.

Suchmaschinen haben die größten Abfragezahlen im Internet. Der Wettbewerb um die guten Plätze ist für die Betreiber der Suchmaschinen extrem hart. Auffallend ist, dass praktisch alle Suchmaschinen durch Jungunternehmer betrieben werden. Die großen Verlage und Medienunternehmen haben diesen Markt in seiner Entstehungsphase 1994 und 1995 kollektiv verschlafen. Dieses Phänomen lässt sich weltweit beobachten. Ein Einstieg in diesen Markt ist heute nur noch mit enormen finanziellen Mitteln möglich. Die Suchmaschinen als Werbeträger haben mit Sicherheit eine große Zukunft vor sich, wie der Markt aufgeteilt sein wird, lässt sich allerdings nicht voraussagen.

Suchindizes

Ein Suchindex ist ein Verzeichnis, welches Internet-Angebote nach Kategorien, Rubriken oder ähnlichen Kriterien katalogisiert. Der Unterschied zu Suchmaschinen besteht in der Darstellungsform und der Art und Weise, wie die Benutzer suchen. In der Suchmaschine werden nach einer Stichworteingabe Internet-Adressen aufgelistet und der Suchende kann direkt auf einen entsprechenden Link klicken. Im Suchindex klickt sich der Suchende durch den Index durch, bis er in der gewünschten Kategorie oder Rubrik landet, zum Beispiel «Bibliotheken». Dort sind dann möglichst alle Online-Bibliotheken aufgelistet. Es gibt in praktisch jedem Land einige Suchindizes.

Die meisten unbrauchbaren Suchindizes sind bereits wieder verschwunden. Der Unterhalt eines Verzeichnisses ist enorm aufwändig und nur Firmen, die entsprechend Mittel und Manpower investieren, haben eine Chance, den Wettbewerb zu überstehen. Die Verzeichnisse, die überleben, sind dafür eine äußerst nützliche Hilfe bei der Suche nach einem bestimmten Internet-Angebot. Sie ergänzen sich perfekt mit den Suchmaschinen.

Ein Beispiel für eine gelungene Verknüpfung einer Suchmaschine mit einem strukturierten Index zeigt Web.de (siehe Abbildung 3.12). Die Suchmaschine liefert nach der Stichwortsuche die typische Liste von Internet-Angeboten. Gleichzeitig ist der Datenbank-Inhalt auch mit einer Kategoriensuche abrufbar. Die Kombination von Index und Suchmaschine ermöglicht hochpräzise Zielgruppenerfassung mit Bannerwerbung.

Portale

Portale sind Eintrittspforten ins Internet. Die ersten Portale waren diejenigen von Netscape oder Yahoo. Ihnen folgten die Service-Provider und Telefongesellschaften, die meist national agierten und Suchdienste, News und die eigenen Produkte auf einer Eintrittsplattform anboten.

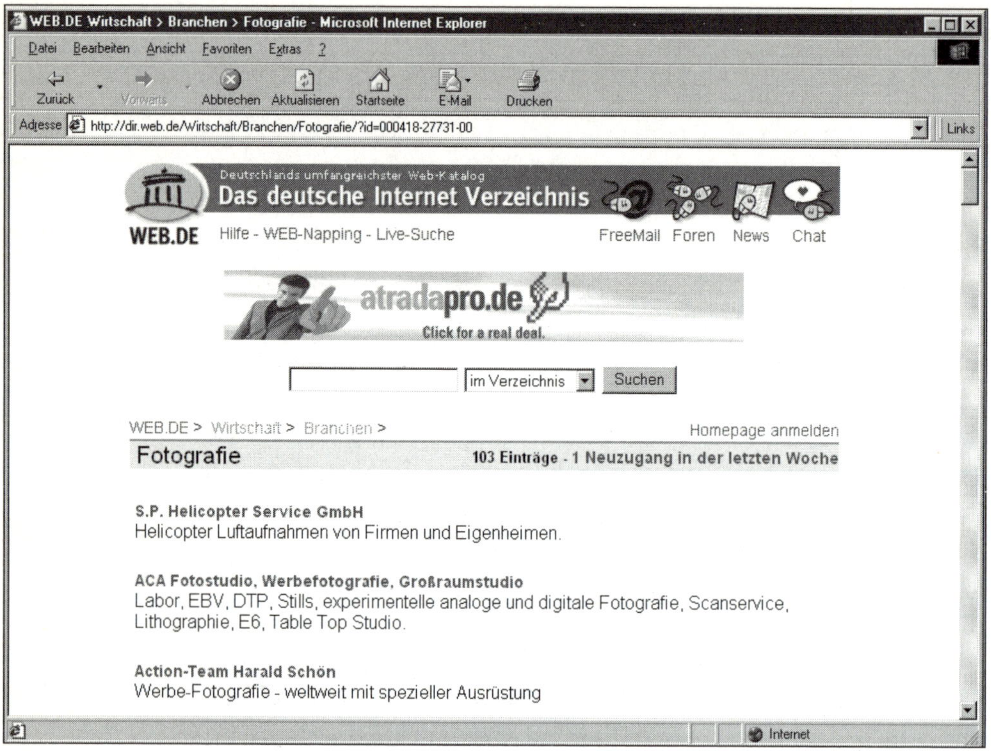

Abb. 3.15: Verknüpfung von Suchmaschine, Index und Dienstleistungsseite (http://www.web.de).

Einige der großen Suchmaschinen etablierten sich in den USA als Portale und bieten neben den Suchdiensten umfassende Dienstleistungen an. In Europa haben sich Portale noch nicht recht durchgesetzt, was wegen der Vielsprachigkeit und der Kulturunterschiede verständlich ist.

Ein philosophisches Problem ergibt sich aus der Namensgebung: Virtuelle Portale führen nirgends hin, da sich Internet-Besucher die Daten zu sich holen und sich nicht bewegen. Das größere Problem aber ist die mangelnde Zielgruppen-Genauigkeit: Die riesigen Abfragezahlen laden zwar ein zur Streuung von Bannern, allerdings ist die Streuung dann tatsächlich sehr breit. Auch ist die Qualität der Abfragen umstritten: Seiten, die automatisch bei jedem Neustart des Browsers erscheinen, haben zwar hohe Abfragezahlen, aber ob die Nutzung intensiv ist, ist fraglich. Verlagshäuser arbeiten oft mit Portalen. Sie kommunizieren eine Adresse im Internet, auf welcher sämtliche Titel des Hauses übersichtlich gegliedert sind. Konzerne und Gruppen verwenden ebenfalls häufig eine Portalseite, damit sie nur eine Adresse bekannt machen müssen. Besucher finden sämtliche Tochtergesellschaften, Filialen oder Auslandfirmen sofort über die zentrale Adresse.

Inhaltsanbieter

Inhaltsanbieter etablieren sich zu wichtigen Werbeträgern. Zeitungen, Agenturen, Fachzeitschriften u.a., die ihre Inhalte neben der Printversion auch online anbieten, ermöglichen interessante Platzierungen für Banner. Insbesondere sind Rubrikkoppelung oder Kategorienwerbung auf Online-Inhaltsanbietern vielversprechend. Inhaltsanbieter bieten auch die Möglichkeit an, Bannerwerbung mit Site Promotion zu verbinden, also Print-Inserate und Online-Werbung parallel zu schalten.

Inhaltsanbieter sind die jüngsten Werbeträger im Internet. Praktisch alle europäischen Verlagshäuser taten sich vor 1997 sehr schwer, im Internet aktiv zu werden. Viele davon haben den Rückstand aufgeholt und bieten professionelle, nützliche Angebote. Einige Inhaltsanbieter verkaufen die Werbefläche analog wie in Printversionen, also zu Monats- und Tagespreisen. Die große Stärke der Inhaltsanbieter ist ihr langjähriges Know-how in der Informationsbeschaffung und -verarbeitung. Diejenigen Medienhäuser, die den Sprung ins Internet-Zeitalter geschafft haben und den Wettbewerb überleben, dürften langfristig eine sehr dominante Position einnehmen und als Werbeträger unverzichtbar sein.

Die österreichische Zeitung *Der Kurier* (siehe Abbildung 3.13) ist ein typisches Beispiel für einen Inhaltsanbieter im Internet. Die Zeitung bietet ihren Inhalt der Printversion in aufbereiteter Form auch im Internet an. Auf der Hauptseite und in den verschiedenen Rubriken ist Bannerwerbung möglich.

Thematische Verzeichnisse

Thematische Verzeichnisse enthalten ähnlich wie die Suchindizes kategorisierte Listen zu einem bestimmten Thema. Gute thematische Verzeichnisse sind klar abgegrenzt und enthalten zu einem bestimmten Thema eine präzise Auswahl an Internet-Angeboten. Es gibt thematische Verzeichnisse in einzelnen Ländern zu bestimmten Themen und weltweite thematische Verzeichnisse zu einem Thema. Thematische

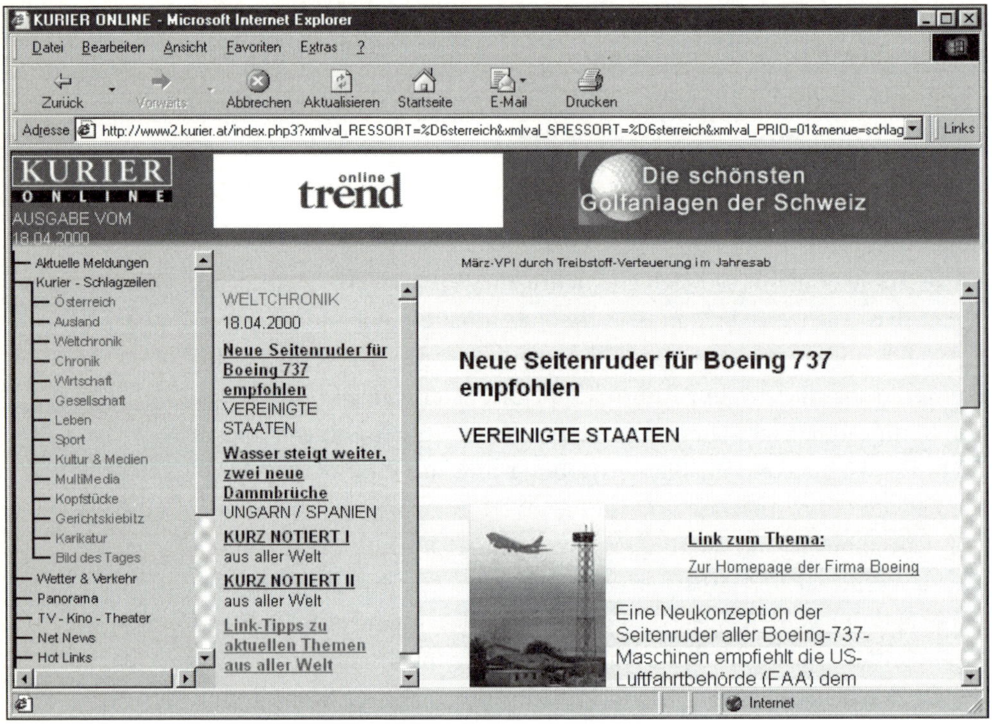

Abb. 3.13: Online-Werbung im Kurier (http://www.kurier.at).

Verzeichnisse sind interessante Werbeträger, da das Zielpublikum für den Werber in der Regel gut eingrenzbar ist.

Ein Beispiel für ein thematisches Verzeichnis: Das Medienverzeichnis AILEENA (siehe Abbildung 3.14) enthält in einem geografischen Länderverzeichnis eine umfangreiche Liste der Internet-Adressen von Zeitungen, Radio- und Fernsehstationen.

Thematische Plattformen

Thematische Plattformen gehören zu den interessantesten Werbeträgern im Internet. Sie haben ein klares Zielpublikum, einen hohen Bekanntheitsgrad und eine enorm gute Bindung der Benutzer. Die ersten thematischen Plattformen entstanden um 1994 und waren Diskussionsforen zu technischen Themen. Meist waren es Anbieter von Software oder die Entwickler selbst, die ein Forum unterhielten. Die Programmierer konnten beispielsweise eine Frage im Forum platzieren

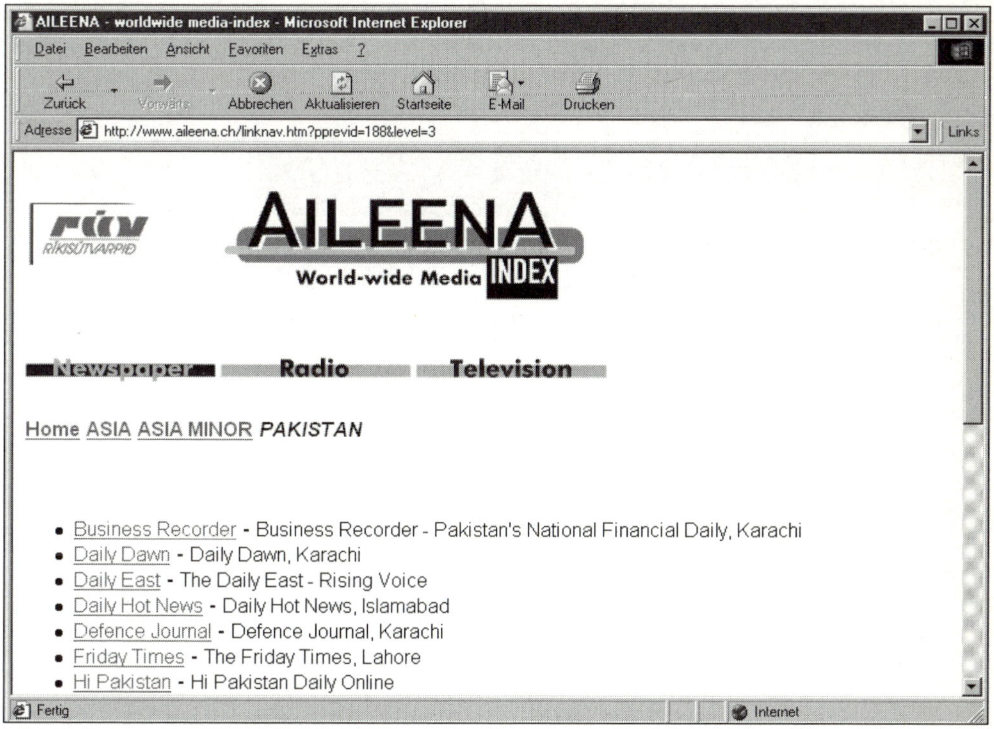

Abb. 3.14: Thematisches Verzeichnis als Werbeträger: Medienindex AILEENA (http://www.aileena.ch).

und erhielten vielleicht eine Anwort aus Kanada oder einen Kommentar aus Indonesien. Diskussionsforen sind die Nachfolger von Newsgroups, die immer mehr an Bedeutung verlieren.

Thematische Plattformen haben oft nur durchschnittliche Abfragezahlen, allerdings sind die Besucher sehr häufig Wiederholungsbesucher, die das Angebot gut kennen und tatsächlich nutzen. Typische thematische Plattformen sind Szeneführer, Online-Treffpunkte von Gleichgesinnten, politische Informationszentren, Mitfahrzentralen oder Ähnliches.

Die große Stärke des Internet ist es, Menschen über große Distanzen hinweg zusammen zu führen. Thematische Plattformen ermöglichen genau das: Die Benutzer können auf einfachste Weise Gleichgesinnte treffen, kennenlernen und unabhängig von Zeit und Distanz Informationen austauschen. Die Zahl der professionell geführten Plattformen steigt stark an. Es lässt sich auch beobachten, dass sich viele thematische Plattformen von Freizeitspielereien zu professionell geführten Dienstleistungen mausern.

Abb. 3.15: Beispiel für eine thematische Plattform: Im «Web-Flirt» trifft sich die Zielgruppe Singles (http://www.webflirt.ch).

«Web-Flirt» in Abbildung 3.15 ist ein Beispiel für eine thematische Plattform. Web-Flirt ist ein kostenloser Online-Kontaktanzeiger, der sich mit Werbung finanziert. Die thematischen Plattformen sind als Werbeträger interessant, weil das Zielpublikum klar eingrenzbar ist. In diesem Falle können Banner präzise für die Zielgruppe «Singles» geschaltet werden. Meist sind thematische Plattformen für präzise Schaltung weiter unterteilt. Die Bindung der User ist bei den meisten thematischen Plattformen sehr hoch. Auch Chats oder Events sind oft gut besucht.

Branchenseiten

Branchenseiten sind die jüngste Form von Werbeträgern im Internet. Sie enthalten meist ein Verzeichnis der Firmen in einer Branche innerhalb eines bestimmten geografischen Gebietes. Die Betreiber sind meist Verbände oder politische Interessengruppen. Die Branchenverzeichnisse weisen eher unterdurchschnittliche Besucherzahlen auf. Sie sind dennoch ein interessanter Werbeträger, da das Zielpublikum klar abgegrenzt ist und die Branchenseiten oft professionell geführt sind.

Häufig sind Branchenführer im Internet querfinanziert. Viele Verbände betreiben eine Internet-Dienstleistung kostenpflichtig für ihre Mitglieder und öffnen die Branchenführer aus Imagegründen dem Publikum. Es lässt sich beobachten, dass sich einige Branchenseiten im Internet zu professionell geführten Dienstleistungsangeboten entwickeln. Dem Publikum wird beispielsweise ein Suchdienst für den geografisch nächsten Händler geboten oder Kunden können in einem Pool ihr Problem deponieren und erhalten von einem Spezialisten in ihrer Nähe eine Offerte.

Dienstleistungsseiten

Eine Kategorie Werbeträger, die oft unterschätzt wird, sind Dienstleistungsseiten im Internet. Sie bieten dem Benutzer ein klares Angebot und ermöglichen es, eine bestimmte Information schnell, zuverlässig und gratis zu beschaffen. Viele solcher Dienstleistungsseiten haben gute bis sehr gute Abfragezahlen und ein treues Stammpublikum. Sie gehören zu den interessantesten Werbeträgern im Internet.

Dienstleistungsseiten, die seit einiger Zeit im Netz sind und einen hohen Bekanntheitsgrad aufweisen, haben gute Chancen auf eine absolute und langfristige Monopolstellung. Ein klares, einfaches Angebot, welches professionell präsentiert und gepflegt wird, ist praktisch nicht mehr aus dem Internet zu verdrängen.

Ein kleines, aber feines Beispiel einer typischen Dienstleistungsseite ist der Terminkalender wirtschaftlich relevanter Daten in der Schweiz (siehe Abbildung 3.16). Der Terminkalender enthält praktisch alle öffentlichen Anlässe, die für Wirtschaftsjournalisten und Aktionäre interessant sind wie Bilanzpressekonferenzen, Generalversammlungen und Medienanlässe.

Geografische Plattformen

Den geografischen Plattformen gehört die Zukunft. Die wichtigsten Arten sind Städtemalls und regional klar eingeschränkte Internet-Angebote. Die klassischen Dienste in geografischen Plattformen sind Ausgehtipps, Restaurantverzeichnisse, Kinoprogramme, Museumsführer, virtuelle Stadtrundgänge, Klatsch und Tratsch, Stadtpläne mit Busverbindungen und Fahrplänen und Ähnliches. Nach längerem Zögern sind einige europäi-

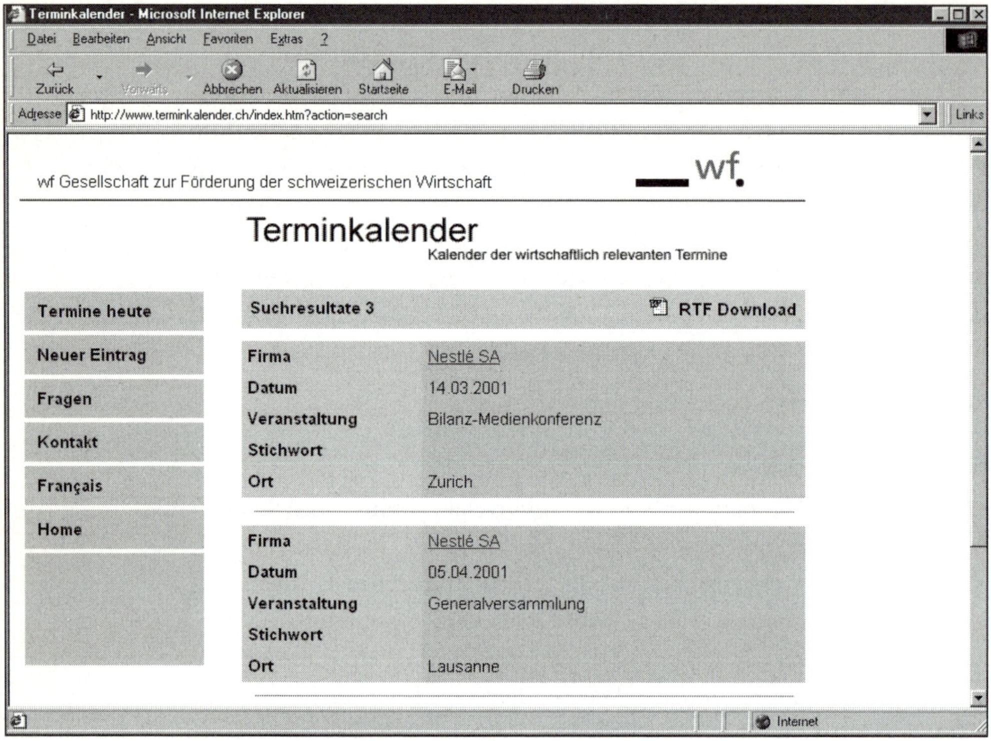

Abb. 3.16: Beispiel für eine Dienstleistungsseite: Terminkalender (http://www.terminkalender.ch).

sche Verlagshäuser und Zeitungen in das Geschäft eingestiegen und investieren große Summen in geografische Plattformen und Städtemalls. Diese Projekte sind häufig auf technisch sehr hohem Niveau, haben oft enorme Abfragezahlen und einen verblüffenden Bekanntheitsgrad.

Geografische Plattformen sind die perfekten Werbeträger: Das Zielpublikum ist geografisch und thematisch klar abgegrenzt. Die Kundenbindung der Benutzer ist in der Regel enorm hoch, die Stammkunden kennen das Angebot sehr gut und nutzen die verschiedenen Dienste regelmäßig und sehr gezielt. Interessant ist auch die Verbindung von Malls mit realen Werbeträgern wie einer Zeitung. Die Verknüpfung von Site Promotion außerhalb des Internet und Bannerwerbung im Internet eröffnet raffinierte Werbemöglichkeiten.

«bremen.online» (siehe Abbildung 3.17) ist ein Beispiel für eine gelungene geografische Plattform. Das breite, gepflegte und technisch hochstehende Angebot enthält eine Menge Information über Stadt und

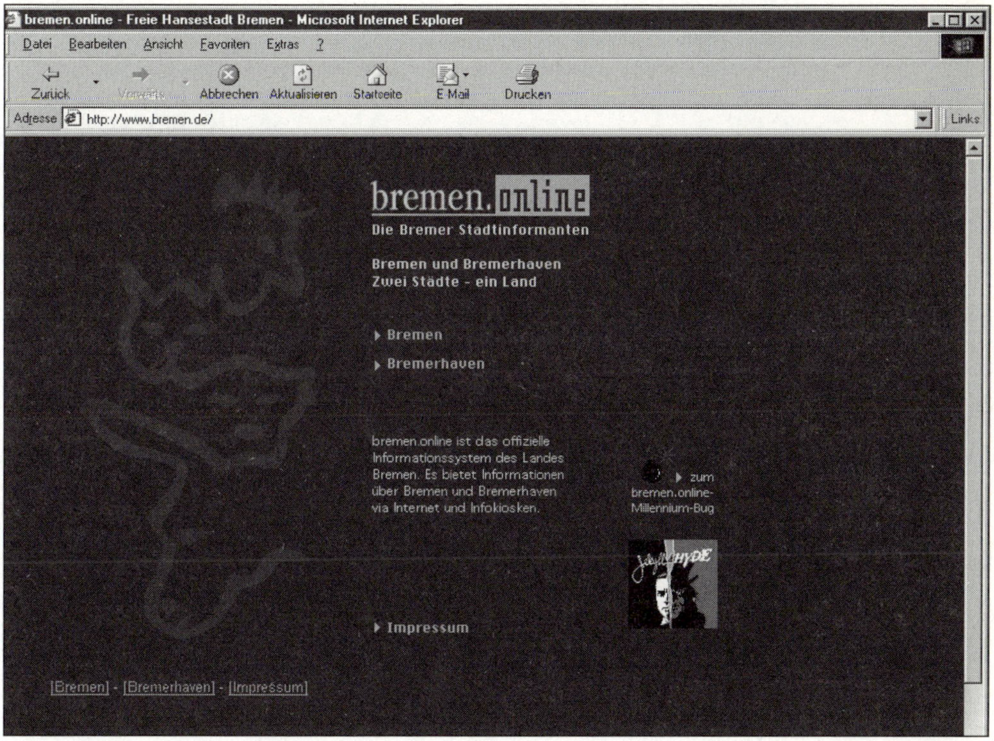

Abb. 3.17: Beispiel für eine geografische Plattform: Bremen.online (http://www.bremen.de).

Land Bremen, einen Veranstaltungskalender, Behördenwegweiser, Stadt- und Fahrpläne, ein Schwarzes Brett, Foren und vieles mehr.

3.4.2 Wahl der Werbeträger

Wie bei jeder Form von Werbung müssen auch bei der Bannerwerbung die Werbeträger ausgewählt werden. Es gibt verschiedene Kriterien für die Wahl eines Werbeträgers im Internet. In diesem Abschnitt sind die Zielgruppe eines Internet-Angebotes, die Abfragezahlen, der technische Stand, Service und Preise beschrieben.

Ein grundsätzlich wichtiges Kriterium ist es, die Banner dort zu platzieren, wo die Leute etwas suchen und nicht dort, wo sie bleiben wollen. Suchmaschinen, Verzeichnisse und Plattformen dienen den Benutzern zur Informationsbeschaffung. Sie sind gezielt auf der Suche nach einer bestimmten Internet-Adresse oder nach Quellen, die ihnen

Trägerart	Eigenschaften	Stärken und Schwächen
Suchmaschinen	Gigantische Speicher von Internet-Angeboten; mit verschiedenen einfachen und komplexen Suchfunktionen versehen. Knallharter Wettbewerb.	Gewaltige Abfragezahlen. Mit Abstand die wichtigsten Träger für Bannerwerbung, meist perfekte Schaltungskriterien im Angebot. Ideale Träger für Streuung.
Suchindizes	Kategorisierte Internet-Verzeichnisse, meist strukturierte Linksammlungen nach Kategorien oder Thema. Suche nach Stichwort und Kategorien möglich. In jedem Land dürften nur 2-3 Indizes überleben.	Perfekte Kategorienkoppelung möglich, ideal für flächendeckende Bannerwerbung in einzelnen Staaten. Gute Streuung möglich.
Portale	Portale sind Eintrittspforten ins Internet. Häufig betreiben Provider Portale und arbeiten mit Content-Sponsoren zusammen.	Umstritten. Oft sehr hohe Abfragezahlen. Gut geeignet für Streuwerbung.
Inhaltsanbieter	Inhaltsanbieter sind Medien, die ihre Originalversion auch online anbieten. Dazu gehören Printmedien, Radio- und TV-Stationen. Es können auch Branchenfremde als Inhaltsanbieter auftreten.	Ideal für Verbindung zwischen Bannerwerbung und Site Promotion. Inhaltsanbieter werden als Werbeträger im Internet immer wichtiger.
Thematische Verzeichnisse	Kategorisierte Verzeichnisse zu einem bestimmten Thema, beispielsweise ein europäischer Bibliotheken-Index. Oft enorme Abfragezahlen, häufig unterschätzt.	Gute Zielgruppenerreichung, eignen sich sehr gut für europa- und weltweite Bannerstreuung.
Thematische Plattformen	Plattformen zu einem Thema, politische Foren, Szeneführer, Mitfahrzentralen o.ä. Viele bieten sehr sinnvolle und nützliche Dienstleistungen an, meist kostenlos.	Gute thematische Zielgruppenerreichung. Meist sehr enge Bindung der Benutzer, höchste Affinitäten, viele Wiederholungsnutzer.
Branchenseiten	Meist Firmenverzeichnisse mit Zusatzdienstleistungen für Mitglieder, oft durch Verbände betrieben.	Sehr gute thematische Zielgruppenerreichung. Perfekte Abdeckung einer Branche in einem Land möglich.
Dienstleistungsseiten	Meist einfache, klare Dienstleistungen wie Wetterprognosen, Terminkalender o.ä., häufig unterschätzt.	Viele Stammkunden, gute Kundenbindung, oft hoher Bekanntheitsgrad. Oft unterschätzte Werbeträger, auch für Sponsoring gut geeignet.
Geografische Plattformen	Internet-Angebote für Regionen, Städte und Gemeinden. Meist mit Veranstaltungskalender, Kulturführer, Fahrplänen o.ä. Oft durch Medienhäuser betrieben.	Sehr gute geografische Zielgruppeneinschränkung. Meist regionale Monopole mit höchstem Bekanntheitsgrad. Ideal für Verbindung von Bannerwerbung und Site Promotion.

Tab. 3.5: Übersicht über die neun Arten von Werbeträgern im Internet und ihre Besonderheiten (© ionos GmbH).

Die Statistik muß verfügbar sein

Entscheidend ist, ob ein Betreiber eines Werbeträgers seine Abfragezahlen glaubwürdig und zuverlässig erfasst. Wenn Sie als potentieller Kunde anklopfen, muss Ihnen der Betreiber des Werbeträgers Zugang zu seiner Abfragestatistik gewähren. Wenn er dies nicht will oder kann, ist Vorsicht angebracht. Die Abfragezahl ist nicht das einzige Kriterium; sie ist jedoch ein Hinweis, ob der Betreiber Ihren Auftrag überhaupt ausführen kann. Eine Seite mit 100 Usern pro Tag kann nicht 100 000 Banner schalten. Sie dürfen allerdings nicht den Fehler machen, die kleinen, pfiffigen Internet-Angebote als Werbeträger zu unterschätzen. Wenn Ihr Zielpublikum nur einen Werbeträger im Internet anwählt – vielleicht der einzige Szeneführer, den es heute in der Region gibt – schalten Sie eben Ihr Banner dort. Dann überlegen Sie sich, ob Sie nicht gleich die ganze Seite langfristig und exklusiv sponsern wollen. Vielleicht sind Sie in zwei Jahren Exklusivsponsor des einzigen Szeneführers Ihrer Zielgruppe im ganzen deutschsprachigen Europa.

TIPP

bei der Suche weiterhelfen können. Eine Zusatzinformation in Form eines Banners stört nicht, im Gegenteil. Sie haben die Absicht, die Seite schnell wieder zu verlassen, um zum Ziel zu gelangen. Wenn Internet-Benutzer auf der gewünschten Seite angekommen sind, haben sie die gegenteilige Absicht: Sie wollen auf der Seite bleiben und die Dienste nutzen. Hier kann ein Banner störend wirken.

Zielgruppe

Das zentrale Kriterium der Bannerwerbung ist wie bei jeder anderen Werbeform die Zielgruppe. Die Aufgabe lautet, die Zielgruppe zu definieren und herauszufinden, welche Internet-Gewohnheiten die Zielgruppe hat. Die Aufgabe ist in einigen Punkten komplett anders als in der klassischen Werbung. Insbesondere sind die Erfahrungen in der Bannerwerbung viel geringer als in der klassischen Werbung. Das Problem ist der geringe Wissensstand über die Nutzungsgewohnheiten der Zielgruppe.

Die Festlegung der Zielgruppe ist das eine, das andere ist es, die Internet-Gewohnheiten der Zielgruppe herauszufinden. In verschiedenen Zielgruppen können extrem unterschiedliche Internet-Nutzungsformen auftreten. Diese beiden Aufgaben müssen ausgearbeitet sein, bevor Bannerwerbung geschaltet wird.

Abfragezahlen

Die Betreiber eines Werbeträgers müssen die Abfragezahlen erfassen und die Statistiken ihren Kunden bekanntgeben. Typische Größenordnungen für Besucherzahlen sind 100 000 Benutzer pro Tag für Suchmaschinen, 10 000 Benutzer pro Tag für Verzeichnisse und 1000 Benutzer pro Tag für thematische oder geografische Plattformen. Die absolute Zahl sagt nicht viel aus, wichtig ist, dass die Werte im Zeitverlauf einigermaßen konstant sind. Es gibt nur sehr wenige Seiten mit wirklich hohen Abfragezahlen. Die ganz großen Suchmaschinen wie Yahoo! oder Lycos weisen enorme Abfragezahlen aus, diese sind allerdings für europäische Verhältnisse nicht maßgebend.

Technischer Stand

Die Werbeträger müssen einen gewissen technischen Minimalstandard aufweisen. Insbesondere muß der Anbieter von Werbefläche in der Lage sein, User, Views und CTR zu messen (siehe Kapitel 7). Die Einbindung des Banners sollte über eine Datenbanklösung geschehen. Der technische Stand muss nicht zwingend sehr hoch sein, allerdings müssen sich Werber bewusst sein, dass der Werbeerfolg auf selbst gebastelten Seiten in der Regel bescheiden ist.

Die Schaltung geschieht in der Regel via eines so genannten AdServers. AdServer sind spezielle Datenbank-Server für Bannerschaltung und Auswertung. Die meisten Werbeträger, die professionell Banner schalten, arbeiten mit einem oder mehreren AdServern. Oft gehört der AdServer nicht der Firma, welche den Werbeträger betreibt. Aus Sicht des Werbers ist dies egal, da ihn die Schaltung interessieren muss und nicht die Technik. Einzig der Ablauf ändert sich: Die Schaltung und Auswertung geschieht dann durch die Unternehmung, welche den AdServer betreibt.

Wenn ein Anbieter von Werbefläche die Preise nach Streuwerbung und gekoppelter Werbung unterscheidet, muss er in der Lage sein, dies technisch zu bewältigen. Die Schaltung nach Kriterien ist technisch anspruchsvoll. Schaltung nach Kriterien bedeutet, dass beispielsweise das Banner nur dann erscheint, wenn ein Benutzer nach einem bestimmten Stichwort sucht.

Auf erfolgreichen, aber technisch bescheidenen Werbeträgern sollte keine Kriterienwerbung geschaltet werden. Typische Fälle dieser Art sind thematische Plattformen, beispielsweise ein Szeneführer in einer Kleinstadt. Ein Sponsoring einer solchen Seite ist in der Regel erfolgreicher. Technische Mängel sind nicht unbedingt ein Kriterium, um eine Seite als Werbeträger zu ignorieren. Wenn die Abfragezahlen stimmen und das Zielpublikum die Dienste der Seite gut nutzt, kann Werbung auch auf einem einfachen Server sinnvoll sein.

Service

Grundsätzlich sollten Betreiber von Werbeträgern ihren Kunden Zugang zur Statistik gewähren, Online-Bestellmöglichkeiten anbieten und Online-Zahlungen ermöglichen. Wichtig ist generell ein professioneller Kundendienst. Dazu gehört, Kundenanfragen und Mails unverzüglich zu beantworten. Informationen über Preise, Schaltungsmöglichkeiten und Ähnliches müssen online zur Verfügung stehen. Kostenlose Offerten für größere Kampagnen sollten eine Selbstverständlichkeit sein, genauso detaillierte Auskunft, wenn technische Probleme auftreten. Die Kunden können auch erwarten, dass die Handarbeit wie Schaltung und Entfernen der Banner im Preis inbegriffen ist. Aus technischer Sicht muss der Betreiber des Werbeträgers Kriterienschaltungen anbieten können. Die Betreiber von Werbeplattformen sollten Auskünfte über Nutzungsgewohnheiten ihrer Besucher erteilen können.

Nicht zum kostenlosen Service gehört natürlich das Ausarbeiten von Schaltungskriterien oder Planung und Durchführung von Kampagnen. Es ist ein Zeichen von Professionalität, wenn die Betreiber von Werbeträgern diese Dienstleistung zusätzlich anbieten können. Allerdings müssen sich die Auftraggeber bewusst sein, dass die Betreiber der Plattformen dann die Banner vorwiegend auf der eigenen Seite schalten.

Preise

Die Preise der angebotenen Werbefläche müssen einigermaßen im Rahmen der Marktpreise liegen. Insbesondere müssen klare, eindeutige Preise vorliegen. Der Betreiber des Werbeträgers sollte auch in der Lage sein, Offerten für Bannerschaltungen in größerem Stil zu erstellen.

Klare, eindeutige Preise und übersichtliche Leistungen zeichnen die guten Werbeträger aus. Vorsicht ist angebracht, wenn ein Betreiber keine Preisliste liefern kann. Die Preise berechnen sich im Internet nicht nach Zeit, sondern nach Views. Üblich ist ein Tausenderpreis für Streuwerbung und ein Tausenderpreis für gekoppelte Bannerschaltung. Professionelle Anbieter von Werbefläche im Internet publizieren zumindest diese beiden Zahlen in ihren Unterlagen.

Ein Anbieter, der mit seinen Preisen deutlich unter den Durchschnittspreisen liegt, muss nicht unbedingt ein Billiganbieter sein. Es ist möglich, dass er das Business nicht kennt und die Preise falsch ansetzt. Der Werber und der Auftraggeber müssen natürlich auch über die Marktpreise informiert sein, um die Verhandlungen gut zu führen.

3.5 Platzierungskriterien

Der Begriff Platzierungskriterien hat eine doppelte Bedeutung: Einerseits legen die Platzierungskriterien fest, welches Banner auf welchen Werbeträger kommt. Andererseits spielt es eine Rolle, wo das Banner innerhalb eines Werbeträgers platziert ist.

3.5.1 Platzierung auf dem Träger

Die Platzierungskriterien legen fest, welches Banner auf welchen Werbeträger kommt. Die Wahl der Werbeträger sollte zuallererst getroffen werden, auch die Zielgruppen sollten klar sein, bevor die Platzierungskriterien festgelegt werden. Umgekehrt können Platzierungskriterien auch die Wahl der Werbeträger beeinflussen.

Für die Platzierung gelten teilweise andere und einfachere Kriterien als für die Wahl der Träger. Die Platzierungskriterien sind die optische Erscheinung des Trägers, der technische Stand des Trägers und die Platzierung der Banner auf dem Träger. Die Platzierungskriterien sind offensichtlich: Ein hyperanimiertes, vertontes Banner hat auf einem

TIPP

Schnäppchenjagd

Es geschieht noch ab und zu, dass ein Neuling eine interessante Werbefläche im Internet viel zu billig anbietet, weil er die Preise nicht kennt. Die Devise heißt dann zuschlagen und sich freuen. Wenn Sie zum Beispiel bei einer Lokalzeitung mit einer Auflage von 20 000 Exemplaren auf der Eintrittsseite links oben neben dem Logo eine Fläche für 100 Mark im Monat angeboten sehen, buchen Sie diese Fläche sofort für drei Jahre. Leider werden diese Fälle immer seltener, da sich die Preise für Bannerwerbung langsam herumsprechen.

klassischen Bibliothekenindex nichts zu suchen, ein integratives Banner mit anspruchsvollster Software gehört nicht auf ein statisches Angebot und ein statisches Banner in einem Ballergame für Kids wirkt lächerlich.

Die Aufgaben bei den Platzierungskriterien sind sehr ähnlich wie bei der Wahl der Werbeträger. Die Internet-Werber sollten deshalb nicht die gleiche Arbeit doppelt ausführen. Die Erfahrung zeigt, dass es am einfachsten geht, wenn im Werbekonzept die Wahl der Träger sorgfältig durchgeführt wird. Die Platzierung der bestehenden Banner auf die vorgegebenen Träger ist dann sehr einfach.

3.5.2 Positionierung im Träger

Die geschalteten Banner müssen gut sichtbar platziert sein. Der beste Ort ist ganz oben in einer Seite, unmittelbar unter dem Titel oder Logo des Angebotes. Wichtig ist, dass das Banner mit jedem Browser und bei jeder Bildschirmgröße bei jedem Seitenaufruf sichtbar ist. Vor allem beim ersten Seitenaufruf, also beim Eintippen der Adresse in den Browser, muss das Banner ganz sichtbar sein. Ein interessanter Platz für Thumbnails ist rechts unten auf der Eintrittsseite. Viele Suchmaschinen platzieren ein Banner auf der Eintrittsseite einmal unterhalb des Logos und bei jedem Suchergebnis zweimal, zuoberst und zuunterst. Dies ist vernünftig, da die Benutzer bei Erscheinen der Suchergebnisse meist unverzüglich scrollen und das Banner somit verschwindet.

Der Inserent sollte die Positionierung seines Banners überprüfen, indem er sich die entsprechende Seite so ansieht, wie sie auf einem 17-Zoll-Monitor mit einer Auflösung von 800 x 600 Pixel erscheint. Dies ist bei privaten Usern eine weit verbreitete Bildschirmgröße. Auch bei 15-Zoll-Monitoren und einer Bildauflösung von 640 x 480 Pixel muss die Seite noch «normal» aussehen. In beiden Fällen muss das Banner ganz sichtbar sein, ohne dass ein User nach unten oder nach rechts scrollen muss.

Wichtig ist, dass das Banner möglichst alleine auf der Seite steht und nicht mit dutzenden anderer Bannern zusammen erscheint. Fehlt die Exklusivität, muss sich dies zumindest im Preis niederschlagen. Auch für Werbeframes mit einer Ansammlung von Thumbnails darf man einen günstigeren Preis erwarten.

Für Thumbnails und Logo-Buttons gibt es eine ganze Reihe von interessanten Platzierungen. Es lohnt sich, Werbeträger nach diesen Möglichkeiten durchzuforsten und ganz gezielt Werbefläche zu suchen, die auf den ersten Blick nicht attraktiv erscheint, aber mitunter interessante Klickraten aufweist.

Neben der Eintrittsseite ist auch die Platzierung auf den Folgeseiten wichtig. Bei Kategorien, Rubriken oder Ähnlichem gilt das Gleiche wie bei der Eintrittsseite: Das Banner muss in jedem Fall ganz sichtbar sein. Natürlich zahlt der Inserent auch hier die PageImpressions. Es kann sein, dass die Klickraten auf den Folgeseiten dramatisch sinken und dass sich ein User über die Mehrfacheinblendung ärgert. Umgekehrt kann die Mehrfacheinblendung aber auch ein Branding bewirken, also beim User den Markennamen einprägen.

3.6 Schaltungskriterien

Die Banner werden auf den Werbeträgern im Internet geschaltet, analog wie Inserate in Printmedien geschaltet werden. Typische Schaltungskriterien in Printmedien sind Erscheinungshäufigkeit oder Erscheinungsort innerhalb eines Printprodukts. Die Schaltungskriterien in der Internet-Werbung haben dasselbe Ziel: Das Banner soll dort erscheinen, wo es die höchste Wirkung erzielt und die Zielgruppe am besten erreicht. Die Arten der Werbeträger und die Auswahlkriterien sind oben diskutiert, dieser Abschnitt behandelt die Möglichkeiten, wie die Banner auf einem Träger erscheinen sollen.

Tausenderpakete

Die Häufigkeit der Banner wird in Tausenderpaketen gemessen. Typisch sind Paketaufträge in Anzahl Tausenderpaketen, beispielsweise insgesamt 1 Million Views, 20 000 Banner pro Tag zufallsgeschaltet und 5000 Banner an Rubriken gekoppelt auf 3 Werbeträgern gestreut. Das heißt, das geschaltete Banner erscheint 40 Tage lang 25 000 mal pro Tag auf 3 Trägern und ebenso oft irgendwo auf einem Bildschirm eines Internet-Benutzers. Die Anbieter von Werbeträgern im Internet verkaufen Ihre Dienstleistungen meist ebenfalls in Tausenderpaketen. Meist ist das Grundangebot in zwei Preise aufgeteilt, in einen Tausenderpreis für gestreute Banner und in einen Tausenderpreis für gekoppelte Bannerschaltung.

In diesem Abschnitt sind die heute bekannten Schaltungskriterien aufgelistet und beschrieben. Es sind dies Häufigkeit, Zufallsschaltung, Streuung, Kriterienschaltung, Koppelung an Stichworte, Kategorie und Zeit, technische Koppelung, geografische Verteilung und sprachliche Koppelung. Beschrieben sind weiter Schaltung kombinierter Banner und Schaltungsdauer. Der Abschnitt schließt mit zwei Unterformen, dem «Rotating Banner» und dem Bannertausch. Die Aufzählung ist nicht abschließend; es sind selbstverständlich weitere Kriterien denkbar, insbesondere Mischformen und Kombinationen von verschiedenen Schaltungskriterien. Es ist auch damit zu rechnen, dass mit dem technischen Fortschritt im Internet weitere Schaltungskriterien entstehen werden.

3.6.1 Häufigkeit

Das erste Kriterium der Bannerschaltung ist die Anzahl Erscheinungen des Banners auf dem Träger. Meist werden Banner in Tausenderpaketen oder einem Vielfachen davon geschaltet. Die Statistik des Werbeträgers weist die Erscheinungshäufigkeit aus. Die Auftraggeber legen die Häufigkeit bereits im Konzept und im Mediaplan fest. Die wichtigste Restriktion ist das Budget.

Die Häufigkeit der Erscheinung ist eine Besonderheit in der Bannerwerbung. Es ist ein Steuerinstrument erster Klasse und die Internet-Werber müssen dies unbedingt ausnützen. Die Zählweise ist grundsätzlich verschieden von Häufigkeiten in klassischen Werbeformen. Ein Print-Inserat hat eine Häufigkeit von vielleicht zehn Schaltungen, die Auflage lässt Rückschlüsse zu, wie viele Menschen das Inserat gesehen haben, was wiederum die Berechnung des Tausenderpreises ermöglicht. Die Häufigkeit der Erscheinung von Bannern im Internet ist hingegen exakt zählbar. Dieselbe Statistik liefert auch die Controlling-Instrumente für die Erfolgsauswertung.

3.6.2 Zufallsschaltung

Zufallsschaltung nennt man Bannerschaltung auf einem bestimmten Werbeträger nach dem Zufallsprinzip. Der Zufall bezieht sich auf die Zeit und die Frequenz, nicht auf den Träger. Auf einem Träger erscheint das Banner in einer vorgegebenen Häufigkeit an einem Tag, allerdings nicht hintereinander, sondern zeitlich zufällig verteilt. Der Betreiber eines Werbeträgers fasst häufig die Banner, die nach dem Zufallsprinzip geschaltet werden, in einen Pool zusammen. Sind beispielsweise 10 Banner je 5000 mal zufallsgeschaltet, erscheinen auf dem Träger 50 000 Views; die einzelnen Views werden nach dem Zufallsprinzip aus dem Pool geholt.

Ein typischer Auftrag einer Zufallsschaltung lautet «Lasse mein Banner acht Wochen lang täglich 10 000 mal erscheinen». Das Banner erscheint dann in diesem Zeitintervall nach dem Zufallsprinzip.

Der Hauptvorteil dieses Schaltungskriteriums ist, dass der Server des Auftraggebers nicht durch eine geballte Ladung Abfragen innerhalb weniger Minuten überlastet wird und aussteigt. Die Zufallsschaltung ist auch eine gute Methode, um die Zielgruppe nicht mit übermäßigen Blickkontakten mit demselben Banner zu langweilen. Die Benutzer der Suchmaschine sehen bei mehrfacher Benutzung hintereinander verschiedene Banner, was durchaus von Vorteil sein kann.

3.6.3 Streuung

Streuung ist eine Verteilung des Banners auf verschiedene Werbeträger. Ein Banner erscheint an den gewünschten Tagen auf den Werbeträgern, welche von den Zielgruppen am häufigsten benutzt werden. Der Begriff «Streuung» bezieht sich auf die Träger und nicht auf die Zeit. Umgekehrt bezieht sich der Begriff «Zufallsschaltung» auf die Zeit und nicht auf den Träger.

Die Streuung ist ein wichtiges Instrument für die Zielgruppenerreichung. Je besser die Streuung auf verschiedene Werbeträger gelingt, umso öfter kommen die Werbegemeinten mit dem Banner in Kontakt. Eine gute Streuung erhöht nicht nur die Anzahl Blickkontakte beim Zielpublikum, sie erhöht die CTR (Click-Through-Rate, siehe Kapitel 7) spürbar.

3.6.4 Kriterienschaltung

Der Begriff «Kriterienschaltung» wird sehr häufig verwendet, allerdings ist der Inhalt des Begriffes nicht ganz klar. Es handelt sich wie der Name sagt um Bannerschaltung nach verschiedenen Kriterien. Der Begriff scheint trivial, da jede Bannerschaltung, bei der sich der

Werber drei Sekunden Gedanken gemacht hat, eine Kriterienschaltung ist. Die Gegenfrage mag die Inhaltslosigkeit des Begriffes verdeutlichen: Wer bezahlt Geld um ein Banner ohne ein Kriterium zu schalten? Der Begriff ist zudem redundant, da jede Schaltung immer eine Kriterienschaltung ist; auch Zufallsschaltung und Streuung sind ja an sich ein Kriterium.

Der Ausdruck Kriterienschaltung eignet sich auch nicht als Überbegriff für Bannerwerbung. Die Überbegriffe sind Internet-Werbung, Site Promotion im Internet und Bannerwerbung. Die relevanten Begriffe für die Untersuchung der Bannerwerbung und für die Anwendung in der Praxis sind die Wahl der Werbeträger, die Platzierungskriterien und die Schaltungskriterien. Der Begriff Kriterienschaltung ist schwammig und somit für Theorie und Praxis unbrauchbar.

3.6.5 Koppelung

Die Koppelung ist der Eckpfeiler der Bannerwerbung. Die Möglichkeiten, die sich für die Werbezwecke mit der Koppelung eröffnen, sind gewaltig. Gekoppelte Bannerschaltung erhöht die Klickraten substanziell und senkt die Streuverluste um Zehnerpotenzen. Die verschiedenen Formen von Koppelung und ihre Anwendung müssen dem Online-Werber bekannt sein. Es gilt, die Möglichkeiten kennen zu lernen, mit dem Anwendungsreichtum zu spielen, Erfahrungen zu sammeln und die enormen Möglichkeiten auszuschöpfen. Vertiefte Kenntnisse der Funktionsweise von Internet-Werbung und die Eigenheiten des Mediums sind Voraussetzung für erfolgreiche Koppelung. Es gibt im Wesentlichen drei Formen von Koppelung: Stichwortkoppelung, Kategorienkoppelung und zeitliche Koppelung.

Stichwortkoppelung

Die häufigste Form von Koppelung in der Bannerwerbung ist die Stichwortkoppelung. Alle professionellen Suchmaschinen bieten diesen Service an. Der Kunde kann seine Banner an ein oder mehrere Stichworte koppeln. Das heißt, jeder Benutzer der Suchmaschine, der nach diesem Stichwort sucht, erhält gleichzeitig mit dem Suchergebnis das Banner mitgeliefert, das an dieses Stichwort gekoppelt ist.

Diese Werbeform ist enorm interessant. Stichwortkoppelung ist eine neue Dimension in der Welt der Werbung. In der klassischen Werbung gibt es nichts Vergleichbares. Das Hauptmerkmal des Internet, die Funktionalitätsumkehr in der Rezeption, kann perfekt ausgenützt werden. Es ist nicht mehr notwendig, die Zielgruppe anzusprechen, die Zielgruppe kommt zum Werbenden. Es ist möglich, exakt denjenigen Teil der Zielgruppe zu finden, der nach einem ganz bestimmten Thema Informationen sucht. Bei dieser Gruppe ist die Akzeptanz der Werbung maximal. Der Streuverlust sinkt bei der Stichwortkoppelung gegen null. Nur die Menschen, die tatsächlich nach dem Stichwort suchen, erhalten das Banner eingeblendet – und es werden nur die eingeblendeten Banner bezahlt.

Praktisch alle Suchmaschinen bieten den Service an, ein Banner an Stichworte zu knüpfen; die Serviceleistungen können jedoch unterschiedlich ausfallen. Einige Suchmaschinen verkaufen Stichworte exklusiv; eine Bank kann sich beispielsweise das Stichwort «Internet-Banking» exklusiv für einen bestimmten Zeitraum reservieren. Andere

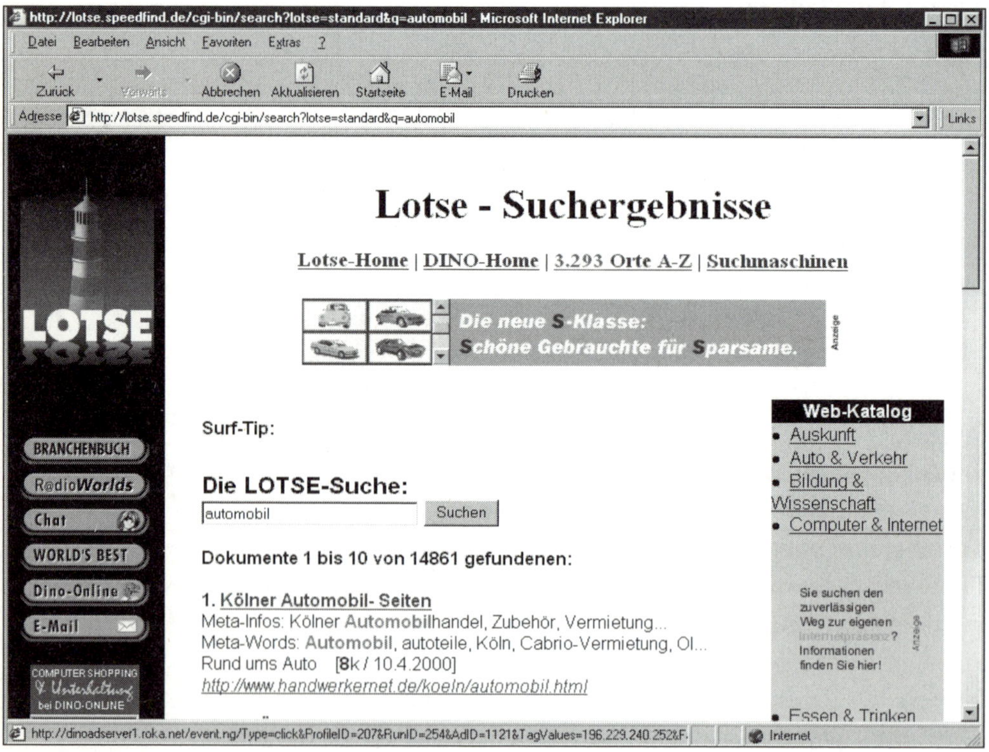

Abb. 3.18: Die deutsche Suchmaschine Lotse.de zeigt beim Eintrag des Stichwortes «automobil» dieses Suchergebnis (http://www.lotse.de).

TIPP

Exotische oder geläufige Stichworte?

Je exotischer ein Stichwort ist, das Sie für die Koppelung verwenden, umso länger läuft Ihr Auftrag. Je geläufiger ein Stichwort ist, umso häufiger sucht jemand danach und umso geballter erscheint Ihr Banner. Diesen Umstand müssen Sie bei Ihren Stichwortkoppelungen ausnützen. Es ist gut investiertes Geld, hier ein Experiment zu starten und die Schaltung exakt auszuwerten. Ein Beispiel: Koppeln Sie 5000 Banner an den Oberbegriff der Branche, in der Sie tätig sind, zum Beispiel «Elektrizität». Beobachten Sie, wie lange es dauert, bis die 5000 Views durch sind. Die Statistik erhalten Sie vom Betreiber der Suchmaschine. Danach koppeln Sie fünf Stichworte, die nur Insider kennen je 1000-mal, beispielsweise «Wickelkeule», «Drehstromgenerator», «Umschalter», «Funkenhorn» und «Klemmenkasten». Wie lange dauert es diesmal? Wieviel Spezialisten Ihrer Branche suchen haargenau nach einem dieser Stichworte? Sucht überhaupt jemand auf diese Weise? Wie hoch ist die Kadenz, nach denen solche Stichworte gesucht werden? Wie groß sind die beiden CTR-Werte? Zu welchen Tageszeiten an welchen Wochentagen suchen die Leute? – Verballern Sie die paar tausend Euro in ein Banner und in die Schaltung und nehmen Sie sich Zeit, um die Abfragestatistiken auszuwerten. Fragen Sie den Informatiker und den Werber um ihre Meinung! Wenn ein Student mit Internet-Affinität sich bei seinem Ferienjob langweilt, soll er Ihnen das Experiment auswerten! Fragen Sie den Betreiber der Suchmaschine, was seine Auswertung kostet. Die Betreiber von Suchmaschinen sind meist absolute Cracks und haben ein enormes Fachwissen. Tun Sie es – und Sie gewinnen ein Insiderwissen, wovon 90 Prozent Ihrer Konkurrenz noch nicht einmal weiß, daß so etwas überhaupt möglich ist.

Suchmaschinen reservieren keine Stichworte exklusiv, es gilt der Eingang der Bestellung oder mehrere Kunden teilen sich ein Stichwort.

Kategorienkoppelung

Einige Suchmaschinen bieten neben der eigentlichen Stichwortsuche Zusatzdienstleistungen an, beispielsweise einen Immobilienanzeiger oder einen Stellenmarkt. Die Kategorienkoppelung ist wie der Name sagt eine Koppelung des Banners an die entsprechende Kategorie.

Beim Erscheinen des Suchergebnisses kann der Suchende direkt in die Rubrik springen. Sucht er beispielsweise einen Gebrauchtwagen, erscheinen neben den Suchergebnissen aus der Rubrik «Gratisanzeiger» direkt die Online-Annoncen von Autos. Es besteht nun die Möglichkeit, das Banner so zu verknüpfen, dass es nur bei denjenigen Benutzern der Suchmaschine erscheint, die sich für Gebrauchtwagen interessieren. Diese Möglichkeit senkt die Streuverluste enorm und die Klickraten der gekoppelten Banner vervielfachen sich.

Zeitliche Koppelung

Zeitliche Koppelung ist die Verknüpfung der Bannerschaltung an Tageszeit, Wochentag oder Saison. Die meisten Suchmaschinen und Plattformen bieten diesen Service an. Ein Banner, welches ein Angebot für Jugendliche bewirbt, wird sinnvollerweise am Abend oder in der Nacht geschaltet. Angebote für Angestellte werden besser tagsüber an Wochentagen platziert.

Die zeitliche Koppelung ist ein Element, welches als Ergebnis der Erfolgsauswertung in die Folgekampagnen einfließt. In den ersten Kampagnen kann man auf zeitliche Koppelung verzichten. Die Auswertung der Abfragestatistiken zeigt dann, an welchen Tagen und zu welcher Tageszeit die Banner am häufigsten angeklickt wurden. Dieses Ergebnis fließt in den neuen Mediaplan ein. Mit der Zeit können so die Streuverluste systematisch gesenkt werden.

3.6.6 Technische Koppelung

Banner lassen sich nach verschiedenen technischen Kriterien schalten. AdServer, also die eigentliche Software für die Bannerschaltung, erkennen die Besucher hinsichtlich technischer Kriterien. Die wichtigsten sind die Browser-Erkennung, Spracherkennung und Erkennung nach IP-Nummer. AdServer können Browser unterscheiden und liefern dem Nutzer das jeweilig optimale Banner. So können AdServer beispielsweise unterscheiden, ob ein Besucher das Java-Banner ansehen kann. Wenn ja, wird es geschaltet, wenn nein, sieht der Besucher automatisch ein statisches Banner. Analog funktionieren Spracherkennung und IP-Nummer-Erkennung: Hier kommen sprachliche und geografische Kriterien zum Zug.

Die meisten AdServer bieten weitere technische Koppelungsmöglichkeiten an. Die technische Koppelung steht entgegen den Versprechungen noch am Anfang der Entwicklung. Es ist in der Realität noch

Zielgruppe Angestellte

Die zeitliche Koppelung ist die vielleicht beste Methode, um Familienväter und Angestellte zu erreichen. Die meisten Menschen hören während ihrer Arbeitszeit kein Radio, lesen keine Zeitung und schauen nicht fern – aber sie haben einen Internet-Anschluss, wenigstens diejenigen in fortschrittlichen Firmen. Bannerschaltung an Werktagen wird von dieser Zielgruppe besser als jede andere Werbung gesehen.

nicht möglich, ohne Weiteres mit kombinierten Bannern eine zuverlässige technische Koppelung auf verschiedenen Werbeträgern zu erreichen. Möglich ist eine Koppelung auf jeweils einem Träger, wenn der AdServer dazu in der Lage ist und sich der Träger mit der AdServer-Software verträgt.

3.6.7 Geografische Verteilung

Die geografische Verteilung bezieht sich einerseits auf die Heimat des Werbeträgers und andererseits auf die Platzierung des Banners innerhalb eines Werbeträgers. Ein Banner kann in wörtlichem Sinne geografisch verteilt werden, beispielsweise wenn das Banner auf einem japanischen Werbeträger geschaltet wird. Das Banner ist in übertragenem Sinne geografisch verteilt, wenn es beispielsweise in einem weltweiten Index, der in Deutschland betrieben wird, im amerikanischen Teil des Verzeichnisses geschaltet wird.

Geografische Verteilung geschieht teilweise mit der Wahl des Werbeträgers. Wer primär Österreicher ansprechen will, platziert sein Banner natürlich nicht auf einer koreanischen Suchmaschine. Ebenso bildet die Wahl einer thematischen Plattform oder eines Branchenverzeichnisses auch häufig eine geografische Einschränkung. Das Schaltungskriterium der geografischen Verteilung ist für strukturierte Verzeichnisse wichtig. Eine interessante Möglichkeit ergibt sich bei ausländischen Verzeichnissen: Ein Banner in einem amerikanischen Index auf dem europäischen Teil platziert kann gute Klickraten aufweisen.

Die geografische Verteilung gehört zu den am wenigsten benützten Kriterien in der Bannerwerbung. Unternehmen und Werbeagenturen setzen diese Möglichkeit noch zu wenig ein. Das Wissen über geografi-

TIPP

Probieren geht über Studieren

Die Gewohnheiten der Internet-Nutzer sind unentdecktes Land. Es gibt nur wenige verläßliche Studien über die Art und Weise, wie die Menschen das Internet nutzen. Das Wissen beschränkt sich auf die eigene Erfahrung und Vermutungen. Es ist für Unternehmen nicht sinnvoll zu warten, bis gesicherte Ergebnisse vorliegen. Probieren Sie es einfach aus! Es ist offensichtlich, dass viele Menschen in Europa Suchmaschinen in anderen Ländern benutzen. In welchem Ausmaß, warum, wann und wie genau sie das tun ist vollkommen egal – Hauptsache, sie tun es. Platzieren Sie Ihr Banner auf ausländischen – nicht nur auf amerikanischen! – Suchmaschinen nach dem Kriterium der geografischen Verteilung. Es könnte sehr gut sein, dass Sie sich einen komplett neuen Markt und ungeahnte Geschäftsfelder erschließen.

sche Verteilung von Bannern, das Know-how im Handling und im Nutzungsverhalten der Kunden sind noch bescheiden. Dies darf jedoch kein Hinderungsgrund sein, die unbekannten Gewässer auszuloten. Die Werbemöglichkeiten des geografisch verteilten Banners sind geradezu fantastisch.

3.6.8 Sprachliche Koppelung

Bei Koppelung nach sprachlichen Kriterien wird ein Banner auf Werbeträgern platziert, die die gewünschte Sprache als Hauptsprache verwenden. Die andere Möglichkeit ist es, auf einem Werbeträger im Ausland ein deutschsprachiges Banner zu platzieren, um Deutsche im Ausland anzusprechen.

Die Hauptsprache eines Internet-Angebotes ist nicht unbedingt die Landessprache sondern diejenige, die als erste erscheint, wenn man die Adresse aufruft. Sehr häufig ist die Hauptsprache Englisch. Erfreulicherweise kommen viele Betreiber von Werbeplattformen und anderen Internet-Angeboten davon ab; schließlich ist die meistgesprochene Sprache in Deutschland nicht Englisch. Die sprachliche Koppelung betrifft Internet-Werbung in der Schweiz am stärksten, da neben dem Schweizerdeutsch in der Westschweiz Französisch, im Tessin Italienisch und in Graubünden Romanisch die Hauptsprachen sind.

Es ist naheliegend, bei sprachlicher Koppelung verschiedene Banner in der entsprechenden Sprache zu verwenden. Es kann auch originell sein, einen Dialekt auszunutzen und beispielsweise eine Redewendung im Banner zu verwenden, die außer einem Sachsen niemand versteht.

3.6.9 Kombinierte Banner

Kombinierte Banner ergeben einen Bannermix. Man kann mehrere Banner auf verschiedenen Trägern platzieren.

Um den Aufwand in Grenzen zu halten, verteilt meist ein AdServer die verschiedenen Banner auf die Werbeträger. Es gilt dasselbe wie bei der technischen Koppelung: In der Theorie sind die AdServer auf kombinierte Banner vorbereitet, in der Praxis sind Schaltungen im großen Stil noch nicht ausgereift. Der Grund liegt weniger bei den Betreibern der AdServer als bei den Werbeträgern: Oft arbeiten sie mit verschiedenen Internet-Agenturen zusammen, verkaufen selbst Banner und vergeben Aufttràge an Dritte. Dies erschwert die Schaltung, da der Werbeträger seinerseits auf die kombinierten Banner vorbereitet sein muss. Als vereinfachte Faustregel kann Folgendes gelten: Ein einzelner AdServer, der mit verschiedenen Werbeträgern exklusiv zusammen arbeitet, kann problemlos kombinierte Banner verwalten und korrekt schalten. Schwierigkeiten tauchen meist dann auf, wenn die Werbeträger gleichzeitig Kampagnen von verschiedenen Internet-Agenturen verwal-

TIPP

Mit der Sprache spielen!

Es kann enorme Klickraten geben und eine tolle Kundenbindung auslösen, wenn man fremdsprachige Zielgruppen in ihrer Muttersprache anspricht. Wie viele Ihrer Kunden sprechen Italienisch? Verkaufen Sie an japanische Manager? Wenn ja, versuchen Sie es mit einem fremdsprachigen Banner auf einer deutschen Suchmaschine. Der Anteil der Fremdsprachigen, die aus purer Neugierde auf das Banner in ihrer Muttersprache klicken, ist wahrscheinlich sehr hoch. Umgekehrt kann es interessant sein, Deutschsprachige im Ausland in Deutsch abzuholen. Wenn ein Unternehmen beispielsweise Handel zwischen Österreich und Ungarn betreibt, kann es ein deutschsprachiges Banner auf einer ungarischen Suchmaschine und ein ungarisches auf einem österreichischen Verzeichnis platzieren.

ten, die nicht mit der gleichen Bannersoftware arbeiten. In diesem Falle wird von Experimenten abgeraten.

Es ist möglich, Erfahrungen zu sammeln, ohne große Risiken einzugehen. Auch bei kleineren Kampagnen kommen oft mehrere Banner zum Einsatz und werden auf verschiedenen Trägern nach unterschiedlichen Kriterien geschaltet. Wichtig ist, dass das Unternehmen diese Kampagnen gemeinsam mit seiner Internet-Werbeagentur sorgfältig auswertet und sich einen Grundstock an Know-how aneignet.

3.6.10 Dauer der Schaltung

Die Dauer der Schaltung ist ein Punkt, der in Internet-Werbekonzepten oft etwas untergeht. Die Schaltungsdauer in der Internet-Werbung ist komplett anders als in der klassischen Werbung. Es gilt zu unterscheiden zwischen der Erscheinungsdauer auf dem Träger, der Erscheinungsdauer auf dem Bildschirm, der Schaltungsdauer eines Banners und der Lebensdauer eines Banners.

Erscheinungsdauer auf dem Träger

Die Erscheinungsdauer auf dem Träger misst die Zeit, wie lange ein Banner braucht, bis die Anzahl geschaltete Views auf dem Werbeträger erschienen ist. Auf Suchmaschinen kann dies sehr schnell gehen; es ist durchaus möglich, daß 5000 Views in drei Minuten durch sind. In diesem Falle beträgt die Schaltungsdauer eben drei Minuten, dieser Wert läßt sich nicht beeinflussen. Der Wert kann im Tagesverlauf stark schwanken. Umgekehrt kann die Erscheinungsdauer bei einer Koppe-

TIPP

Schaltungsdauer festgelegt?

Falsche oder fehlende Schaltungsdauer im Konzept sind einer der klassischen Anfängerfehler. Die Internet-Werbeagentur sollte eine Antenne entwickeln, wie lange Banner geschaltet werden können, bis sie das Publikum langweilen und wann und wie die alten Banner wieder verwendet werden können. Die Agentur sollte auch mit den alten Bannern etwas anfangen können; mit der Zeit wächst ein Sortiment an Bannern, das für spätere Kampagnen verwendet werden kann. Die Agentur muss auch erkennen, welche Banner ausgedient haben.

> **TIPP**
>
> **Spielen Sie mit der Erscheinungsdauer!**
>
> Sie können die Erscheinungsdauer ausnützen, um die Werbewirkung Ihres Banners zu erhöhen. Gerade für kleine und kleinste Budgets ist diese Möglichkeit sehr interessant. Koppeln Sie die Banner an außergewöhnliche Stichworte! Wenn Sie Sportgeräte herstellen, koppeln Sie nicht an «Sport» sondern an «Pauschenpferd». Täglich sind es vielleicht drei Menschen in Europa, die ein Pauschenpferd brauchen und die gängigen Suchmaschinen in Deutschland, in Österreich und in der Schweiz abklappern. Mit praktisch null finanziellem Aufwand haben Sie diese drei gefunden! Wenn Sie 100 Views an «Pauschenpferd» koppeln, sind Sie in einem gewissen Sinne einen Monat lang flächendeckend im deutschsprachigen Europa präsent.

lung sehr lange sein: Wenn ein Banner an ein exotisches Stichwort gekoppelt ist, kann es zwei Monate dauern, bis 100 Views geschaltet sind. In diesem Fall ist die Erscheinungsdauer eben zwei Monate.

Die Erscheinungsdauer auf dem Träger muss im Konzept einer Internet-Werbekampagne geschätzt werden. Von professionellen Betreibern von Werbeträgern darf man erwarten, dass sie eine Größenordnung angeben können, wie lange es dauert, bis 1000 Views geschaltet sind. Hinweise gibt auch die Gesamtstatistik des Werbeträgers. Mindestens die Größenordnung der Erscheinungsdauer muss dem Internet-Werber bekannt sein.

Erscheinungsdauer auf dem Bildschirm

Die Erscheinungsdauer auf dem Bildschirm misst, wie lange ein Empfänger der Werbebotschaft im Durchschnitt ein Banner auf seinem Bildschirm sieht. Diese Zeit ist zwar wichtig, aber prinzipiell nicht erfassbar; es gibt aus technischen Gründen keine Statistik, die die Erscheinungsdauer auf dem Bildschirm erfassen kann.

Für den Internet-Werber ist dieser Wert zwar interessant, aber in der täglichen Arbeit nicht besonders wichtig. Es lohnt sich nicht, Zeit und Ressourcen zu investieren, um diesen Wert zu untersuchen. Wichtig ist primär die Anzahl und nicht die Dauer; die Zielgröße ist schließlich die Klickrate und nicht die Zeit.

Schaltungsdauer

Die Schaltungsdauer misst die Zeit, die ein Banner auf dem Werbeträger geschaltet ist. Die Schaltungsdauer ist im Werbeauftrag vorgegeben. Sie ist nicht zu verwechseln mit der Erscheinungsdauer des Banners. Ein typischer Auftrag lautet beispielsweise: «Schalte an zehn Werktagen jeweils 5000 Views». In diesem Falle beträgt die Schaltungsdauer zehn Tage, an den einzelnen Tagen sind die Views ebenfalls unter Umständen nur für wenige Minuten sichtbar.

Lebensdauer eines Banners

Banner leben lange. Bei technischen Neuerungen im Internet genügt es meist, das Banner in das neue Format umzukopieren. Die Verwendungsdauer ist kürzer als die Lebensdauer eines Banners. Die Verwendungsdauer ist durch das Erinnerungsvermögen beim Zielpublikum beschränkt. Die Banner nützen sich beim Zielpublikum ab, wenn sie zu häufig erscheinen. Als Faustregel kann gelten, dass ein Banner etwa 100 000 Mal auf einer Suchmaschine erscheinen darf, bis es abge-

TIPP

Plattformbetreiber prüfen

Beteiligen Sie sich nicht an Gratis-Bannertausch, dies ist etwas für Private. Bannertausch von Firmen und privaten Internet-Angeboten ist nicht kompatibel. Wenn Ihr Unternehmen Bannerwerbung bei einem Pool kauft, müssen Sie überprüfen, ob alle beteiligten Plattformen professionell geführt sind. Der technische Stand der Plattformen darf ein gewisses Minimum nicht unterschreiten. Für den Betreiber des Pools gilt dasselbe: Er muss die Statistiken liefern können. Sie sollten auch prüfen, ob die Schaltung von Views auf den einzelnen Plattformen nicht günstiger zu stehen kommt, da der Poolverwalter in der Regel eine Provision kassiert. Der größte Vorteil beim Einkauf in einen Bannertausch-Pool ist, dass Sie mit einem Werbeauftrag und nur einem Vertragspartner eine breite Gruppe von Werbeträgern abdecken können. Es kann sein, dass Sie Ihr Banner auf Seiten platzieren, die zwar winzige Abfragezahlen ausweisen, dafür eine extrem gute Bindung zu Ihren Nutzern haben. Umgekehrt kann es sein, dass Sie Ihr Banner in einem enorm interessanten Internet-Angebot platzieren, dessen Betreiber kein eigenes Marketing betreibt und deshalb in der realen Welt vollkommen unbekannt ist.

griffen ist. Nach drei Monaten kennt das Zielpublikum das Banner und es wird Zeit, ein neues zu gestalten.

In der Regel ist es nicht sinnvoll, Banner abzuändern. Der Werbende sollte gleich ein neues Banner gestalten lassen. Die alten Banner sollten aufbewahrt werden, man kann sie nach einer gewissen Pause wieder verwenden. Banner bleiben im Eigentum des Auftraggebers. Mit der Zeit entsteht ohne Zusatzkosten ein Bannermix.

3.6.11 Rotating Banner

«Rotating Banner» sind wechselnde Banner auf einem Träger. Das Feld, in dem das Banner erscheint, ist fest vorgegeben. In diesem Feld erscheinen nacheinander verschiedene Banner in einem bestimmten Zeitintervall. Beispielsweise befinden sich zehn Banner in dem Pool des Trägers und im Rhythmus von dreißig Sekunden erscheinen die Banner nacheinander. Wer die Seite aufruft, gerät in den Zyklus hinein und sieht das Banner auf seinem Bildschirm, das gerade geschaltet ist. Bei diesem Prinzip sehen alle Besucher immer das gleiche Banner zur gleichen Zeit.

Es gibt ein zweites Zufallsprinzip für Rotating Banner: Die Banner werden aus dem Pool mit einem gewichteten Zufall geschaltet. Einige Banner erscheinen dann öfters als andere. Beispielsweise sind 100 Views auf 4 Banner aufgeteilt; von denen erscheint Banner A 50 Mal, Banner B und C 20 Mal und Banner D 10 Mal. Es ist sehr gut möglich, daß sich die Schaltungs- und Zählweisen schnell und radikal ändern können. Das Prinzip der Rotating Banner bleibt jedoch bestehen.

Das zweite Prinzip ist kundenfreundlich, da es eine gute Verteilung des Banners erlaubt. Mit diesem Prinzip können Kunden ihr Banner über sehr lange Zeit auf einem Träger schalten, ohne dass es für die Benutzer aufdringlich wird. Rotating Banner eignen sich gut für Zufallsschaltung. Das Banner erscheint über eine lange Zeit, ohne dass das Banner die Benutzer stört.

Die Zählweise ist bei Rotating Banner komplett anders als bei anderen Schaltungsformen. Die übliche Zählweise weist jede Bannerschaltung und jeden Klick auf das Banner aus. Bei dem Prinzip der Rotating Banner werden die Banner geschaltet, unabhängig davon, wieviel Leute sich gerade auf dem Server befinden. Eine weitere Einschränkung bei der Zählweise ist, daß sich beispielsweise ein Benutzer im Chat befindet und die Banner im Hintergrund zwar geschaltet und gezählt werden, obwohl der Besucher diese Banner nicht sieht. Professionelle Anbieter haben dieses Problem im Griff und können darüber Auskunft geben. Lösen kann man dieses Problem nicht, es liegt in der Natur der Rotating Banner.

3.6.12 Bannertausch

Bannertausch ist die älteste Werbeform im Internet. Es gibt prinzipiell zwei Formen von Bannertausch, einen Bannertausch-Pool mit zentralem Verkauf und ein Gratistausch von Bannern.

Bannertausch-Pool mit zentralem Verkauf

Im Bannertausch-Pool schalten verschiedene Internet-Angebote Banner, die sie von einem zentralen Pool erhalten. Der Anbieter des Pools verkauft die Werbefläche aller Pool-Teilnehmer und verteilt die Banner nach Kundenwunsch oder nach den Geschäftskriterien dieses Pools. Die Trägerplattformen der geschalteten Banner werden nach Anzahl Views ausbezahlt. Bannertausch-Pools haben eher ein schlechtes Image, dies allerdings zu unrecht. Durch die Zentralisierung können Unternehmen ihr Banner auf Plattformen platzieren, die wegen ihrer kleinen Abfragezahlen keine eigene Werbefläche verkaufen können oder wollen. Es gibt auch umgekehrt Pools mit enormen Abfragezahlen, die von Jungunternehmen betrieben werden, die schlicht keine Zeit für Verkauf von Werbung haben. Die Unternehmen geraten via die Pools an Internet-

TIPP

Banner kombinieren

Die Zählweise ist bei Rotating Bannern nicht ausgereift. Die Statistik eines Werbeträgers weist aus, wie oft das Banner erschienen ist. Beim Prinzip der Rotating Banner wird das Banner geschaltet, egal ob jemand auf dem Server ist oder nicht. Die Zahl der ausgewiesenen Views ist also mit einer gewissen Distanz zu interpretieren. Seiten, die Rotating Banner anbieten, sind oft gut besucht und die Benutzer kennen das Angebot bestens und nutzen es intensiv und wiederholt. Solche Werbeträger eignen sich perfekt für eine Kombination von Sponsoring und Bannerwerbung.

Anbieter, die wegen ihrer geringen Größe kein eigenes Marketing unterhalten und deshalb bei den Werbeagenturen und den Unternehmen zu Unrecht unbekannt sind.

Gratistausch von Bannern

Die ursprüngliche Form des Bannertausches war ein Gratistausch von Werbefläche, analog zu einem gegenseitigen Link. Plattform A schaltet so oft das Banner von Plattform B, wie das Banner von A auf der Platt-

Schaltungs-kriterium	Beschreibung	Stärken und Schwächen
Häufigkeit	Anzahl der Bannerschaltung auf einem Werbeträger. «1000 Views» bedeutet, dass ein Banner 1000 Mal bei einem Internet-Nutzer auf dem Bildschirm erschienen ist.	Elementarer Wert jeder Kampagne. Die Zählweise ist noch nicht perfekt ausgereift, ebenso messen die Abfragestatistiken noch nicht einheitlich.
Zufallsschaltung	Ein Banner erscheint auf einem Werbeträger im Internet zufällig verteilt innerhalb einer Zeitspanne, beispielsweise 10 000 mal pro Tag, über 24 Stunden verteilt.	Ideale Methode, um die Bannerwirkung zeitlich zu verteilen. Verhindert, daß der Server überlastet wird.
Streuung	Verteilung eines Banners auf mehrere Träger.	Grundbegriff der Internet-Werbung.
Kriterienschaltung	Schaltung eines Banners nach bestimmten Kriterien.	Der Begriff ist unklar, besser sind die konkreten Bezeichnungen der Kriterien.
Stichwortkoppelung	Koppelung des Banners an ein bestimmtes Stichwort. Wer in der Suchmaschine nach einem Stichwort sucht, sieht jedesmal zusammen mit dem Suchergebnis ein bestimmtes Banner.	Elementar wichtiger Begriff: Die häufigste Form der Koppelung ist die Stichwortkoppelung. Erlaubt äußerst präzise Zielgruppenerreichung.
Kategorienkoppelung	Koppelung des Banners an eine bestimmte Kategorie. Häufig in thematischen Verzeichnissen angewendet.	Sehr nützlich: An Kategorien gekoppelte Banner treffen die Zielgruppe sehr genau.
Zeitliche Koppelung	Verknüpfung der Bannerschaltung mit Wochentag und Tageszeit. Beispiel: Ein Banner erscheint nur am Freitag oder täglich von 21.00 bis 24.00 Uhr.	Sehr wichtig: Die Ergebnisse der Abfragestatistiken fließen in den Mediaplan ein, das Nutzungsprofil ist die Grundlage für die zeitliche Koppelung. Zeitliche Koppelung erhöht die CTR massiv.

Fortsetzung auf folgender Seite

Schaltungskriterium	Beschreibung	Stärken und Schwächen
Technische Koppelung	AdServer erkennen die User anhand verschiedener Kriterien wie Browser-Typ, Sprache oder IP-Nummer. Man kann Banner an solche Kriterien koppeln.	Wichtig und sehr interessant, allerdings noch nicht ausgereift.
Geografische Verteilung	Zwei Bedeutungen: Entweder die geografische Verteilung nach Ländern (z.B. auf eine japanische Suchmaschine) oder die Verteilung in einem Index (z.B. in einem deutschen Index nur unter «Südamerika»).	Gutes Werbeinstrument für geografische Verteilung. Nebst Länderstreuung ist auch präzise regionale Streuung möglich.
Sprachliche Koppelung	Verteilung des Banners nach sprachlichen Kriterien.	Wichtig für internationale Kampagnen oder für Länder mit mehreren Landessprachen.
Kombinierte Banner	Kombination mehrerer Banner. Mehrere Banner zusammen ergeben einen Bannermix.	Wichtig für größere Kampagnen, damit sich ein Banner nicht abnutzt. Die Planung des Bannermix gehört in den Mediaplan.
Dauer der Schaltung	Die Schaltungsdauer gibt an, wie lange das Banner auf dem Träger platziert ist. Die Erscheinungsdauer auf dem Bildschirm des Benutzers lässt sich nicht messen. Eine typische Schaltungsdauer ist z.B. «vier Wochen».	Wichtig, geht in der Praxis dennoch manchmal etwas unter. Gehört in den Mediaplan.
Rotating Banner	Wechselnde Banner auf einem Träger. Meist ein Pool, aus dem die Banner zufällig oder nach bestimmten Kriterien geholt werden und auf dem Träger einzeln erscheinen.	Wichtig für Betreiber von Werbeträgern. Inserenten müssen die besondere Erscheinungsform und die spezielle Zählweise beachten.
Bannertausch	Meist ein Gratistausch von Bannern auf verschiedenen Trägern.	Für professionelle Werbung nicht wichtig, interessant für private Anbieter von Internet-Seiten.

Tab. 3.6: Übersicht über die einzelnen Schaltungskriterien sowie ihre Stärken und Schwächen (© ionos GmbH).

form B erscheint. Dies geschieht häufig ohne zentralen Pool. Der Gratis-Bannertausch ist die älteste Werbeform im Internet. Das Prinzip stammt noch aus der Zeit des großen Enthusiasmus. Bannertausch ist für private Klein- und Kleinstanbieter im Internet interessant und für solche, die zwar Abfragen steigern wollen, aber ihr Angebot nicht gewinnbringend vermarkten wollen.

3.7 Werbewirkung der Bannerwerbung

Die wichtigste Werbewirkung der Bannerwerbung ist die Abfragesteigerung. Andere Komponenten wie Imageförderung oder Förderung des Bekanntheitsgrades sind untergeordnet. Für diese Zwecke stehen Instrumente der Site Promotion und die klassische Werbung zur Verfügung. Bannerwerbung ist Werbung im Internet und daher bezieht sich die Werbewirkung auch nahezu ausschließlich auf Faktoren, die im Internet eine Rolle spielen. Die Bedeutung der Wirkung von Bannerwerbung für reale Zustände ist bescheiden. Es ist möglich, daß Site Promotion außerhalb des Internet zusätzlichen Verkehr auf der Internet-Seite auslöst. Der umgekehrte Vorgang, dass Bannerwerbung zusätzlichen Umsatz im realen Laden auslöst, ist sehr selten. Das Instrument zur Auswertung der Wirkung von Bannerwerbung ist die Abfragestatistik. Die Interpretation der Statistik und die Erfolgsauswertung ist ausführlich in Kapitel 7 beschrieben.

Bannerwerbung hat nur eine Wirkung

Die Wirkung von Bannerwerbung hat zwar nur eine Dimension – Abfragesteigerung. Dies darf jedoch nicht dazu verleiten, Bannerwerbung als eindimensional abzuschreiben. Im Internet gibt es eben nur ein Kriterium, das wirklich wichtig ist – und das sind die Abfragezahlen auf dem eigenen Server. Die Hauptaufgabe jeder Internet-Werbung ist es, diese Abfragezahlen zu erhöhen. Bannerwerbung ist das beste Instrument dazu.

Checkliste: Bannerwerbung

Bannergestaltung und Einsatz von Bannern in Internet-Werbung ist komplexer als es scheinen mag. Wenn ein Unternehmen selbst Banner gestaltet und auf eigene Faust Internet-Werbung betreibt, muss es umfassendes Know-how besitzen.

1. Notwendiges Know-how bei Eigenproduktion von Bannern und eigener Durchführung von Internet-Werbung

- ☐ Funktionsprinzip des Banners
- ☐ Eigenschaften des Banners: Größe, Inhalt, statisches Banner, animiertes Banner, Verwendung von Ton, Anwendung von Metatags, applikatorisches Banner, narratives Banner, integratives Banner
- ☐ Herstellung: Text, Design, Programmierung
- ☐ Werbeträger: Kenntnis der Arten: Suchmaschinen, Suchindizes, Portale, thematische Verzeichnisse, thematische Plattformen, Inhaltsanbieter, Branchenseiten, Dienstleistungsseiten, geografische Plattformen
- ☐ Wahl der Werbeträger: Zielgruppe, Abfragezahlen, technischer Stand, Service, Preise
- ☐ Platzierungskriterien
- ☐ Schaltungskriterien: Häufigkeit, Zufallsschaltung, Streuung, Kriterienschaltung, Stichwortkoppelung, Kategorienkoppelung, zeitliche Koppelung, technische Koppelung, geografische Verteilung, sprachliche Koppelung, Bannermix, Schaltungsdauer, Nebenformen wie Rotating Banner und Bannertausch

2. Partnerwahl bei Auftragsvergabe: Erhält eine Werbeagentur den Auftrag, Banner zu gestalten und Bannerwerbung durchzuführen, muß überprüft werden, ob sie den Anforderungen gewachsen ist. Wenn Sie die Agentur prüfen, sollten Sie selbst folgende Kenntnisse haben:

- ☐ Kenntnis der Punkte unter 1
- ☐ Verständnis für Anforderungen der Bannerherstellung
- ☐ Kenntnis der Funktionsweise klassischer Werbung
- ☐ Fähigkeit, eingeholte Internet-Referenzen zu beurteilen
- ☐ Verständnis der Werbewirkung von Bannern
- ☐ Kenntnis der Auswertung (siehe Kapitel 7)

3. Die Überprüfung der Agentur selbst umfasst mindestens die folgenden Punkte:

- ☐ Bisheriges Internet-Angebotes der Agentur
- ☐ Von der Agentur hergestellte Banner und Thumbnails
- ☐ Mindestens 3 Bannerkampagnen als Referenz
- ☐ Auswertungsmöglichkeiten von Kampagnen
- ☐ Fundierte Kenntnisse des Internet als Medium
- ☐ Fundierte Kenntnisse der Internet-Werbung
- ☐ Vorbereitung von Kontrollfragen wie: «Wie hoch sind AdClick und CTR der Referenzbanner?»

4

Site Promotion

Site Promotion ist alles was hilft, ein Internet-Angebot bekannt zu machen. Dazu muss ein Unternehmen seine bisherige Kommunikation ergänzen und anpassen. Die Informationsträger erhalten Zusatzfunktionen. Kataloge und Prospekte kommunizieren auch das Angebot im Internet. Die Basisaufgaben der Site Promotion wie Eintrag in Suchmaschinen und Pressearbeit müssen vor dem Start der eigentlichen Internet-Werbung erledigt sein. Ebenso muss das Unternehmen abklären, ob für seine Zielsetzung Nebenformen von Site Promotion wie Durchführung von Events, Sponsoring oder Betrieb von eigenen Plattformen in Frage kommen. Die Wirkung von Site Promotion ist einerseits Imageförderung beim Publikum und andererseits Abfragesteigerung auf dem eigenen Internet-Angebot.

4.1 Was ist Site Promotion?

Es existiert noch keine verbindliche, allgemein akzeptierte Definition, was Site Promotion ist, wo die Unterschiede zu anderen Werbeformen liegen und wo die Grenzen zu anderen Formen von Unternehmenskommunikation verlaufen. Hier wird von der folgenden einfachen Definition ausgegangen: «Site Promotion ist alles was hilft, ein Internet-Angebot bekannt zu machen».

Site Promotion hat nur zwei Aufgaben. Die erste Aufgabe der Site Promotion ist es, das Zielpublikum darauf aufmerksam zu machen, dass das Unternehmen ein bestimmtes Angebot im Internet betreibt. Die zweite Aufgabe der Site Promotion besteht darin, dem Zielpublikum die Information zu vermitteln, wo sich dieses Angebot befindet. Die beiden Aufgaben sind somit verglichen mit der Aufgabenpalette anderer klassischer Werbeformen schlicht trivial. Die Einfachheit der Aufgabe – «Sag den Leuten, dass wir im Internet sind und nenne ihnen unsere Adresse» – verleitet dazu anzunehmen, die Umsetzung sei ebenfalls trivial.

Site Promotion findet entweder im Internet oder außerhalb des Internet statt. Vernünftig scheint die Unterteilung der Mittel, Träger und Instrumente der Site Promotion bezüglich der medialen Schnittstelle: Das Hauptinstrument der Site Promotion im Internet ist Bannerwerbung, außerhalb des Internet gibt es eine breite Palette von Instrumenten, die zur Verfügung stehen. Das Unterscheidungskriterium ist das Medium selbst. Oder einfacher gesagt: Es gibt Site Promotion im Internet und Site Promotion außerhalb des Internet.

Die zwei Aufgaben der Site Promotion

Site Promotion hat zwei Aufgaben zu erfüllen: Sie müssen den Kunden mitteilen, dass Sie nun auch im Internet sind und Sie können bei dieser Gelegenheit gleich Ihre Internet-Adresse angeben. Die Aufgaben sind banal – die Umsetzung nicht unbedingt. Vergleichen Sie es mit Fußball: Die Aufgabe lautet, den Ball mit den Füßen in den Kasten der anderen Mannschaft zu schieben. Etwas Trivialeres gibt es kaum. In der Umsetzung gilt es, das Spiel und die Meisterschaft zu gewinnen – was alles andere als einfach ist. Das selbe gilt für die Site Promotion.

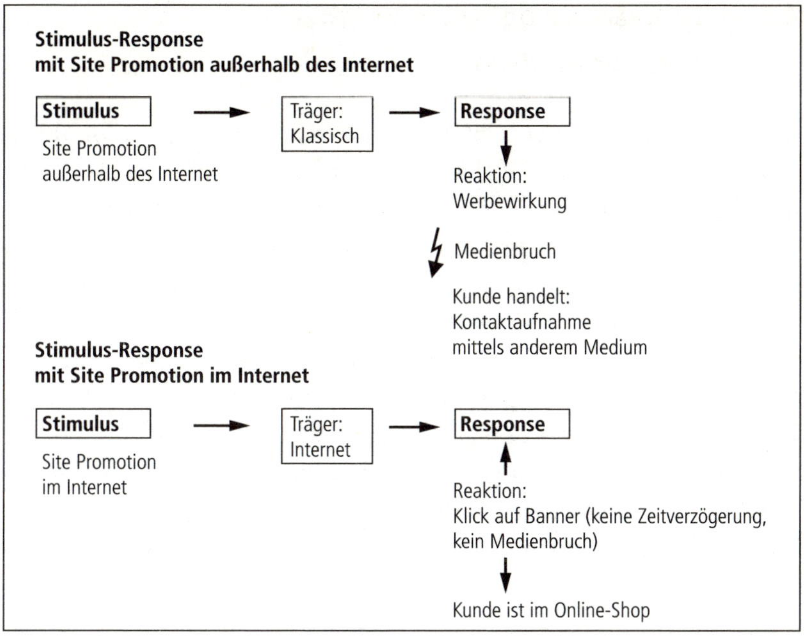

Abb. 4.1: Stimulus-Response-Modell der Site Promotion (© ionos GmbH).

Die Mechanismen des Stimulus-Response (Reiz-Reaktion) der Site Promotion *außerhalb* des Internet sind die gleichen wie in klassischen Medien. Der Stimulus geht vom Werbeträger aus, etwa vom Werbemittel (Inserat) in einem Träger (Zeitung). Der Response stammt von der Werbewirkung. Es gibt einen Medienbruch, der Kunde handelt und nimmt mit einem anderen Medium Kontakt mit dem Unternehmen auf, beispielsweise schickt er den Bestellschein des Inserates per Post zurück. Stimulus-Response bei Site Promotion *im* Internet ist sehr direkt: Der Stimulus geht vom Werbemittel (Banner) auf dem Werbeträger (Suchmaschine o.ä.) aus. Der werbeberührte Kunde klickt auf das Banner und ist ohne Medienbruch und ohne Zeitverzögerung im beworbenen Internet-Angebot.

Im Folgenden werden die Aufgaben des Unternehmens beschrieben, das verpflichtet ist, mit Werbung dafür zu sorgen, dass das Internet-Angebot bekannt wird und seine Kunden findet. Das Unternehmen muss dazu die bisherige Kommunikation anpassen; dies betrifft in erster Linie konventionelle Informationsträger. Das Unternehmen betreibt zudem klassische Werbung, um auf das Internet-Angebot aufmerksam zu machen.

4.2 Anpassung der Unternehmenskommunikation

Der Eintritt ins Internet zwingt das Unternehmen, seine Kommunikation zu adaptieren. Das neue Medium fließt in die bisherige Unternehmenskommunikation ein, ist seinerseits ein Träger der Werbebotschaft und die anderen Träger müssen zusätzliche Kommunikationsaufgaben wahrnehmen, um den Kunden die Botschaft über die neue Dienstleistung mitzuteilen.

Die erste, einfachste und billigste Aufgabe lautet, die bisherigen Informationsträger anzupassen. Dazu gehören Briefpapier, Visitenkärtchen, Rechnungen und alles Weitere dieser Art. Zudem sollte das Unternehmen mittelfristig Änderungen und Ergänzungen an den Katalogen und Prospekten vornehmen. Die Papierträger der Produktinformation übernehmen einen Teil der Aufgaben der Site Promotion.

4.2.1 Träger anpassen

Papierträger anpassen

Die naheliegendste Form der Site Promotion ist es, Briefpapier und Visitenkärtchen mit der Internet- und der E-Mail-Adresse zu ergänzen. Es ist vertretbar, die alten Kärtchen auslaufen zu lassen und sukzessive durch neue zu ersetzen. Alle anderen Informationsträger von Adressen oder Ähnlichem erfahren natürlich dieselbe Ergänzung. Das Fehlen der Internet-Adresse auf dem Briefpapier signalisiert auch eine Botschaft: Sie heißt klar und unmissverständlich «Nein, wir haben es noch nicht geschafft».

Diese Maßnahme ist sehr ergiebig und gewissermaßen gratis. Auslaufendes Briefpapier müssen die Unternehmen ohnehin ersetzen; zusätzlich zur Telefonnummer noch die Internet-Adresse im Briefkopf einzufügen kostet in der Regel nur wenig mehr – wenn überhaupt. Die Maßnahme ist nicht nur die billigste, sie ist auch eine der besten. Sie demonstriert eindeutig, dass das Internet für dieses Unternehmen bereits eine Selbstverständlichkeit ist.

Mental mobil?

TIPP

Zeige mir deine Visitenkarte, und ich sage dir, wie dynamisch die Werbeagentur ist, die deine Aufträge kriegt. Wenn Sie Ihre Kärtchen und das Briefpapier in einer zukunftsorientierten Werbeagentur herstellen lassen, kommt diese von sich aus auf Sie zu und schlägt Ihnen vor, das Briefpapier mit der Internet-Adresse zu ergänzen. Sie müssen darauf achten, dass die Werbeagentur die neue Kommunikationsform im Internet beherrscht. Schließlich erschöpft sich deren Aufgabe nicht darin, die Mailadresse anzufügen; sie muss Ihnen im Laufe der Zeit Ihre gesamte Unternehmenskommunikation anpassen.

Alle Träger nutzen

Neben Briefpapier und Visitenkarten gibt es meist eine Reihe weiterer Papierträger, die für die Site Promotion zur Anwendung kommen. Dazu gehören beispielsweise Rechnungen, Weihnachtskarten, monatliche Kundenmailings oder Ähnliches. Die Internet-Adresse soll bei diesen Trägern nicht penetrant herausstechen, wichtig ist jedoch, dass sie erwähnt ist. In Größe und Form ist sie nicht wesentlich anders dargestellt als die Telefonnummer oder die Postleitzahl.

Der Köder muss dem Fisch gefallen, nicht dem Fischer

TIPP

Wenn Sie Ihr neues Briefpapier gestalten lassen, sollten Sie überprüfen, ob nicht ein komplett neues Corporate Design angesagt wäre. Ist Ihr Logo wirklich zeitgemäß oder stammt es aus den umweltbewegten Achtzigern? Oder erinnert es gar an die technikgläubigen Sechzigerjahre? Lassen Sie sich von Ihrer Agentur ein Angebot für ein Brush-up Ihres Firmenlooks machen, wie es neudeutsch heißt. Sie können die Gelegenheit auch gleich nutzen, um eine interne Diskussion über die Integration des Internet in die gesamte Unternehmenskommunikation auszulösen. Der Anlass ist günstig, eine eventuelle Anti-Internet-Koalition hat es zu diesem Zeitpunkt schwer, die Diskussion zu verhindern. Wenn Ihr Unternehmen es nicht fertig bringt, die Internet-Adresse auf das neue Briefpapier zu nehmen, dann ist dies ein Zeichen dafür, dass die Strukturen verkrustet sind und einige grundsätzliche Fragen gestellt werden müssen.

Man kann getrost die alten Bestände an Mailing-Papier oder Ähnlichem auslaufen lassen. Unter Umständen genügt es in einem Postskriptum anzufügen «Wir sind nun auch im Internet – besuchen Sie uns unter der Adresse...». Umgekehrt ist es eine unverzeihliche Sünde, neues Briefpapier oder gar ein neues Corporate Design ohne Internet-Adresse anfertigen zu lassen.

Neben Papier gibt es in jedem Unternehmen weitere Träger der Werbebotschaft. Dazu gehören der Firmen-Lieferwagen, Verpackungsmaterial, die Eingangstüren der Filialen, Merchandising-Artikel und alles weitere Mögliche und Unmögliche. Diese Werbeträger sind recht wirkungsvoll und meist sehr kostengünstig nutzbar. Es empfiehlt sich, dort wo es sinnvoll ist, die Fläche zu nutzen und die Internet-Adresse zu kommunizieren.

4.2.2 Zusatzfunktionen für Kataloge und Prospekte

Informationsträger wie Prospekte, Kataloge und vergleichbare Produktdarstellungen auf Papier übernehmen mit dem Eintritt des Unternehmens ins Internet zusätzliche Aufgaben. Es handelt sich wieder um die beiden Grundaufgaben der Site Promotion: das Internet-Angebot bekannt machen und dem Publikum die Information vermitteln, wo sich dieses Angebot befindet.

Die Aufgabe ist je nach Branche, Unternehmensgröße und Angebot unterschiedlich. Das Problem ist nicht die Darstellung, sondern die Verarbeitung der Botschaft in Bezug auf den Produktmix des Unternehmens. Die Aufgabe lautet: Kommuniziere den Produktmix der Firma in einem Printprospekt, der gleichzeitig auf verschiedene Absatzkanäle – die klassischen und den Online-Absatz – hinweist. Die Werbewirkung muss darauf zielen, die Nachfrage in die verschiedenen Absatzmöglichkeiten zu kanalisieren. Dies gilt für die tägliche Arbeit im operativen Geschäft. Die übergeordnete Ebene ist der Kommunikationsmix des Unternehmens, respektive die integrierte Kommunikation. Diese strategische Aufgabe ist in Kapitel 6 beschrieben.

Die Kommunikation löst den grundsätzlichen Stimulus-Response der Site Promotion aus: Der Kommunikator sendet den Stimulus (Information vom Sender hin zum Empfänger) und löst beim Rezipienten einen Response aus (Reaktion beim Empfänger der Botschaft). Die Reaktion wirkt so, dass der Empfänger via Internet Kontakt zur Firma aufnimmt und möglichst eine Bestellung auslöst. Diese Aufgaben sind viel komplexer als man auf den ersten Blick annimmt. Die folgenden Abschnitte sind als Ideenanstoß gedacht, wie das Unternehmen vorgehen kann.

Prospekte anpassen und ergänzen

Die Prospekte erfahren eine Anpassung der Information. Der Prospekt ist Informationsträger für die Internet-Adresse und für Art und Inhalt des Internet-Angebotes des Unternehmens. Die Anpassung betrifft den eigentlichen Inhalt des Prospektes nur, wenn das Unternehmen seine Produkte online anbietet. Ist das Unternehmen lediglich mit einem Firmenauftritt im Internet präsent, genügt die Erwähnung der Adresse in geeigneter Form.

Anpassungen des Prospektes gehen am besten mit seiner Neuauflage einher. Das Unternehmen kann die alten Kataloge ruhig auslaufen lassen, es ist nicht notwendig, sie einzustampfen.

Prospekte und Kataloge unter die Lupe nehmen

Anpassung oder Neukonzipierung von Prospekten und Katalogen ist bei Firmen im Endverkauf elementar. Für den Business-to-Business-Bereich ist eine Neukonzipierung der Prospekte und Kataloge empfehlenswert. Die Produktinformation erreicht die Abnehmer von Rohstoffen, Faktoren, Bauteilen oder Halbfabrikaten auch sehr häufig mit Produktprospekten oder Ähnlichem. Für diese Informationsträger gilt dasselbe; sie werden mit Informationen ergänzt, die die Site Promotion unterstützt.

Kataloge neu gestalten

Die Kataloge des Unternehmens, in denen die Produkte und Dienstleistungen präsentiert sind, erfahren nach dem Eintritt ins Internet einige Änderungen. Die Neukonzeptionierung des Prospektes basiert auf dem neuen Produktmix des Unternehmens und berücksichtigt Änderungen im Kundendienst und in der Auslieferung. Die Grenze zwischen Imageprospekten und Produktkatalogen kann sich ebenfalls ändern. Häufig wächst die Imagebedeutung eines Prospektes und die eigentliche Katalogfunktion rückt etwas in den Hintergrund. Die Funktion der

TIPP

Der neue Katalog ist beste Site Promotion

Eine Neuauflage Ihres Kataloges ist eine hervorragende Chance für eine effiziente Site Promotion: Nutzen Sie den neuen Prospekt, um Ihr Internet-Angebot bekannt zu machen und Ihre Kunden auf das Online-Angebot hinzuweisen. Lancieren Sie beispielsweise eine Sonderaktion, bei der ein spezielles Produkt nur im Online-Shop bestellt werden kann. Bei der Erstbestellung erhält jeder Kunde zusätzlich ein Werbegeschenk. Diese Form von Site Promotion ist unaufdringlich und wirksam. Sie beschert Ihnen auf Anhieb einen ersten Kundenstamm im Online-Shop.

Site Promotion ist für den Katalog komplett neu: Die Werbewirkung hat das gleiche Ziel wie in einem Katalog, der die Kunden animieren soll, per Telefon zu bestellen; die Empfänger des Kataloges sollen analog via Katalog die Online-Bestellmöglichkeiten nutzen.

Der Katalog wird an den Online-Shop angepasst: Das Sortiment kann stark vereinfacht dargestellt werden und die Werbewirkung kann stärker auf den Konsumwunsch der Kunden abzielen. Detailinformationen wie Farben, Größen oder Ähnliches finden die Kunden online im Internet. Dadurch hält der Katalog länger, da er in Verbindung mit dem Internet immer topaktuell ist.

Printprospekt für Online-Shop

Je nach Größe und Wichtigkeit des Online-Angebotes in einem Unternehmen ist es angebracht, für die Site Promotion des Shops einen eigenen Prospekt drucken zu lassen. Der Inhalt des Printprospektes für den Online-Shop gibt die Produktpalette stark verkürzt wieder. Als Ergänzung zu den Produktinformationen sind Erklärungen, Anleitungen für den Shop-Gebrauch, Erläuterungen der verschiedenen Suchfunktionen oder Hinweise über Zahlungsmöglichkeiten möglich.

Site Promotion mit einem Printprospekt für den Online-Shop ist heute ein noch wenig verwendetes Werbemittel. Es deutet Einiges darauf hin, dass diese Form von Site Promotion sehr wirkungsvoll sein könnte.

4.2.3 Trägerarten für Site Promotion außerhalb des Internet

Als Träger der Werbebotschaft außerhalb des Internet kommt prinzipiell jede mögliche Werbeform in Frage. Die Art und Weise, wie die Botschaft übermittelt wird und welche Inhalte auf welchem Träger zum Kunden gelangen, muss auf einem Fundament basieren. Die Herleitung einer solchen Basis ist in Kapitel 6 besprochen. Die Tabelle 4.1 soll einen Ideenanstoß vermitteln, wie viele Träger es gibt, wie zahlreich die potenziellen Träger sind und welche Vielfalt sie aufweisen. Die Auflistung ist natürlich weder zwingend noch vollständig. Sie soll zeigen, dass die Kanäle zu Kunden beinahe unermesslich vielfältig sind – und dass oft viele davon brach liegen.

Unternehmen, die ihre bestehenden Träger sinnvoll verwenden, erlangen rasch einen hohen Bekanntheitsgrad ihres Angebotes im Internet und ziehen die Kunden auf ihre Site. Online-Stammkunden via Site Promotion zu gewinnen und an das Internet-Angebot zu binden ist ein erster, unschätzbar wertvoller Schritt zur Kundenbindung.

TIPP

Neue Produktionsweise für Kataloge denkbar

Überlegen Sie sich, die Produktionsweise Ihrer Kataloge zu überprüfen. Der Informationsfluss kann sich unter Umständen stark ändern: Es ist möglich, Kataloge direkt aus dem Datenstamm des Online-Shops zu erstellen. Von den Produktlinien und den Kategorien fließen die Daten mitsamt Bildmaterial, Textbausteinen und Preisangaben in die Druckerei, die daraus den Katalog herstellt. Der Umfang des Kataloges kann massiv reduziert werden, was Kosten senkt. Die Kadenz des Kataloges kann sich ebenfalls ändern, vielleicht braucht es nur noch zwei anstatt vier Neuauflagen im Jahr. Die aktuellen Preislisten können die Kunden gleich im Internet sehen, ebenfalls detaillierte Produktinformationen wie Farben, Größen oder die Sortimentstiefe. Der Versand der Kataloge kann auch reduziert werden, da stets alle Informationen online zur Verfügung stehen. Es ist möglich, dass Sie die Kosten Ihres Online-Shops innerhalb eines Jahres amortisiert haben, alleine durch die Senkung der Katalogherstellungskosten.

Klassische Träger	Bauten	Menschen	Dinge
Anzeigen	Fassade	Angestellte	Produkte
Personalanzeigen	Filiale	Partner	Firmenwagen
Plakate	Eingangstüren	Referenten	Luftballons
Radiospots	Lift, innen	Außendienst	Stempel
Fernsehspots	Messestand	Rezeption	Formulare
Kleber	Bürowände	Vertreter	Gadgets
Briefpapier	Parkplatz		Kalender
Visitenkärtchen	Wegweiser		Baseballmützen
Broschüren	Firmenschilder		Kaffeetassen
Geschäftsbericht			Kundengeschenke wie Feuerzeuge
Jubiläumsschrift			Flaschenöffner in der Kantine
Flyer			
Verpackung			
Katalog			
Rechnungen			
Quittungen			
Schreibblöcke			
Faxformular			
Pressemappen			
Freistempel für Briefe			

Tab. 4.1: Werbeträger für Site Promotion außerhalb des Internet.

Referenzen der Agentur überprüfen

TIPP

Achten Sie bei der Vergabe Ihrer Aufträge an die Werbeagentur darauf, seit wann die Agentur selbst im Internet präsent ist und welche Referenzen sie von Site Promotion in Form klassischer Werbung vorweisen kann. Wenn die Agentur selbst nicht professionell im Internet präsent ist und wenn die Angestellten keinen Internet-Anschluss haben, sollten Sie unbedingt Gegenangebote einholen. Sie sollten auch darauf achten, ob Ihre Agentur eine Billig-Adresse hat: Lautet das Mail Ihrer Agentur «werbeprofi@billigprovider.com» müssen Sie davon ausgehen, dass die Agentur so gut wie keine eigene Erfahrungen mit dem Internet hat. Sie können Ihre Agentur elegant testen, indem Sie fragen, wieviel Abfragen die Agentur auf ihrer eigenen Site hat. Wenn der Werbemensch diese Zahl nicht kennt, ist dies ein deutlicher Beweis, dass er nicht weiß, worum es in der Internet-Werbung geht.

4.3 Klassische Werbung für die Website

Die naheliegendste Form von Site Promotion ist die klassische Werbung, die darauf hinzielt, dem Publikum das Online-Angebot bekannt zu machen. Noch 1997 war in Europa nur ganz vereinzelt Site Promotion in Form gezielter klassischer Werbung zu sehen. Professionell geführte Kampagnen, die auf einem Mediaplan aufbauten, waren praktisch nicht existent. Der offensichtliche Nutzen dieser Werbeform sorgt dafür, dass die Site Promotion seit Anfang 1998 rasant wächst.

In Kapitel 2 wurde die Bedeutung des Internet für die klassischen Werbeformen und Werbemittel bereits beschrieben. Weder die Werbepraxis noch die betriebswirtschaftliche Literatur haben das Thema bis heute umfassend bearbeitet. Dieser Abschnitt kann nur das Thema umreißen und Anstöße geben, in welche Richtung sich die Werbetätigkeit bewegen könnte, um mit klassischer Werbung effiziente Site Promotion zu bewerkstelligen.

Die Kernaufgabe ist für jedes Werbemittel und jeden Werbeträger in der klassischen Werbung dieselbe. Für die einzelnen Werbemittel und Werbeträger ergeben sich bezüglich der neuen Aufgabe keine Unterschiede.

4.3.1 Ausweitung der Werbebotschaft

Das Unternehmen kommuniziert auf allen ihren bisherigen Kanälen ergänzend zur bisherigen Werbebotschaft die Information, wo sich welches Internet-Angebot der Firma befindet. Die Realisierung basiert auf dem ergänzten Werbekonzept. Zentral ist, dass die Site Promotion auf klassischen Werbeträgern nicht isoliert erscheinen darf, sondern nahtlos in die bisherige Werbung des Unternehmens eingebettet sein muss.

4.3.2 Klassische Werbung für das Online-Angebot

Als Träger der Botschaft kommen natürlich sämtliche bekannten Werbeinstrumente in Frage: Möglich sind einfache Flyer, Plakate, Annoncen, Kleininserate, Spots, CD-ROM und weitere. Das Thema ist äußerst vielseitig und berührt die gesamte Werbebranche fundamental. An dieser Stelle kann deswegen nicht im Detail darauf eingegangen werden.

4.4 Angewandte Site Promotion

Neben der Verwendung klassischer Werbemedien existieren einige zusätzliche Möglichkeiten für Site Promotion, die kostengünstig sind und gute Resultate erzielen. Der Eintrag in Suchmaschinen und Verzeich-

TIPP

Domain reserviert?

Haben Sie die Domain für Ihr Unternehmen bereits reserviert? Wenn nein, legen Sie dieses Buch beiseite und rufen Sie Ihren Informatiker an, er soll Ihnen sofort den Firmennamen reservieren. Sparen Sie sich die Mühe, das Online-Formular selbst auszufüllen. Sie müssen den Domainnamen in jedem Land eingetragen haben, in dem Ihre Firma tätig ist. Wenn möglich, reservieren Sie sich auch die entsprechende com-Domain («Firmenname.com»). «com» steht für «Commercial» – diese Domains existieren weltweit jeweils nur einmal. Hingegen kann es denselben Namen in der Schweiz und in Deutschland nebeneinander geben, etwa «Firmenname.ch» und «Firmenname.de». Es kann ein teurer Spaß sein, die Domain jemandem abkaufen zu müssen, und es ist peinlich, sich mit einem offensichtlichen Verlegenheitsnamen präsentieren zu müssen.

nisse gehört ebenso dazu, wie dafür zu sorgen, dass möglichst viele Links auf die eigene Seite verweisen. Nicht zu vernachlässigen sind zudem Pressearbeit und geschickter Einsatz von E-Mails.

4.4.1 Domainname

Der Anfang aller Site Promotion ist der gut gewählte Domainname. Für jede im Handelsregister eingetragene Firma muss die entsprechende Domain registriert werden; bei Holdings also der Holdingname und die Namen aller Tochterfirmen oder Gruppenmitglieder. Auch für jedes eingetragene Warenzeichen empfiehlt es sich dringend, die Domain registrieren zu lassen. Es ist im Internet praktisch nicht möglich, sich einen Markennamen auf juristischem Weg zurückzuholen. Die Gesetzgebung hinkt der Entwicklung in diesem neuen Medium enorm hinterher. Mit der Domainreservierung erspart man sich unter Umständen viel Ärger. Professionell ist es, die Domain sofort aktiv zu setzen; das heißt, eine Eintrittsseite erscheint mit einem Standardtext wie «Hier entsteht unser Angebot» oder so ähnlich. Die meisten Informatikfirmen bieten diese Leistung zu symbolisch tiefen Preisen an. Die Domainnamen verraten viel über Einstellung und Charakter eines Unternehmens. Wer sich in den Hochglanzprospekten dynamisch und zukunftsorientiert gibt und die eigene Domain nicht aktiviert hat, ist vielleicht doch nicht so flexibel, wie er sich präsentiert.

4.4.2 Eintrag in Suchmaschinen und Verzeichnisse

Das Naheliegendste ist es, die eigene Website in möglichst viele Suchmaschinen und Verzeichnisse einzutragen. Für den automatischen Eintrag in weltweite Suchmaschinen und nationale Suchmaschinen im Ausland stehen verschiedene Dienste zur Verfügung; einige davon sind kostenlos. Auch diesen Service sollte der Internet-Anbieter liefern können. Kostenpflichtige Eintragsmöglichkeiten müssen genau geprüft werden, viele davon sind ihr Geld nicht wert.

An den Eintrag in die Suchmaschinen sind meist Stichworte geknüpft. Die Suchmaschinen werten die Suchergebnisse auch nach diesen Stichworten aus. Die Website des Unternehmens erscheint dann weiter oben in der Liste, wenn ein Benutzer nach diesem Stichwort sucht. Die Adresse des FC Bayern München erscheint bei einer guten

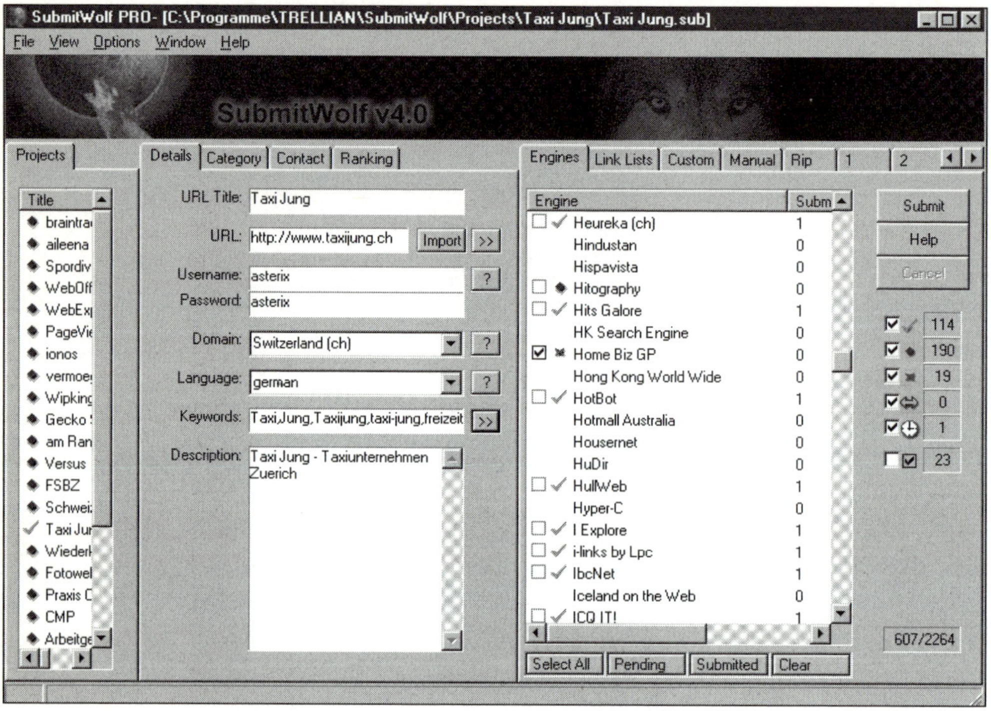

Abb. 4.2: SubmitWolf: Ein Beispiel für einen automatischen Suchmaschinen-Eintrag. Die Software schickt ein standardisiertes Anmeldeformular weltweit an über 2000 Suchmaschinen und Verzeichnisse. Die Qualität der Suchmaschinen ist natürlich unterschiedlich. Ein Eintrag macht dennoch Sinn, da die Kunden das eigene Internet-Angebot prinzipiell einfacher finden können. Die schiere Masse an Verzeichnissen zeigt aber deutlich, dass die Einträge nicht überbewertet werden sollten.

Suchmaschine beim Sucheintrag «Fußball und Bayern» weiter oben als ein Zeitungsartikel über Tourismus in Bayern, in dem zufällig das Wort Fußball enthalten ist.

Suchmaschinen grasen das Internet selbst nach Angeboten ab, speichern sie und werten die Sites nach verschiedenen Kriterien. Die Roboter-Suche achtet sich auf eingebaute Stichworte in der Programmierung der Seite.

Es gibt eine Reihe von schlauen Tricks, auf die man beim Eintragen in die Suchmaschinen besser verzichtet. Die Betreiber von Verzeichnissen sind an guten Suchergebnissen interessiert und haben Abwehrmechanismen gegen unlautere Methoden entwickelt. Wer seine Seite hundertmal anmeldet, kommt bei den meisten Suchmaschinen auf eine schwarze

Liste und wird ingnoriert. Ebenso ist es sinnlos, Stichworte mehrmals zu verwenden oder Stichworte zu nehmen, die mit dem Inhalt nichts zu tun haben. Einige der Tricks sind geradezu lächerlich: Wer die Eintrittsseite mit hunderten von unsichtbaren Stichworten hinterlegt, um im Suchergebnis eine bessere Positionierung zu erhalten, oder wer ein halbes Lexikon in die Metatags quetscht, disqualifiziert sich selbst.

Die Wirkung vom Eintrag in Suchmaschinen wird überschätzt. Es bringt oft nicht viel mehr Abfragen auf dem Server als ein Eintrag in ein zweites Telefonbuch zusätzliche Anrufe bringt. Der Eintrag ist von Bedeutung, damit die Kunden das Unternehmen überhaupt finden. Einträge in die wichtigsten lokalen Verzeichnisse, Branchenindizes oder thematischen Plattformen können von Hand geschehen.

Die Suchmaschinen und Verzeichnisse wachsen dramatisch an. Sie zeigen deutlich, in welch irrsinnigem Tempo sich das Internet entwickelt. Viele Suchmaschinen sind überfordert, sie liefern bei einem Suchvorgang oft tausende von Resultaten und die Betreiber haben die Mittel oder das Know-how nicht, ihre Datenbanken weiterzuentwickeln. Die Verzeichnisse wuchern oft noch ärger und viele davon sind eingeschlafen, weil die Betreiber dem Ansturm nicht gerecht wurden.

4.4.3 Links auf die eigene Website generieren

Die beste Site Promotion sind Links im Internet, die auf die eigene Site verweisen. Normalerweise bezahlt man für solche Links nichts. Das Unternehmen kann auf der eigenen Site Gegenlinks aufführen, beispielsweise unter dem Titel «our friends» oder «Andere interessante Angebote». Dies ist allerdings bereits etwas antiquiert und erinnert an die Anfänge des Internet, als der Enthusiasmus noch groß war.

Das Unternehmen sollte nicht zu viel Zeit und Geld dafür einsetzen, andere Links zu generieren. Meist erhält man für einen einfachen Firmenauftritt keine Links mehr. Wichtiger als die Erwähnung der eigenen Site irgendwo im Netz ist der korrekte Eintrag in allen relevanten thematischen und geografischen Verzeichnissen.

Einige Internet-Anbieter bieten bezahlte Links auf der eigenen Seite an. In der Regel bringen solche bezahlten Links gute Abfragezahlen. Dennoch sollte man sparsam damit umgehen. Oft ist es besser, einen Logo-Button zu platzieren.

4.4.4 Unter-Adressen

Es gibt im Internet Hauptadressen und Unter-Adressen. Die Hauptadresse hat die Form «http://www.firma.com». Eine Unter-Adresse lautet beispielsweise «http://www.firma.com/produkte.htm». In dieser einfachsten Form steht der Teil «/produkte.htm» für eine statische Seite, auf der Informationen über die Produkte dieser Firma zu finden sind. Wer diese Adresse eintippt oder auf einen entsprechenden Link klickt, springt direkt auf die Unter-Seite.

Die Unter-Adressen sind wichtig, weil die Suchmaschinen Adressen in dieser Form speichern. Auch Links irgendwo im Internet verweisen oft auf eine Unter-Adresse. Das Problem besteht darin, dass Unter-Adressen nicht mehr aufrufbar sind, sobald sie sich ändern. Dies ist meist dann der Fall, wenn das Angebot dynamisiert wird, also von statischen Lösungen zu Datenbanklösungen umprogrammiert wird. Potenzielle Kunden, die einen alten Link auf einer Suchmaschine gefunden haben, klicken ins Leere. Dadurch gehen wertvolle Abfragen verloren.

Aber es ist auch nicht realistisch, die Betreiber zu bitten, Änderungen von Unter-Adressen sofort zu melden. Hier sind die Informatiker aufgefordert, eine Lösung zu finden. Beispielsweise können alle «toten» Links auf die Hauptadresse verweisen, oder auf einer separaten Index-Seite steht eine kurze Erklärung. Der Aufwand lohnt sich, da die Abfragezahlen, die von Unter-Adressen stammen, respektablen Anteil an den Visits haben können.

4.4.5 Sprungadressen

Gut bewährt hat sich auch die folgende Methode: Man reserviert und aktiviert sinnige sach- oder themenverwandte Namen als Domain und leitet die Abfragen mittels einer Sprungseite auf die Hauptadresse um. Wer beispielsweise Gartengeräte verkauft, kann sich Begriffe wie «www.heckenschere.at» oder «www.rasenmaeher.net» reservieren. Diese Adressen kann man in den Suchmaschinen eintragen. Wer dort das Angebot anwählt, sieht einige Sekunden eine Sprungseite mit einem Text wie «Willkommmen bei Deutschlands führendem Gartengerätehersteller. Sie werden gleich auf die Hauptseite umgeleitet». Danach befindet sich der User im Shop. Die User merken sich rasch den Namen der Hauptadresse. Wenn sie ihn später vergessen haben, finden sie ihn durch das

Synonym. Die Synonyme bringen auch viele Zufalls-User auf das eigene Internet-Angebot.

Die meisten gängigen Ausdrücke sind mittlerweile besetzt. Es sind jedoch oft verwandte Begriffe frei. Es lohnt sich, diese Begriffe zu suchen. Am besten reserviert man systematisch Begriffe im ganzen deutschsprachigen Europa und zusätzlich die «.com» oder «.net»-Adressen. Auch den Run auf die angekündigten neuen Toplevel-Domains darf man natürlich nicht verpassen. Die Kosten für Namensreservierung, Aktivierung und Hosting der Sprungseite kann etwas kosten, allerdings ist diese Investition extrem langfristig. Die Namen werden ohnehin reserviert, wenn nicht von Ihnen, dann von der Konkurrenz.

4.4.6 Cookies

Cookies – wörtlich Kekse – sind Dateien, die über das Internet direkt auf den PC des Benutzers geladen werden. Cookies haben eine technische Bedeutung bei Sicherheitssystemen, Anwendungen, Zugriffsberechtigungen und Ähnlichem. Zudem können Cookies das Verhalten des Nutzers speichern und damit ein Kundenprofil oder Ähnliches erstellen.

Der Einsatz von Cookies ist heikel. Es handelt sich um juristisches Niemandsland, das leicht zu einem Minenfeld werden könnte. Die Datenschutzbestimmungen sind unklar. Im Alltag sind Cookies sehr weit verbreitet. Sie sind legitim, wo es sich um technische Anwendungen handelt wie Zugriffsberechtigungen oder Ähnliches. Heikel wird es bei der Datenerfassung, dort lösen Cookies bei den Nutzern keine Begeisterung aus.

Cookies können manchmal harsche Reaktionen zur Folge haben. User, die nicht wissen was ein Cookie ist, reagieren oft empört, wenn sie feststellen, dass ihnen jemand etwas ohne Einwilligung auf die Festplatte geschrieben hat. Allerdings sind Cookies mehr ein psychologisches Problem als ein technisches. Cookies sind eine technische Notwendigkeit und für verschiedene Anwendungen unabdingbar, zum Beispiel bei Seiten mit einem Online-Frontend. Als Faustregel kann gelten, dass man Cookies für technische Zwecke problemlos einsetzen darf. Die meisten User haben dafür Verständnis. Hingegen sollte man vom Einsatz zu Marketingzwecken dringend absehen. Wenn User merken, dass jemand ihr privates Surf-Verhalten ausspioniert, kann dies veritable Wutausbrüche nach sich ziehen.

4.4.7 Newsgroups

Die Newsgroups sind für die Site Promotion weniger bedeutungsvoll als gemeinhin angenommen. Newsgroups gehören zu den ältesten Erscheinungen im Internet. Das «Usenet» war einer der Vorläufer des Internet; damals verwalteten verschiedene vernetzte Rechner Diskussionsgruppen. Heute ist das Usenet in das Internet integriert. Die Diskussionsrunden bestehen heute noch, allerdings werden einige davon allmählich abgelöst durch Diskussionsforen. Viele Newsgroups haben sich entwickelt und sind beliebte Treffpunkte für Wissensaustausch und persönlichen Kontakt.

Die Newsgroups sind aus zwei Gründen nicht besonders wichtig für Site-Promotion-Zwecke: Die Diskussionen sind oft privat und eine Werbemeldung ist sehr störend. Wer gerade ein privates Gespräch führt und plötzlich Reklame für eine Turnschuhaktion in Minnesota und vergünstigte Tickets für Aida in Alice Springs erhält, fühlt sich durch die Werbung belästigt. Der zweite Grund ist die Masse an neuen Internet-Angeboten: Es gibt Schätzungen, wonach pro Tag weltweit 20 000 neue Internet-Angebote aufgeschaltet werden. Es ist längst nicht mehr spannend, sich eine neue Seite anzuschauen. Wer eine kleine Firmenpräsentation in den Newsgroups als große Neuheit ankündigt, macht sich höchstens lächerlich.

4.4.8 Pressearbeit

Die Doppelbödigkeit des Internet zeigt sich in der Pressearbeit besonders deutlich: Einerseits braucht ein Unternehmen Pressearbeit für den Internet-Auftritt, andererseits ist die Pressearbeit selbst ein Instrument im Internet. Auch das Zielpublikum verliert die Konturen. Pressecommuniqués richteten sich in der guten alten Zeit an Agenturen, Zeitungen und freischaffende Redakteure. Zeitungen, die schlecht über das Unternehmen berichteten, wurden aus dem Verteiler gelöscht – so einfach war das. Diese Zeiten sind vorbei. Der offene Charakter des Internet unterscheidet nicht mehr zwischen Redakteuren, Besuchern und Kunden; alle haben prinzipiell den selben Zugang zum Angebot. Zugriffsbeschränkungen sind in der Pressearbeit sehr delikat, gerade weil sie paradoxerweise öffentlich sind. Das heißt, Beschränkungen im Internet sind sichtbar im Gegensatz etwa zum Fax, das beispielsweise für Kunden unsichtbar an Redakteure versandt wird. Ein Button mit dem Hinweis

«Nur für Presse» mit Passwortschutz weckt Misstrauen. Die Krux ist, dass andererseits völlig offene Information für die Journalisten ein Problem ist: Ihnen wird damit die Arbeit entzogen, wenigstens vordergründig.

Die Firma muss mit optischen und psychologischen Mitteln dieses Problem lösen. Sie muss eine Pressearbeit für das Internet-Angebot vornehmen und Presse und Öffentlichkeit im Internet selbst bedienen. Es ist nicht empfehlenswert, ohne journalistische Erfahrungen Pressearbeit im Internet vorzunehmen. Auch eine einfache Newsline soll inhaltlich und stilistisch gepflegt über das Unternehmen berichten. Der Presseteil im Internet muss besonders sorgfältig geplant und umgesetzt werden. Es braucht Fingerspitzengefühl und Erfahrung, um professionell zu informieren und trotzdem niemandem auf die Füße zu treten.

Pressearbeit für das Internet-Angebot

Wenn die Firma online geht oder ihr Internet-Angebot ausbaut, ist Pressearbeit ein Teil des Handwerks. Sie unterscheidet sich nicht von Pressearbeit in anderen Gebieten; organisatorisch und inhaltlich sind die Abläufe gleich. Gerade für kleine und mittlere Firmen ist ein Firmenauftritt im Internet ideal, um Medienpräsenz zu ergattern. Mittelgroße Unternehmen sind meist einmal im Jahr präsent, wenn sie ihre Umsatzzahlen bekanntgeben. Wichtig ist die Präsenz im geografischen Einzugsgebiet: Über Quartierblätter, Regionalanzeiger oder Gratisblät-

TIPP

Journalisten erziehen

Wenn Sie einen Pressedienst in Ihrem Internet-Angebot unterhalten, sollten Sie die Journalisten dazu bringen, den Service auch zu benützen. Die Journalisten sind als Multiplikatoren wichtige Besucher. Eine einfache, bewährte Methode ist es, die Communiqués jeweils im Internet-Pressedienst zu veröffentlichen und konsequent erst 2 Stunden später per Fax und Mail zu verteilen. Brechen Sie Ihre eigene Sperrfrist. Dies tun Sie kommentarlos, ohne Ankündigung und ohne Begründung. Am wirksamsten ist es, wenn Sie brandwichtige News wie Jahresabschluss oder eine strategische Neuausrichtung am Tag der Pressekonferenz um 06.00 Uhr online veröffentlichen und dies um 10.00 Uhr an der Pressekonferenz mit Unschuldsmiene beiläufig erwähnen. Sie können sicher sein, dass die Journalisten vor jeder künftigen Pressekonferenz kollektiv Ihre Site besuchen.

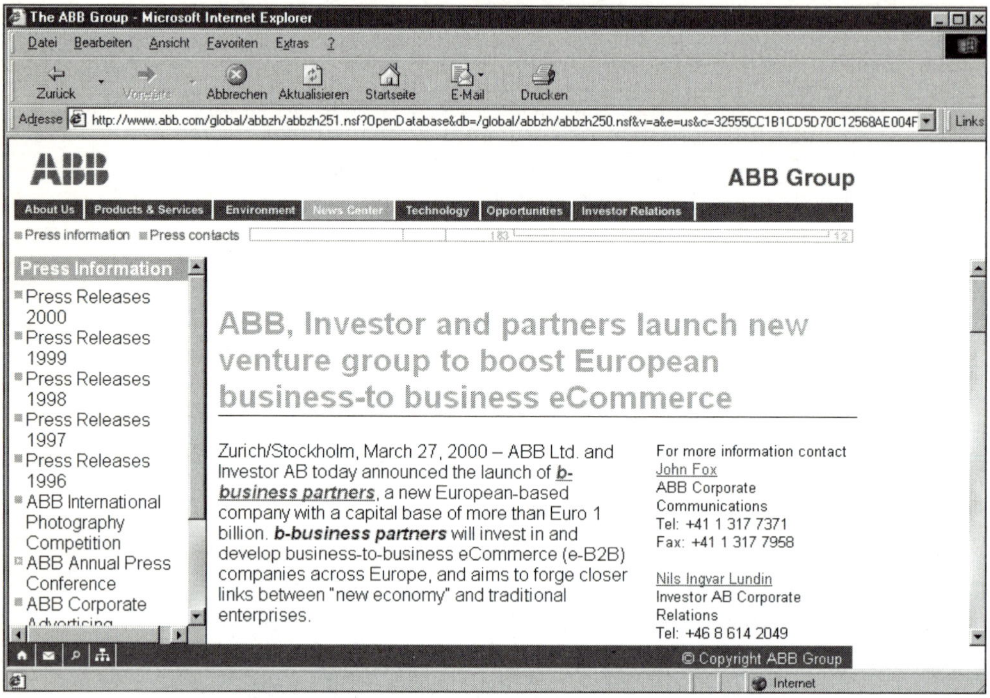

Abb 4.3: Online-Pressearbeit bei ABB: Maßgeschneiderte Informationen für Agenturen, Redakteure und Publikum (http://www.abb.com).

ter wird zwar oft die Nase gerümpft, sie werden aber in aller Regel sehr gut gelesen. Insbesondere für Kleinstunternehmen, die sich keine Agentur leisten können, ist ein Artikel über das Internet-Angebot im Lokalblatt die beste Werbung, die es gibt.

Pressearbeit im Internet

Ganz anders ist es mit der Pressearbeit im Internet: Die unterschiedlichen Erwartungen der Zielgruppen bilden die eigentliche Schwierigkeit. Das Problem selbst resultiert aus der Öffentlichkeit des Mediums: Jeder sieht, was die anderen sehen und was nicht.

Das Zielpublikum besteht nicht nur aus Journalisten. Neben den Medienleuten interessieren sich Angestellte, Partner, Aktionäre, Finanzanalysten, Konkurrenten und natürlich die Kunden für die Informationen. Sie alle wollen bedient sein. Die Lösung besteht darin, die Information gebündelt aufzubereiten: vereinfacht heißt es, jede Information für jede Gruppe in entsprechender Wortwahl und Darstellung bereitzustellen. Optisch ist die Unterteilung recht einfach: Der Teil «Presse» wird beispielsweise unterteilt in die Gebiete «Für Journalisten», «Für Anleger» und «Für Kunden».

Mittel: Newsline, Archiv und Zusatzmaterial

Die gängigsten Mittel der Pressearbeit im Internet sind eine Newsline, ein Archiv und redaktionelles Material für Journalisten. Die Newsline ist meist recht einfach gehalten und gleicht dem Ticker einer Agentur: Die aktuellen Meldungen sind knapp formuliert und bestehen meist nur aus Schlagzeile und kurzem Text. Sie sind chronologisch aufgereiht.

Ein Archiv enthält Material zum Unternehmen wie Geschäftsbericht, Unternehmensgeschichte und natürlich alle alten Pressemitteilungen. Gut geeignet für ein Archiv ist auch eine Presseschau über das Unternehmen mit Sammlung möglichst aller Berichte, die in Zeitungen und Magazinen erschienen sind. Das Archiv hilft, Kosten zu sparen. Versand von Geschäftsberichten und Unterlagen oder Anfragen von Studenten lassen sich spürbar reduzieren. Pressearbeit im Internet bringt keine zusätzlichen Einnahmen, finanziert sich aber oft selbst durch Kosteneinsparungen. Ein guter Presseteil im Internet sorgt für zusätzliche Abfragen und verankert die Internet-Adresse bei der wichtigen Zielgruppe

TIPP

No Spam!

Spam nicht nur unnütz, sondern gefährlich. Ein Spam ist ein Massenversand von E-Mails, auch Junk-Mailing genannt. Ein Spam ist ein Ärgernis und eine echte Belästigung für die Empfänger. Es löst nicht selten wüste Beschimpfungen aus; der Sender muss zudem mit Mailbomben rechnen. Es gibt besonders in den USA einige auf Spam spezialisierte Internetfirmen. Sie versenden für ihre Kunden Mails an gigantische Empfängerlisten, die Internet-Roboter zusammengetragen haben. Manchmal ist der Absender verändert, so dass man mit der Reply-Funktion (ein Mail an den Absender zurückschicken) das Mail nicht direkt beantworten kann. Die Grundüberlegung dieser Leute ist, dass beim Versand einer Million Mails bei einer Reaktionsquote von einem Promille tausend neue Kunden gewonnen sind. Vollkommen unberücksichtigt bleibt, dass die anderen 999 000 Empfänger verärgert sind und mit sehr großer Wahrscheinlichkeit nie im Leben etwas bei dieser Firma kaufen werden.

der Multiplikatoren. Geschlossene Bereiche für Journalisten sind wie gesagt nicht empfehlenswert, da sie bei den Ausgeschlossenen Misstrauen erwecken und bei Kunden der Verdacht aufkommt, dass einzelne Journalisten bevorzugt behandelt werden. An der Akkreditierung ändert das Internet im Wesentlichen nichts.

Zusatzmaterial unterstützt Journalisten bei der Recherche. Es ersetzt die Anfragen und persönlichen Kontakte nicht, aber es hilft den Journalisten bei der Informationsbeschaffung und bei der Vorbereitung für Pressekonferenzen oder Interviews. Zum Zusatzmaterial gehören auch Texte und Tabellen in gängigen Formaten für die Weiterverwendung, Fotografien, Presserohstoffe oder Hintergrundmaterial. Archiv und Zusatzmaterial werden am besten bei einer Pressekonferenz aktiv beworben, indem das Unternehmen nur Zusammenfassungen abgibt und die Journalisten auf die Online-Version verweist.

4.4.9 E-Mails

Der Versand von E-Mails ist heikel. Massenversand von Mails, ein sogenannter Spam, ist unnütz und gefährlich. Es kann wüste Beschimpfungen auslösen und die Absender laufen Gefahr, auch den treuesten Kunden zu verlieren. Der Gratisversand von Mails mit Tools, die auch Anfänger bedienen können, verlocken dazu, Mails in Massen abzuschicken. Meist endet es in bösen Überraschungen.

Das Unternehmen muss darauf achten, dass die Agentur kein Spam betreibt. E-Mails sind nur dann sinnvoll, wenn sie analog wie ein Brief an Empfänger gerichtet sind, die sich tatsächlich für den Inhalt interessieren. In Frage kommen Pressemailings, Mailings an Branchenverbände, Mailings an die eigenen Kunden oder Ähnliches. Es kann nicht genug betont werden, dass man mit Versand von E-Mails äußerst sparsam umgehen muß. Mehr als ein Mailing pro Quartal ist bereits sehr viel. Wenn ein Kundenmailing versendet wird, muss unbedingt ein Informatiker den Mailserver überwachen. Gleichzeitig sitzt der Betreuer der Website im Unternehmen am Bildschirm und achtet auf die Reaktionen der Kunden.

Ein E-Mail hat einen enorm hohen Erinnerungswert. Geübte Internet-Benutzer haben die elektronische Kommunikation im Griff und wissen über ihren Mailverkehr Bescheid. Sie schätzen gezielte Information per Mail, etwa wenn eine Site eine substanzielle Änderung erfahren hat. Umgekehrt wirkt ein E-Mail eines Anfängers entsprechend auf den Empfänger; das Vertrauen in das Unternehmen als Anbieter wächst dadurch nicht.

4.4.10 Targeting

Der Begriff Targeting bezeichnet zielorientierte Werbemaßnahmen im Internet. Die Zielorientierung bezieht sich auf Werbeträger und Zielgruppen. Der Zweck ist derselbe wie bei jeder Werbemaßnahme: Wie bringt ein Unternehmen seine Botschaft mit möglichst wenig Streuverlust an das ganze Zielpublikum? Einen großen Teil der Aufgabe übernimmt dabei der Mediaplan mit der Wahl der Werbeträger und den Schaltungskriterien. Targeting – «target» heißt Ziel und Soll – wird oft auch als Synonym für 1:1-Marketing verwendet. Die Philosophie ist dieselbe: Reduktion der Streuverluste und Präzision beim Erfassen der Zielgruppe.

Meist bezieht sich der Begriff Targeting allerdings auf die technischen Möglichkeiten, die ein AdServer bietet. Zentrale Bannerverwaltungssysteme können Schaltungen an technische Eigenheiten koppeln. Banner erscheinen nur dann, wenn der User bestimmte Kriterien erfüllt, oder es erhalten die User dasjenige Banner, das genau auf sie zugeschnitten ist.

Die gängigen technischen Koppelungen sind die Browser-Erkennung, Spracherkennung und IP-Nummer-Erkennung. Mit der IP-Nummer wird auch das Herkunftsland erfasst; beispielsweise erkennt der AdServer alle «.de» als Besucher aus Deutschland. Genauso können AdServer die Toplevel-Domain erkennen, also nach «.com» oder «.net» unterscheiden. Die Browser-Erkennung bezieht sich auf Typ und Version. Dadurch erhalten Besucher nur Banner, die der Browser auch verarbeiten kann. Die Spracherkennung bezieht sich auf die Version des Browsers, nicht auf die Sprache des Werbeträgers. Ein weiteres technisches Kriterium des Targeting ist die Erkennung des Betriebssystems.

Es empfiehlt sich, das Targeting auf die technischen Kriterien zu beschränken. Andere Kriterien sind im Mediaplan besser aufgehoben, insbesondere Tageszeit oder Wochentag. Demografische Kriterien beziehen sich auf die Wahl der Werbeträger, und die thematische Zuordnung ist mittels Stichwortkoppelung lösbar. Die Grenzen sind fließend und es handelt sich eher um ein terminologisches Problem. Leider wird bezüglich Targeting oft mehr versprochen als die AdServer umsetzen können. Die Schwierigkeit liegt, wie in Kapitel 3 bereits ausgeführt, bei der

Kombination von verschiedenen Bannerverwaltungssystemen und Werbeträgern. Zurückhaltung ist angebracht, wenn ein Werbeträger mit verschiedenen AdServer-Systemen arbeitet und gleichzeitig Banner von verschiedenen Kampagnen schaltet. In diesem Falle sind praktisch alle heutigen Werbeträger noch überfordert. Wichtig ist auch der Umstand, dass Targeting die Ladezeit der Banner verlängern kann. Im Einzelfall muss man abwägen, ob ein größerer Streuverlust nicht das kleinere Übel ist im Vergleich zu einem Targeting, dem die Werbeträger nicht gewachsen sind.

4.4.11 Weitere Werbeformen im Internet

Es gibt eine ganze Reihe weiterer Werbeformen im Internet. In der Funktionsweise sind sie oft ähnlich und die Formen fließen ineinander über. Im Folgenden sind die gängigen Formen kurz beschrieben:

Micro-Bestellungen

Micro-Bestellungen gehören eher zum Thema E-Commerce als zur Bannerwerbung. Es handelt sich um Zahlungs- und Bestellmöglichkeiten innerhalb des Banners. Beispielsweise kann ein Zeitungsarchiv als Suchresultat Schlagzeile und Lead veröffentlichen; um den ganzen Artikel zu sehen, muss der User eine Bestellung aufgeben und einen Kleinstbetrag zahlen. Kreditkartenunternehmen bieten (noch) keine Kleinstbuchungen an. Micro-Bestellungen sind heute nicht markttauglich.

Site-in-the-Site

Wörtlich eine «Seite in der Seite», sinngemäß jedoch eine «Anwendung in der Site». Der Werbekunde platziert auf dem Werbeträger innerhalb seines Banners direkt eine Anwendung, beispielsweise die Bestellung eines Sonderangebotes. Prototypen in Java sind erhältlich und funktionieren gut, ebenso Datenbankanwendungen. Markttauglich sind sie jedoch noch nicht. Sites-in-the-Site haben ein enormes Potenzial und dürften sich zu einer wichtigen Werbeform im Internet entwickeln.

Interstitials

Interstitials sind Werbebotschaften, die für wenige Sekunden ganze Seiten auf dem Werbeträger anzeigen. Sie entsprechen der Werbeunterbrechung im Fernsehen. Die Interstitials verschwinden ohne Zutun des

Users. Die Werbebotschaft wird danach als normales Banner angezeigt. Interstitials haben sich nicht bewährt, da User diese Werbeform nicht akzeptieren.

Microsites

Microsites sind überlagernde Fenster. Microsites überdecken den Werbeträger teilweise und bleiben permanent auf dem Bildschirm, wenigstens in der Theorie. Sie sind in der Windows-Fußzeile als eigenes Hintergrundfenster dargestellt, haben aber keine Menüleiste. Microsites haben sich nicht bewährt, da sie viele User verwirren und als überflüssige Fenster häufig routinemäßig geschlossen werden.

Pop-ups

Ein Pop-up ist eine Nebenform der Interstitials. Der Unterschied ist, dass die Pop-ups nicht im selben Fenster erscheinen, sondern automatisch ein neues Fenster öffnen. Es ist auch möglich, das Fenster mit einer Zeitverzögerung öffnen zu lassen oder gleich mehrere Fenster auf einmal zu öffnen. Dies ist aus Sicht der User verwirrend und wird oft als störend empfunden. Geradezu lachhaft sind Pop-ups, die schneller Fenster öffnen als man wegklicken kann. Pop-ups sind vor allem in der Pornoszene im Internet weit verbreitet und sollten auch deshalb sparsam verwendet werden.

Webringe

Webringe funktionieren nach dem Prinzip des Bannertausches. Meist sind in Webringen Plattformen zu verwandten Themen zusammengefasst. Viele der heute bestehenden Webringe stammen aus der Zeit des großen Enthusiasmus und haben sich nicht professionalisieren können. Sie sind eher eine Plattform für private Sites und informelle Gruppen. Dieselbe Dienstleistung – die Platzierung von Bannern auf verschiedenen Trägern – können Unternehmen mit dem Mediaplan besser erreichen.

Newsletter

Newsletter sind E-Mails im Abonnement. User können sich anmelden und erhalten regelmäßig analog einer Kundenzeitschrift ein E-Mail mit mehr oder weniger aktuellen Informationen. Newsletter sind eines der ganz wenigen massenmedialen Werbemittel im Internet. Viele News-

TIPP

Online-Fragestunde mit Stars

Eine originelle und kostengünstige Möglichkeit eines Internet-Events ist eine Fragestunde mit Politikern oder berühmten Sportlern. Die Besucher können online Fragen stellen, der Star beantwortet sie direkt. In der Schweiz wurden die ersten Events dieser Art 1996 durchgeführt; die Tagesschau des Schweizer Fernsehens berichtete damals in der Hauptausgabe darüber. Dieser Multiplikator-Effekt einer Medienpräsenz in der Prime time ist natürlich vorbei, aber eine Online-Fragestunde kann immer noch zu vertretbaren Kosten einen flotten Effekt erzielen.

letter enthalten auch bezahlte Werbung. Newsletter sind aufwändig und ihre Herstellung braucht journalistisches Fachwissen. Das Unternehmen sollte abklären, ob ein Pressedienst auf der Firmenseite nicht denselben Zweck erfüllen kann. Die meisten Firmen haben viel weniger relevante News als sie denken. Es kann peinlich sein, wenn man dies einige Wochen nach dem Einrichten des Newsletter merkt und den Service wieder einstellen muss.

4.5 Nebenformen der Site Promotion

Site Promotion ist jung. Eine ganze Reihe von möglichen Maßnahmen ist nicht ausgereift und nur wenige Agenturen und Unternehmen verfügen über das Know-how, diese Werbemöglichkeiten anzuwenden. An dieser Stelle sind sieben Möglichkeiten der Site Promotion besprochen, deren Bedeutung wächst. Es sind das Event-Marketing im Internet, Sponsoring im Internet, Durchführung von klassischen Events für Internet-Angebote, das Erstellen von eigenen Plattformen, Push-Technologien, Inhaltssponsoring und Communities.

Diese Werbeformen sind nicht für Experimente geeignet. Das Unternehmen muss sich solche Maßnahmen sehr gut überlegen, die Maßnahmen müssen perfekt konzipiert sein und von Fachleuten umgesetzt werden. Bedingung für solche oder ähnliche Formen von Site Promotion ist auch, dass die Angestellten mindestens ein Jahr Internet-Erfahrung aufweisen. Diese Werbemittel können nur Erfolg bringen, wenn Profis sie durchführen. Das Unternehmen muss sich auch bewusst sein, dass solche Werbeformen größere Budgetdimensionen aufweisen können.

4.5.1 Event-Marketing im Internet

Die schwierigste und teuerste Form von Site Promotion ist Event-Marketing im Internet. Durch das Naturell des Mediums sind Online-Events komplett anders geartet als in der realen Welt. Insbesondere gibt es im Internet keine kollektiven Erlebnisse, da jeder Besucher einer Seite alleine vor dem Bildschirm sitzt. Gruppenerlebnisse beschränken sich real gesehen auf kleine Gruppen, die gemeinsam vor dem PC sitzen oder Anlässe in einem Internet-Café oder Ähnliches. Das ist mit einem Gruppenerlebnis eines Events nicht vergleichbar. Das Erlebnis des realen Events ist der «Ich-war-dabei-Effekt», Events im Internet beschränken sich auf den «Ich-hab's-auch-gesehen-Effekt».

Einige Phänomene im Internet, insbesondere der Chat, sind ihrerseits in einem gewissen Sinne ein Event. Virtuelle Gruppen, also die Kommunikation zwischen geografisch voneinander getrennten Menschen, bieten prinzipiell eine Möglichkeit, wie Unternehmen einen Event im Internet gestalten könnten. Allerdings hat es sich noch nicht herauskristallisiert, wie dieser Event konkret aussehen könnte und was der Nutzen für das Unternehmen ist. Der Effekt eines solchen Anlasses ist kurzfristig; die hohen Abfragezahlen sind nur während des Events

Per Internet zum Titan

Ein gelungenes Beispiel für einen Internet-Event hat die European Space Agency ESA produziert: Der Satellit Huygens startete am 15. Oktober 1997 Richtung Saturnmond Titan. Auf einer eigenen Internet-Seite für Huygens waren Informationen zum Satelliten und zum Flug zu finden. Die Besucher konnten Huygens eine persönliche Botschaft über Internet senden; die Botschaften wurden auf eine CD gepresst und mit dem Satelliten auf die Reise geschickt. Wer seine Botschaft im Internet übermittelte, erhielt auf Bestellung kostenlos ein Exemplar der CD zugeschickt, auf der alle Beiträge abrufbar sind. Dieses Beispiel zeigt, dass das Internet kein schnelllebiges Medium ist, sondern ein zeitloses. Die ESA kann in ferner Zukunft, wenn die Sonde Titan erreicht, den Event aus dem Hut zaubern und neu anrichten. Dies wird der ESA zu einem weiteren Effekt verhelfen und dann beweisen, dass man seit jeher weit in die Zukunft blickte.

TIPP

Chance für geografische Plattformen

Sie sollten im Auge behalten, dass geografische Plattformen ein lokales Monopol erreichen können. In einer Gemeinde mit einigen zehntausend Einwohnern sind nicht ein Dutzend lokale Plattformen denkbar. Wer eine Plattform mit Erfolg unterhält und gut verankert ist, ist kaum mehr aus dem Markt zu verdrängen. Der Sponsor kann mit den Jungunternehmern einen Exklusivvertrag aushandeln. Die Vertragsdauer kann ruhig zwanzig Jahre betragen. Wenn Sie gute Nerven haben, investieren Sie eine mittlere fünfstellige Summe in die Plattform, der Sie die größte Chance geben, und binden die Betreiber mit einem Exklusivvertrag an Ihr Unternehmen. Wenn die Plattform durchkommt, haben Sie beste Aussichten, für lange Zeit der Exklusivsponsor der führenden regionalen Plattform zu sein.

aufrecht zu halten. Wie hoch der Image-Effekt für das Unternehmen ist, lässt sich heute noch nicht sagen.

Unternehmen können mit der Durchführung von eigentlichen Internet-Events warten, bis klar ist, was der eigentliche Nutzen einer solchen Aktion ist. Wenn das Budget zur Verfügung steht, ist es möglich, ein Experiment zu wagen. Man kann auf diesem Gebiet echte Primeurs landen, die hohe Wellen werfen. Allerdings sind Internet-Events Unternehmen vorbehalten, die mit der großen Kelle anrichten. Die Durchführung obliegt absoluten Spezialisten.

Es ist offensichtlich, dass der Internet-Event nicht nur seinerseits Site Promotion ist, sondern auch solche benötigt: Der Event muss kommuniziert werden, sei es mit klassischer oder mit Internet-Werbung. Die Kosten eines Internet-Events können somit sehr hoch sein und Experimente in diesem Gebiet sind nur zu verantworten, wenn das Risikobudget zur Verfügung steht und sich die Unternehmensführung bewusst ist, welches Wagnis ein Event darstellt.

4.5.2 Sponsoring im Internet

Eine naheliegendere Form von Site Promotion als die Durchführung von Online-Events ist Sponsoring im Internet. Im Folgenden wird vor allem auf das Sponsoring von geografischen Plattformen und das Sponsoring von Anbietern in Form von Hardware eingegangen. Es sind prinzipiell weitere Formen von Sponsoring denkbar.

Sponsoring von geografischen Plattformen

Lokale geografische Internet-Plattformen haben eine ganz große Zukunft. Je globaler die Welt wird, umso wichtiger ist die Kneipe um die Ecke, je virtueller die Beziehungen zwischen den Menschen am Arbeitsplatz werden, umso öfter gehen sie am Abend wieder ins Theater. Den analogen Effekt konnte man bei anderen Medien in der Vergangenheit beobachten. Generell gilt: Neue Medien verdrängen die anderen nicht, sie ergänzen sie. Die Zeitungen erloschen nicht mit dem Aufkommen des Radios, das Radio verschwand nicht mit dem Aufkommen des Fernsehens. Die sinnlichen Erlebnisse werden mit dem Wachstum des Internet wieder an Bedeutung gewinnen. Dies ist der Grund, weshalb lokale Internet-Plattformen eine große Zukunft haben. Sie sind äußerst nützliche und praktische Informationsvermittler – ich erfahre schnell und aktuell, was in meinem kleinen Dorf oder in meiner großen Stadt los ist. Die Informationsdienstleistungen an Ausgehtipps, Ticketservice und allem Möglichen bescheren den Plattformen heute schon enorme Abfragezahlen.

Für ein Unternehmen, das auf lokale Präsenz angewiesen ist, könnte es langfristig äußerst wertvoll sein, eine solche lokale Internet-Plattform zu sponsern. Die Betreiber sind meist Jungunternehmer voller Enthusiasmus, die viel Ideen und wenig Geld haben. Die Unternehmen, die als Sponsoren in Frage kommen – wie führende Lokalzeitungen oder tief verwurzelte Industriebetriebe in einer Region – können enormen Imagegewinn erzielen, wenn sie eine originelle Plattform unterstützen.

Der Nutzen eines Sponsorings von geografischen Plattformen ist beileibe nicht nur ideell. Die Abfragezahlen der Plattform können mit den entsprechenden Preisen für geschaltete Banner verglichen werden. Die Sponsoringleistung ihrerseits kann auch in Sachleistung bestehen, wie etwa einen Server zur Verfügung zu stellen, oder darin, administrativen Aufwand zu übernehmen wie beispielsweise den Bestellservice für Tickets.

Sponsoring in Form von Hardware

Eine weit verbreitete Art von Sponsoring im Internet ist Unterstützung von Betreibern eines Internet-Angebotes in Form von Hardware. Meist sind es Informatik-Unternehmen, die die eigenen Produkte in günstiges Licht setzen. Die häufigste Form von Sach-Sponsoring ist es, Server, Leitungen und Administration zu übernehmen. Die Gegenleistung ist meist, dass das eigene Firmenlogo prominent platziert wird.

Abb. 4.4: Der Klassiker: Sponsoring im Internet – Website zur Fußballweltmeisterschaft 1998 (http://www.france98.com).

Sponsoring im Internet scheint eine äußerst effiziente Form von Site Promotion zu sein. Wenn eine gesponserte Website beim Publikum ankommt, sind enorm viele Views möglich (die Anzahl Erscheinen des eigenen Firmenlogos im Internet). Verschiedene Großkonzerne haben mit Sach-Sponsoring im Internet bereits spektakuläre Resultate erzielt. Die Pioniere waren Computerhersteller, die die Olympischen Spiele in Nagano und die Fußballweltmeisterschaft in Frankreich im Internet mit Hard- und Software unterstützten.

Die vier Firmen EDS, France Telecom, Hewlett Packard und Sybase betrieben Sponsoring in Perfektion. Sie unterstützten die offizielle Website zur Fußballweltmeisterschaft 1998 in Frankreich. Das Sponsoring bezog sich vorwiegend auf Sachleistungen wie Hard- und Software und Know-how. Geldzahlungen sind nicht offiziell bekannt. Die Firmen waren unscheinbar, aber höchst werbewirksam mit einem kleinen Button

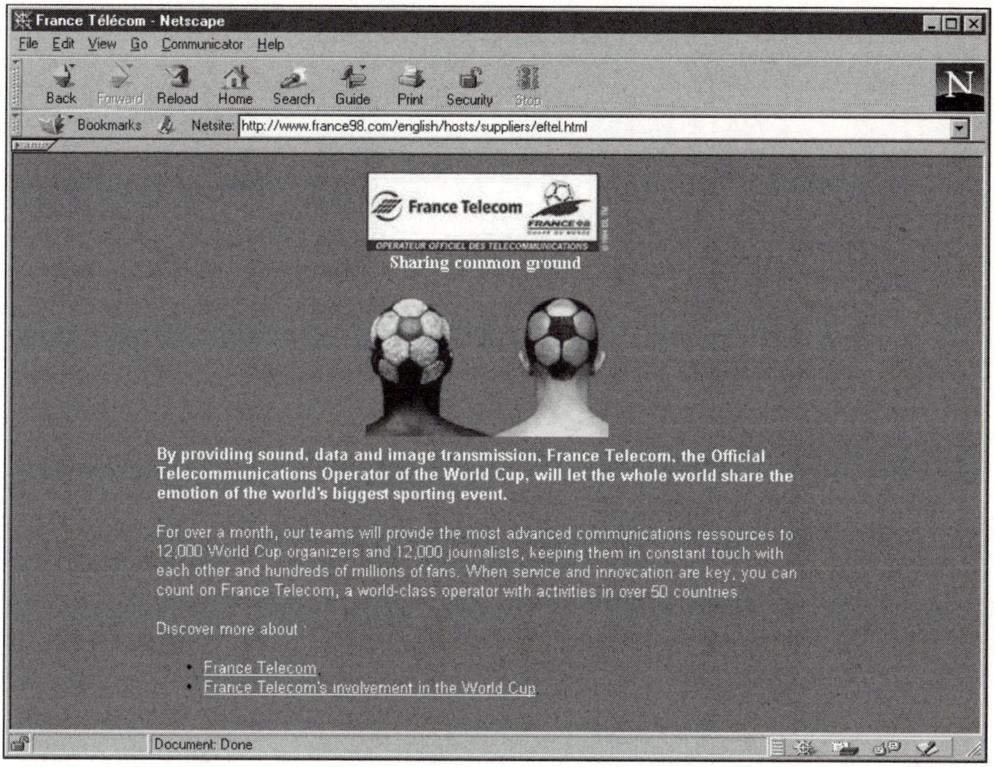

Abb. 4.5: Zwischenseite einer Sponsorfirma.

am Fußende der Seite präsent (siehe Abbildung 4.4). Auffallend war auch die grafisch perfekte Einbindung der Buttons in das Screendesign. Klickte man auf einen dieser Buttons, sprang man nicht sofort auf die beworbene Seite – es erschien zunächst eine Zwischenseite (siehe Abbildung 4.5). Diese Zwischenseite befand sich auf dem WM-Server. Auf den insgesamt vier Zwischenseiten waren die Firmen kurz beschrieben und mit einem Mausklick auf einen Link (hier «France Telecom» in der vorletzten Zeile) gelangte man dann erst auf den jeweiligen Server der Firma.

Das Sponsoring des FIFA-Servers während der Fußball-Weltmeisterschaft 1998 in Frankreich gilt als Klassiker in der Internet-Werbung. Es war der erste Abfragemilliardär mit Zugriffen aus allen Ländern der Erde. Neben der technischen Meisterleistung mit der Beherrschung der riesigen Abfragezahlen sticht die Einbettung der Sponsoren in das Design und die Funktionalität der Zwischenseite ins Auge. Die Sponsoren positionierten ihre Firmenlogos so, dass sie bei den Besuchern der Internetseite eine Markenstärkung auslösten.

Obwohl heute Sponsoring in dieser Form vorwiegend im ganz großen Rahmen abgehalten wird, ist Sach-Sponsoring im Internet auch für mittelgroße Unternehmen geeignet. Mit den üblichen Vorsichtsmaßnahmen, guten Verträgen und professionellen Partnern sind exzellente Resultate möglich.

4.5.3 Klassische Events

Prinzipiell sind zwei Formen von klassischen Events für Site Promotion denkbar. Einerseits können klassische Events für ein Internet-Angebot durchgeführt werden, andererseits ist die Darstellung von klassischen Events im Internet möglich. Event-Marketing im Internet selbst ist in Abschnitt 4.5.1 beschrieben.

Klassische Events für eine Site

Genauso wie ein Nachtclub einen Event durchführt, um den Bekanntheitsgrad zu erhöhen, kann der Betreiber eines Internet-Angebots einen Event durchführen, um die Adresse unter die Leute zu bringen. Der Sinn eines klassischen Events ist es, den Inhalt des Internet-Angebots und die Adresse zu kommunizieren.

Das Unternehmen muss mit der Durchführung von Events Erfahrung haben. Wenn es den Auftrag auswärts vergibt, muss es darauf achten, dass die Agentur, die einen Event durchführt, ein gewisses Mindestmaß an Internet-Erfahrung aufweist. Fundierte Internet-Kenntnisse sind nicht notwendig, da die Agentur einen realen Event durchführen muß. Natürlich muss der Betrieb des Internet-Angebots beim Zeitpunkt des Events makellos klappen. Die Informatikfirma, die die Site betreut und die Agentur, die den Event durchführt, müssen sich gut absprechen. Die eine Hand muss wissen, was die andere tut. Wenn dies der Fall ist, bietet ein Event gute Chancen, die Abfragezahlen markant und langfristig zu erhöhen.

Darstellung von klassischen Events im Internet

Darstellungen von Groß-Events im Internet weisen unglaublich hohe Abfragezahlen aus. Die frühesten Beispiele sind die Fußballweltmeisterschaft 1998 in Frankreich und die Übertragungen der Marssonde

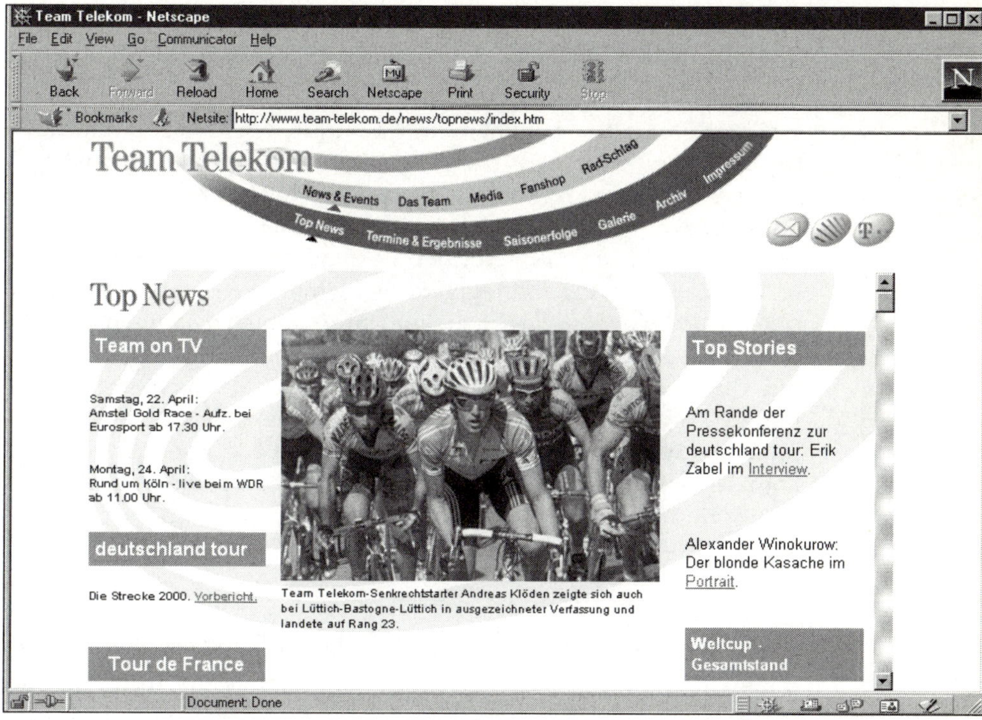

Abb. 4.6: Langfristig orientierte Darstellung von Events im Internet: Website des Team Telekom (http://www.team-telekom.de).

1997. Die damals wie heute schier unglaublichen Abfragezahlen sind das deutlichste Indiz, dass sich das Internet längst zu einem Medium entwickelt hat, das mit klassischen Informationsvermittlern wie Fernsehen und Zeitungen ernsthaft konkurriert. Die Kenntnisse über das Rezeptionsverhalten der Internet- Nutzer sind noch sehr bescheiden. Für die Unternehmen genügt es zu wissen, dass offensichtlich ein Bedarf besteht, sich über klassische Events auch via Internet zu informieren.

Die Darstellungsmöglichkeiten sind im Internet aus technischen Gründen höchst bescheiden. Der Engpass liegt in der Bandbreite der Übertragung: Bild- und Tonübertragungen sind nur mit enormen Qualitätsverlusten möglich. Das Internet wird noch lange Zeit keine ernsthafte Konkurrenz zu Liveübertragungen im Fernsehen sein. Hingegen gehört das Internet schon heute zu den wichtigsten Zusatzinformations-Medien.

Ein nahezu perfektes Beispiel für eine gelungene Darstellung von Events im Internet ist die Site der Deutschen Telekom, in der das Radteam vorgestellt und begleitet wird (siehe Abbildung 4.6). Die Telekom

TIPP

Auf dem Boden bleiben

Ihr Unternehmen sollte nur reale Events im Internet darstellen, die im Bereich Ihrer Schuhnummer liegen. Für mittelständische Unternehmen kommen beispielsweise die jährliche Open-Air-Opernaufführung in Frage, das Herbst-Querfeldeinrennen oder das Theaterkeller-Festival. Lassen Sie sich offerieren, wieviel Sie ein Sponsoring kostet und vergleichen Sie die Kosten mit anderen Sponsoring-Maßnahmen. Überlegen Sie sich, wieviel zusätzliche Abfragen und wieviel positives Image Ihr Unternehmen gewinnen kann, wenn Sie beispielsweise für das Fußballclub-Jugendturnier eine Site mit Online-Anmeldung, mit Präsentation der Mannschaften und mit der kompletten Resultateübersicht erstellen. Sie können sicher sein, dass Sie weit und breit der erste sind, der Sponsoring in dieser Form betreibt und Sie können davon ausgehen, dass diese Form von Sponsoring in ein paar Jahren gang und gäbe ist.

als Sponsor berichtet nicht über die eigentlichen Mega-Events Giro d'Italia und Tour de France, sondern über das eigene Team. Sie verwendet eine eigene Domain und liefert umfangreiches Material für die Fans. Server dieser Art weisen fantastische Abfragezahlen auf und die Kundenbindung könnte nicht höher sein.

Der Informationsfluss kann auch umgekehrt vom Banner zum realen Event gerichtet sein oder die klassischen Grenzen können verschwinden. Im Beispiel in Abbildung 4.7 bewirbt ein Banner die Internet-Übertragung einer Elefantengeburt im Zürcher Zoo. Das Banner wies eine hohe Klickrate auf und das Werbeobjekt – die Übertragung per Internet-Kamera – war gut besucht. Der Effekt ist bei solchen Werbemaßnahmen ein doppelter: die Abfragezahlen steigen und die Bilder animieren zum Zoobesuch.

Die beiden Beispiele zeigen eine weitere Komponente in der Bewerbung von Events im Internet: Die Zeit verläuft im Internet nicht gleich

Abb. 4.7: Werbung im Internet für reale Events.

wie in der realen Welt. Das Internet ist nicht schnell, es ist zeitlos. Die Ereignisse sind nicht chronologisch, sondern zeitlich immer einen Mausklick voneinander entfernt, analog zur geografischen Distanz. Die Besucher können mit Archivfunktionen Daten aus der Vergangenheit neben die Gegenwart stellen. Eine Liveübertragung im Fernsehen kennt nur das Jetzt, ergänzt mit Zeitlupen und Wiederholungen, die der Zuschauer nicht beeinflussen kann. Internet-User sind souverän und beeinflussen die Darstellung nach ihren Wünschen. Wer Events im Internet darstellt und bewirbt, sollte diesem Umstand Rechnung tragen.

4.5.4 Eigene Plattformen

In Internet-Konzepten wird nur selten die Möglichkeit in Erwägung gezogen, zwecks Abfragegenerierung eine eigene Plattform anzubieten. Möglich sind geografische Plattformen, thematische Verzeichnisse, Branchenführer oder Ähnliches. Die Grenzen zwischen Sponsoring von Plattformen und Betrieb von eigenen Plattformen sind fließend. Es sind prinzipiell alle Mischformen denkbar.

Die Suche im Internet ist mühsam. Eine gute Suchhilfe ist ein Instrument, welches die Benutzer regelmäßig verwenden. Es hilft ihnen, das Gewünschte schnell zu finden oder die spezifische Dienstleistung regelmäßig zu benützen. Plattformen bieten genau diese Dienstleistung, deshalb weisen sie derart hohe Abfragezahlen aus. Zudem lässt sich im Internet das Phänomen beobachten, dass eine Art virtuelle Konzentration entsteht. Eine verankerte Plattform lässt sich praktisch nicht aus dem Internet vertreiben. In der realen Welt kann der Konzern neben der kleinen Konkurrenz Filialen hinpflanzen und sie mit Dumpingpreisen zerstören. Im Internet herrscht virtuelle Gleichberechtigung: Das Internet-Angebot von Fritzchen nebenan ist gleich bedeutend wie dasjenige vom größten Weltkonzern. Dieser Effekt sorgt dafür, dass sich ein erfolgreiches Angebot im Internet nicht in konventionellem Sinn verdrängen läßt. Geografische und thematische Plattformen profitieren am stärksten von diesem Effekt.

Plattformen erstellen und unterhalten gehört zu den schwierigsten Aufgaben im Internet. Die Unternehmen, die diese Form von Site Promotion in Erwägung ziehen, müssen genau abklären, ob die Mittel zur Verfügung stehen, die langfristige Perspektive gegeben ist und ob die Agentur oder der Internet-Partner, der die Plattform betreibt, wirklich

Aufgabe	Tätigkeiten
Träger anpassen	Papierträger anpassen
	Alle Träger nutzen
Kataloge und Prospekte anpassen	Prospektinhalt anpassen
	Katalogfunktion ändern
	Produktmix anpassen
	Kataloginhalt anpassen
	Printprospekt für Online-Shop
Klassische Werbung für Internet-Seite	Ausweitung der Werbebotschaft
	Klassische Werbung für Online-Angebot
Angewandte Site Promotion	Domainname
	Banner
	Eintrag in Suchmaschinen und Verzeichnisse
	Eintrag in thematische Verzeichnisse
	Eintrag in geografische Verzeichnisse
	Links auf die eigene Seite generieren
	Newsgroups
	Pressearbeit
Nebenformen von Site Promotion	Einsatz von E-Mails
	Event-Marketing im Internet
	Sponsoring im Internet
	Klassische Events
	Eigene Plattformen
	Inhaltssponsoring
	Communities

Tab. 4.2: Aufgaben des Unternehmens nach dem Eintritt ins Internet (© ionos GmbH).

genügend Know-how aufweist. Der Partner muss langfristig garantieren können, dass er die Plattform unterhalten kann und dass er mit der Entwicklung des Internet Schritt halten kann. Viele Plattformen sind durch enthusiastische, ideenreiche Jungunternehmen entstanden. Das Internet löste einen explosionsartigen Boom von Firmengründungen aus. Die meisten hatten ähnliche Charakteristika und das gleiche Problem: viele Ideen, Mut, echten unternehmerischen Tatendrang – und kein Kapital, keinen Bankkredit und keine Kunden. In der Goldgräberstimmung begannen die meisten mit irgendwelchen Projekten. Viele der Plattformen, die heute hochprofessionell betrieben werden – insbesondere Suchmaschinen und Verzeichnisse –, sind durch jugendlichen Sturm und Drang entstanden. Mit dem Wachstum des Jungunternehmens fehlten dann häufig die Mittel, die Plattform weiterzuentwickeln. Viele Plattformen schliefen ein, einige wenige überlebten dank Werbeeinnahmen oder Sponsoring.

Wenn ein Unternehmen eine eigene Plattform anbieten will, kann es eines dieser Jungunternehmen unterstützen, die ein viel versprechendes Projekt betreiben. Es sind prinzipiell alle Beteiligungsformen möglich, von Sponsoring über Einmieten, Kauf, Beteiligungen, Sachleistungen oder Mischformen. Wichtig ist, dass die Verträge langfristig angelegt sind, dass der Sponsoringbeitrag genügend hoch ist, dass die Betreiber der Plattform sehr hohes Know-how haben – und dass der Sponsor gute Nerven und einen langen Atem hat.

4.5.5 Push-Technologien

Push-Technologien und verschiedene Formen von Push-Marketing im Internet versuchen, das zentrale Element der Internet-Kommunikation auszuschalten oder abzuschwächen: die Funktionalitätsumkehr in der Rezeption. Das wesentliche Merkmal im Internet ist, dass nicht die Sender ihre Botschaft schicken («push»), sondern dass sich die Empfänger holen, was sie wollen («pull»). Dies ist für jeden Marketingmenschen ein Graus. Die Bestrebungen, Formen von Push-Marketing im Internet zu etablieren, sind so alt wie das Medium selbst. Die bisherigen Erfahrungen sind ernüchternd, es ist heute noch praktisch keine zufriedenstellende Push-Form zu finden. Am deutlichsten zeigt sich das Problem in Spams (Massenversand von E-Mails), bei denen die Kundenreaktion nicht Bestellungen sind, sondern Mailbomben, Drohbriefe und Schadenersatzklagen.

TIPP

Abwarten

Geben Sie sich nicht zu viel Mühe und investieren Sie nicht zu viel Geld in Push-Marketing im Internet. Das Internet ist ein Pull-Medium und wird es bleiben. Ihr Geld ist besser investiert, wenn Sie gute Bannerwerbung und professionelle Site Promotion betreiben.

Es zeichnen sich allerdings einige Formen von Push-Marketing im Internet ab, die eine erfolgreiche Zukunft versprechen. Da diese Formen noch nicht als ausgereift gelten können, sind sie an dieser Stelle nur kurz beschrieben. Die Aufzählung beschränkt sich auf News-Butler, individualisierbare Angebote, Browsereinstellungen und Mega-Einstiegsseiten. Unternehmen und Werbeagenturen können sich selbst Formen von Push-Marketing in ihrer speziellen Situation ausdenken. Das Kriterium, das über Erfolg und Misserfolg entscheidet, ist die jeweilige Akzeptanz beim Benutzer. Die Push-Form muß einen echten Zusatznutzen für den Rezipienten bieten und darf nicht als aufdringliche Werbung erscheinen.

News-Butler

News-Butler sind gewissermaßen personifizierte Suchmaschinen. Sie suchen das Internet für den Benutzer ab. Die Idee dahinter ist, dass der Benutzer nicht verschiedene Suchmaschinen abklappern muss, sondern eine Suche in einem vorgegebenen, eingeschränkten Umfeld vornehmen kann. Die News-Butler sind heute noch nicht ausgereift, allerdings ist die Entwicklung enorm schnell und es gibt bereits Prototypen von News-Butlern, die mit Übersetzungs-Software arbeiten. Es ist möglich, dass sich die News-Butler zu veritablen Suchmaschinen für Privatbenutzer entwickeln werden, allerdings dürfte dies noch einige Zeit in Anspruch nehmen. Die News-Butler können im Push-Marketing verwendet werden; allerdings nur passiv, indem sich die Werbeangebote gezielt von den Butlern finden lassen.

Individualisierbare Angebote

Viele Betreiber von Internet-Angeboten gehen dazu über, ihre Angebote zu individualisieren. Die Benutzer können verschiedene Voreinstellungen wählen und sich beispielsweise von einer Zeitung nur den Inlandteil anzeigen lassen. Dies ermöglicht Push-Marketing auf der eigenen Seite, indem die Benutzer nur mit Werbung aus ihrem gewünschten Umfeld in Kontakt geraten. Für die Inserenten sind individualisierbare Seiten interessant, da die Streuverluste eingeschränkt werden können. Auf individualisierbaren Angeboten steht nicht mehr die Bannerwerbung im Vordergrund, sondern der Inserent kann die Leser gezielt mit Informationen versorgen. Allerdings liegen noch Welten zwischen der Idee und dem heute schon Realisierbaren.

Browsereinstellungen

Browsereinstellungen gehören in einem gewissen Sinne zum Thema Push-Marketing. Die Browser müssen verschiedensten Anforderungen gerecht werden und die speziellen Bedürfnisse aller Internet-Anwender befriedigen. Es ist sehr wahrscheinlich, dass zukünftige Browser Möglichkeiten bieten, individuelle Einstellungen vorzunehmen. In Ansätzen ist dies bereits heute der Fall. Die Hard- und Software-Hersteller wollen Browsereinstellungen zusammen mit Medienhäusern und Suchmaschinen für Push-Marketing nutzen. Wer den Computer einschaltet, sieht dann bestimmte Angebote in seinen Einstellungen. Ob die Benutzer allerdings davon begeistert sein werden, ist noch offen.

Mega-Einstiegsseiten

In den Vereinigten Staaten ist eine veritable Schlacht um die besten Einstiegsseiten im Gange. Der Kampf zwischen Netscape und Explorer war nur ein Vorgeschmack. Software-Hersteller und einige der großen Internet-Anbieter, insbesondere Medienhäuser und Suchmaschinen, versuchen Einstiegsseiten zu etablieren. Sie wollen mit ihren Angeboten direkt auf der Arbeitsoberfläche präsent sein.

4.5.6 Inhaltssponsoring

Eine bewährte Form der langfristigen Zusammenarbeit ist das Inhaltssponsoring oder Content-Sponsoring. Hersteller von Inhalten stellen ihre Dienste einer Plattform zur Verfügung und erhalten als Gegenleistung Werbefläche. Das Prinzip ist dasselbe wie in realen Sponsoringformen wie Kultur- oder Sportsponsoring. Die gängigsten Beispiele von Inhaltssponsoring im Internet sind die News auf Suchmaschinen. Fast alle Suchmaschinen und Portale haben eine Agentur oder eine Zeitung als Redaktionspartner und unterhalten eine Newsline auf ihrer Site. Inhaltssponsoring unterstützt die Markenbildung für den Bereitsteller des Inhaltes und auch für den Betreiber der Site.

Es ist nicht immer klar, wer hier wem etwas bezahlt. Bezahlt die Zeitung, damit sie ihren Namen auf der Suchmaschine unterbringen darf oder bezahlt die Suchmaschine dafür, dass sie die News erhält? Es handelt sich um typische Verhandlungslösungen für symbiotische, langfristige Zusammenarbeit. Das Verhandlungsziel des Inhaltssponsoring ist eine Win-Win-Situation für beide Beteiligte.

Abb. 4.8: Inhaltssponsoring: Die Schweizerische Handelszeitung liefert Hintergrundberichte zur Börsenseite Swissquote (http://www.swissquote.ch).

Abbildung 4.8 zeigt ein Beispiel für Inhaltssponsoring. Die Schweizerische Handelszeitung liefert Nachrichten zu Finanzmärkten auf der Börsenseite Swissquote. «Swissquote» soll als Markenbegriff ein eigenständiges Image erhalten. Die Site ist ein erfolgreicher Werbeträger mit klarem Zielpublikum. Ein geschlossener Bereich für Members mit Zusatzleistungen generiert weitere Einnahmen.

Die äußere Form der Zusammenarbeit ist eine Aufgabe für Designer und beeinflusst die Struktur des Internet-Angebotes stark. Der Inhalt muss optisch und funktional geschickt platziert sein, damit die Besucher das Angebot verstehen und nutzen. Inhaltssponsoring verwendet oft Buttons. Die Zusammenarbeit ist weit mehr als ein gegenseitiger Link; die Daten sind auch technisch eng verknüpft. Deshalb müssen auch Hardware, Hosting und Support konzeptionell geplant sein. Die Zusammenarbeit geht weit über die Internet-Seite hinaus. Beide Partner müssen das Projekt tragen und als Public Relations-Instrument in ihre Kommunikation integrieren. Diese Maßnahmen sollten abgestimmt sein, was erfahrungsgemäß schwierig ist, wenn die beiden Firmen mit verschiedenen Agenturen zusammenarbeiten.

Die funktionale Zusammenarbeit bedarf einer Intranet-Lösung oder einer Inhaltsbearbeitungs-Software. Abläufe und Kompetenzen müssen langfristig geplant und abgesegnet sein. Wer bearbeitet den Inhalt? Wer ist wofür zuständig? Wer bringt welche Leistung und trägt welche Kosten? Bei einer Newsline mag das Problem weniger dramatisch sein: Der Redakteur ist für die Aktualisierung zuständig und der schlimmstmögliche Streitfall ist, ob eine bestimmte Nachricht erscheint oder nicht. In anderen Fällen ist die Zusammenarbeit weit umfangreicher. Die Tragweite zeigt sich meist erst, wenn Probleme auftauchen. Die beiden Unternehmen sind an die Kooperation gebunden, beide erleiden einen schweren Verlust, wenn das Projekt scheitert.

4.5.7 Communities

Communities sind Plattformen im Internet, wo sich Interessierte zu einem bestimmten Thema treffen und austauschen können. Meist handelt es sich um Chats, Diskussionsforen oder passwortgeschützte Bereiche. Die Anbieter von Communities stellen oft eine bestimmte Dienstleistung zu Verfügung. Die Idee ist, Nutzer und Kunden zu binden.

Obwohl Communities zu einem Modebegriff avanciert sind, gehören sie zu den ältesten Erscheinungen im Internet. Gleichgesinnte «trafen» sich im Internet an einem bestimmten «Ort», das heißt, sie wählten dieselbe Internet-Adresse an, deponierten Texte und tauschten Mail-Adressen aus. Eine Community – wörtlich: Gemeinschaft und Gemeinde – ist bildlich gesprochen ein virtueller Stammtisch. Eine Gemeinschaft wie beispielsweise eine Warteschlange am Schalter politisiert nicht, aber ein Stammtisch tut es. Die Menschen sprechen miteinander zu Themen, die in der Luft liegen; sie tauschen sich aus, auch mit Unbekannten, die sich an den Tisch setzen. Im Internet ist es ähnlich, vor allem im Chat und in Foren. Oft sind Themen als Rahmen vorgegeben, aus der Politik, Technik, Sport oder Ähnliches.

Aus Werbesicht ist die Community eine Möglichkeit, Kunden und Gäste an sich zu binden. Gerade für Konsumgüter, die ein bestimmtes Image erhalten sollen, ist eine Community ein praktikables Werbemittel. Allerdings ist der Begriff ziemlich schwammig und die Betreiber

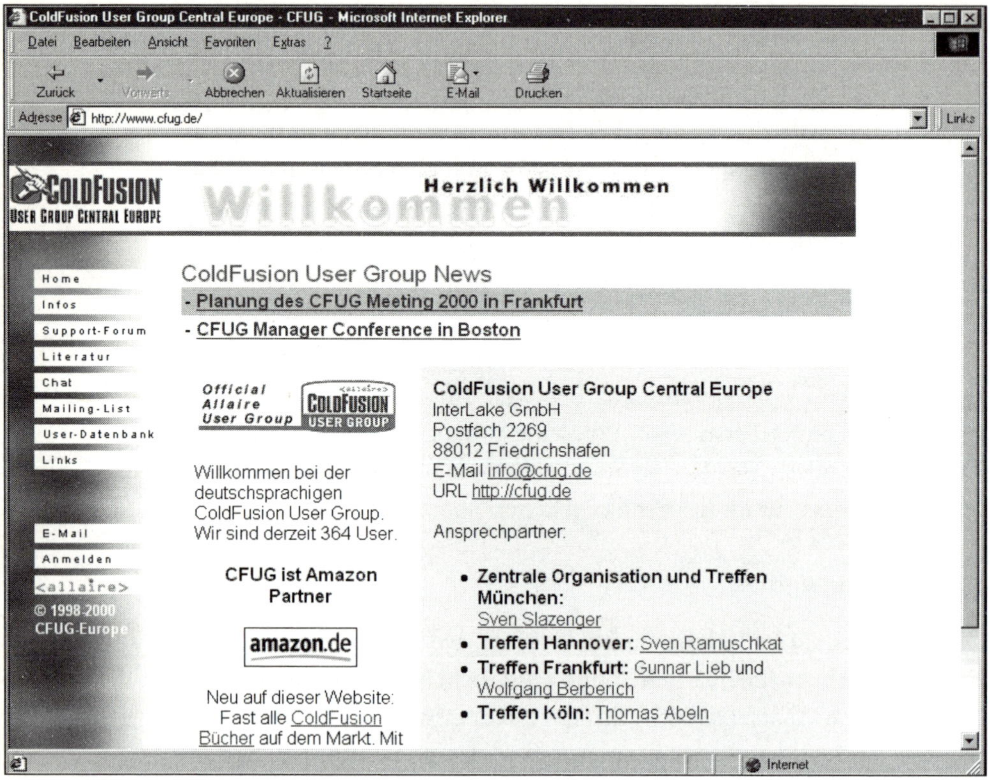

Abb 4.9: Markenbildung und Kontaktpflege im Internet: Techniker treffen sich in ihrer Community «CF User Group» und tauschen sich aus (http://www.cfug.de).

müssen im konkreten Fall die Elemente und die Ausführung genau beschreiben und umsetzen. Auch sind die Ansprüche der User gestiegen: Eine Liste mit interessanten Links ist keine Community. Elemente einer Community können neben Chat und Forum Auktionen für Mitglieder, Wettbewerbe, Exklusiv-Events für Community-Mitglieder, Kleinanzeigen, Fan-Artikel, Exklusivdienste oder Ähnliches sein. Es sind auch regelrechte Klubs mit Mitgliederbeiträgen denkbar.

Die Techniker machen es vor: Abbildung 4.9 zeigt die älteste Form der Communities, den Austausch unter Programmierern. Die Firma Allaire, Hersteller der Datenbank-Software ColdFusion, unterstützt Partner beim Unterhalt von Foren; hier die «ColdFusion User Group Central Europe» in Friedrichshafen, Deutschland. Auf den teilweise passwortgeschützten Plattformen findet seit Jahren ein reger Austausch

Heute ein Knaller – morgen ein Standard

TIPP

In wenigen Jahren werden die elementaren Internet-Dienstleistungen so selbstverständlich sein wie heute ein Visitenkärtchen. Sie müssen davon ausgehen, dass Ihr Unternehmen früher oder später sowieso im Internet präsent sein wird. Es lohnt sich, den positiven Imagegewinn auszunutzen. Umgekehrt verlieren Sie laufend an Image, wenn immer größere Teile Ihrer Konkurrenz die Produkte online anbieten und Sie selbst noch keine eigene Mailadresse haben. Zudem wird ein Internet-Auftritt in Zukunft nicht billiger. Die Marktpreise der professionellen Anbieter pendeln sich langsam ein und es macht sich derselbe Effekt wie in der Hardware bemerkbar: Vor zehn Jahren kostete ein Mittelklasse-PC mit allen Schikanen einen Monatslohn, vor fünf Jahren kostete ein 386er PC mit Drucker ebenfalls einen Monatslohn. Heute können Sie beide im Museum besuchen. Ein anständiger PC ist heute immer noch gleich teuer – ein Monatslohn. Dasselbe gilt im Internet: Sie müssen die Entwicklung mitmachen; Billiglösungen sind heute und in Zukunft witzlos und peinlich.

statt. Die Betreiber der Foren treffen sich auch regelmäßig in der realen Welt und pflegen den Kontakt. Die Firma Allaire unterstützt mit den Communities die Markenbildung ihrer Software und stärkt die Bindung zwischen Hersteller und Partnern.

4.6 Werbewirkung von Site Promotion

Gute Site Promotion hat zweierlei Wirkung: eine Imageförderung beim Publikum und eine Abfragesteigerung auf dem Server. Die Imageförderung ist die wichtigere Komponente, allerdings ist nur die Abfragesteigerung direkt messbar. Über Wirkung klassischer Werbemaßnahmen besteht ein breites Fachwissen bei den Agenturen und eine umfangreiche Literatur. Die wissenschaftliche Erforschung der Werbewirkung von Site Promotion und das Know-how in der Praxis sind hingegen ziemlich bescheiden.

Die Wirkungsforschung für Site Promotion muss sinnvollerweise in zwei Gebiete unterteilt werden: in Werbewirkung von Site Promotion *im* Internet und in Werbewirkung von Site Promotion *außerhalb* des Internet.

Die einzige Wirkung, die das Unternehmen wirklich interessiert, ist die Umsatzsteigerung, die eine Werbemaßnahme bringt. Dies gilt für die Site Promotion genauso wie für alle anderen Formen von Werbung.

4.6.1 Imageförderung

Die Imageförderung durch gute Site Promotion scheint die wichtigste Komponente zu sein. Der Grund ist naheliegend: Werben heißt Vertrauen schaffen. Ein positives Image hilft, im Internet Abfragen und Umsatz zu generieren.

Ungleich schwieriger als die Feststellung des Mechanismus ist die Messung der Imageförderung. Eine Messung wäre wichtig, um zu überprüfen, ob die eingesetzten Mittel den gewünschten Effekt erzielen. Messresultate wären auch ein praktisches Führungsinstrument um bei zukünftigen Maßnahmen bessere Ergebnisse zu erzielen.

Es ist zu vermuten, dass noch viel Zeit vergehen wird, bis zuverlässige Methoden und Instrumente zur Verfügung stehen, mit denen sich Imageförderung durch Site Promotion messen lässt. Dieser Umstand sollte jedoch die Unternehmen nicht dazu verleiten, auf die Werbemaßnahmen zu verzichten. Es scheint angebracht, mit der nötigen Distanz die Imagewirkung zu umschreiben und zu schätzen, ob sich die getroffenen Maßnahmen gelohnt haben. Schließlich besteht das analoge Problem auch bei anderen Formen von imagefördernder Werbung.

4.6.2 Abfragesteigerung

Das Ergebnis guter Site Promotion ist Erfolg, der sich in einer messbaren Steigerung der Abfragezahlen ausdrückt. Die eigentliche Wirkung ist bei Site Promotion im Internet und bei Site Promotion mit klassischen Werbemitteln dieselbe: Die Abfragezahlen steigen und der Kreis der Benutzer des Online-Angebotes und der Kreis der Online-Kunden wächst. Die Methoden der Erfolgsauswertung sind ausführlich in Kapitel 7 beschrieben.

Die Mechanismen, die für Abfragesteigerungen sorgen, sind primär von akademischem Interesse. Für die Untersuchung von Abfragesteigerungen durch Site Promotion müssen Methoden der Wahrnehmungspsychologie und der publizistischen Wirkungstheorien verwendet werden. Das Unternehmen kann sich darauf beschränken, den Erfolg direkt auszuwerten. Die Agenturen sollten die Forschungsresultate aus den Universitäten berücksichtigen und versuchen, sie in die Alltagsarbeit mit einzubeziehen.

4.6.3 Werbewirkung von Site Promotion im Internet

Werbewirkung von Site Promotion im Internet misst den Erfolg von Werbemaßnahmen, die ein Unternehmen im Internet durchgeführt hat. Die wichtigste Form von Site Promotion im Internet ist Bannerwerbung. Die Erfolgsauswertung der Bannerwerbung ist einfach und die Instrumente der Erfolgsmessung sind recht weit entwickelt. Keine andere Werbeform in keinem anderen Medium lässt eine derart exakte, präzise Erfolgsauswertung zu.

In der Praxis ist die Bannerwerbung derart dominant, daß die Unternehmen sich auf die Auswertung der Bannerwerbung beschränken können. Die Instrumente der Erfolgskontrolle sind genügend ausgereift, um zuverlässige Ergebnisse zu liefern. Wenn das Budget beschränkt und das Engagement im Internet limitiert ist, kann das Unternehmen Site Promotion und Erfolgskontrolle auf Bannerwerbung beschränken. In Kapitel 7 ist die Erfolgsauswertung von Bannerwerbung ausführlich beschrieben.

In der Praxis genügt es auch hier, den Erfolg zu messen und sich über die eigentlichen Mechanismen keine allzu großen Sorgen zu machen. Das fundierte Verständnis der Wirkungszusammenhänge ist komplex und das Fachwissen aus der Psychologie und aus den publizistischen Wirkungstheorien hilft nur wenig, im Alltag bessere Ergebnisse zu erzielen. Pragmatische Unternehmen beschränken sich deshalb auf die Erfolgskontrolle der Werbewirkung von Site Promotion im Internet.

Abbildung 4.10 zeigt einen symbolisierten Vergleich zwischen einem Kinospot und einem Banner. Der Kinospot löst beim Publikum im Kino eine Stimulus-Response-Reaktion aus. Die Reaktion – in diesem Falle ein Kaufwunsch mit anschließender Handlung – ist gekennzeichnet durch den Zeitverlust, bis der Film zu Ende ist und bis die Geschäfte am nächsten Tag wieder geöffnet sind. Die analoge Stimulus-Response-Reaktion im Internet – ausgelöst durch das Banner – geschieht im Internet ohne Zeitverlust und ohne geografische Bewegung des Kun-

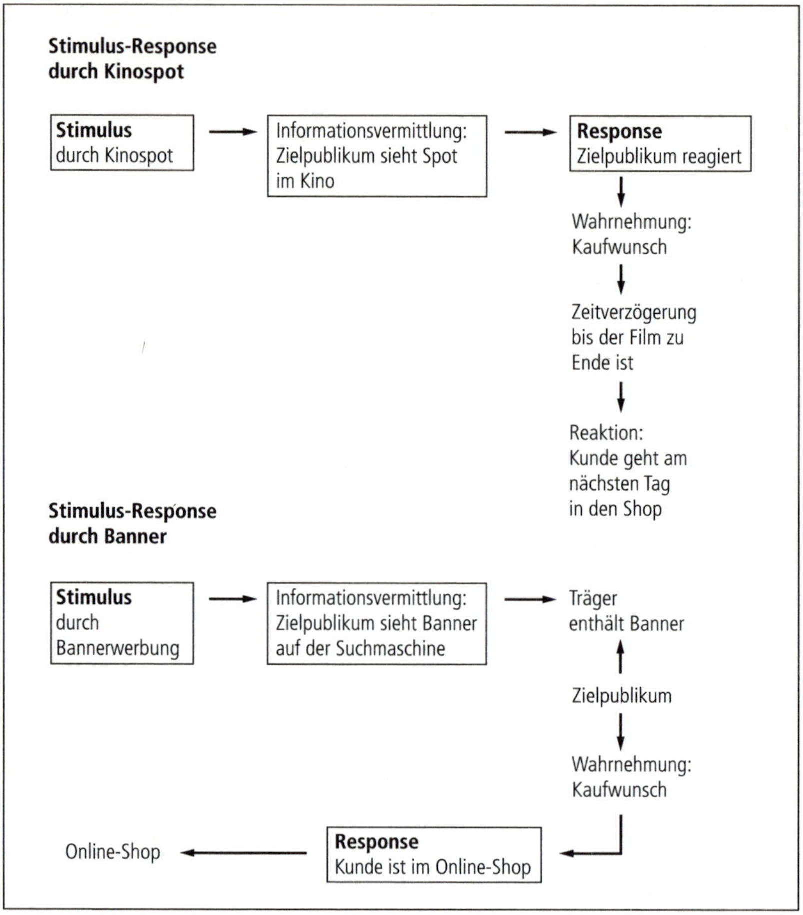

Abb. 4.10: Stimulus-Response mit Kaufentscheidung (© ionos GmbH).

den. Er klickt auf das Banner und befindet sich nach wenigen Sekunden bildlich gesprochen im Online-Shop. Der Response, ebenfalls ein Kauf, geschieht unmittelbar. Es gibt keinen Medienbruch, keine geografische Bewegung und keine Zeitverzögerung.

4.6.4 Werbewirkung von Site Promotion außerhalb des Internet

Werbewirkung von Site Promotion außerhalb des Internet misst den Erfolg von Maßnahmen, die darauf abzielen, mit klassischen Werbemitteln außerhalb des Internet zusätzliche Besucher auf ein Internet-Angebot zu bringen. Die Auswertung der Werbewirkung ist Sache der

Agentur. Die Instrumente zur Wirkungserfassung sind dieselben wie in der klassischen Werbung.

Die Werbewirkung von Site Promotion zielt auf zwei Ebenen: Eine Werbemaßnahme wirkt sich erstens auf die Abfragesteigerungen und den Umsatz im Online-Shop aus und zweitens auf zusätzliche Kundenkontakte und zusätzlichen Umsatz außerhalb des Internet. Klassische Verkaufskanäle können ebenfalls von Site Promotion profitieren.

Im beruflichen Alltag gilt auch hier die Devise, dass allzu genaue Auswertung der Werbewirkung vergebene Liebesmühe sein kann. Werbewirkung von Site Promotion außerhalb des Internet zeigt sich in den Abfragestatistiken; eine Aufschlüsselung der Wirkung nach einzelnen Werbemaßnahmen wäre als Führungsinstrument natürlich brennend interessant. Allerdings müssen Kosten der Wirkungserfassung und Nutzen gegeneinander abgewogen werden. Unternehmen sollten keine Ressourcen für akademische Forschung verschwenden.

4.6.5 Umsatzzuwachs

Die interessanteste Komponente der Werbewirkung ist natürlich der zusätzliche Umsatz, den Site Promotion generiert. Der Umsatz und seine Veränderungen sind die besten Indizien für Werbewirkung. Die Umsätze im Online-Shop sind exakt bekannt. Es wäre für das Unternehmen interessant zu wissen, welche Werbemaßnahmen welchen Anteil

TIPP

Reale Kunden dank Online-Shop

Endverkäufer können mit Site Promotion und mit dem Online-Shop selbst zusätzliche Kunden in den Laden bringen. Die Kunden haben zum Beispiel im Internet eine neue Snowboardlinie gesehen, die sie real erfahren wollen. Im Online-Shop sind hunderte von Boards und Ersatzteile in rauhen Massen aufgelistet, im Sportgeschäft steht von jeder Linie nur noch das Grundmodell. Die Kombination von Sortimentsausweitung im Online-Shop und Kostenersparnis im Lager ermöglicht eine echte Steigerung des Gewinnes. Diese Möglichkeit, die ein Online-Shop bietet, können prinzipiell alle Unternehmen ausnützen. Sie müssen die beiden Effekt für Ihren speziellen Markt erkennen und anwenden.

am zusätzlichen Umsatz hatten. Wenn das Unternehmen oder die Agentur dies herausarbeiten kann, wäre es ein erstklassiges Führungsinstrument für zukünftige Site Promotion.

Umsatzzuwachs im Online-Shop

Der Umsatz im Online-Shop ist jederzeit bekannt. Eine Auswertung der Werbewirkung einer Kampagne gehört zu den Aufgaben der Agentur. Das Unternehmen sollte sich nicht zieren, die Umsatzzahlen des Online-Shops bekannt zu geben. Die Agentur behandelt diese Zahlen natürlich vertraulich. Die Auswirkung der Werbewirkung ist ein Führungsinstrument für die folgenden Kampagnen.

Umsatzzuwachs außerhalb des Online-Shops

Das Unternehmen sollte versuchen herauszufinden, wieviel zusätzlichen Umsatz die Site Promotion außerhalb des Online-Shops generiert. Diese Werbewirkung kann in der Regel nicht direkt gemessen werden. Aus diesem Grund wird der Erfolg einer Werbewirkung oft systematisch *unterschätzt*.

Ein gegenläufiger Effekt ist die Kannibalisierung. Das Unternehmen muss herausfinden, welche Umsätze in seinem Online-Shop tatsächlich neu sind und welche aus Kannibalisierung stammen. Kannibalisierung ist eine Umsatzverlagerung, wenn beispielsweise der Katalogversand abnimmt und Online-Bestellungen zunehmen. In solchen Fällen hat das Unternehmen zusätzliche Kosten, aber die Umsätze bleiben gleich hoch. Dieser Effekt sorgt dafür, dass die Werbewirkung oft systematisch *überschätzt* wird.

Es bestehen noch keine Untersuchungen darüber, welcher Effekt überwiegt. Vermutlich ist das auch von Branche zu Branche verschieden. Unternehmen in der Praxis können Schätzungen vornehmen, die sie aber mit der nötigen Distanz verwenden sollten.

Bei kleinen Geschäften hat es sich gezeigt, dass der Umsatzzuwachs außerhalb des Online-Shops durchaus substanziell sein kann. Gerade in Branchen, deren Kunden eine Affinität zum Internet haben – wie Sportartikel –, kann die Site Promotion und der Online-Shop selbst zusätzliche Kunden in den realen Laden locken. Die Kunden haben ein tolles Angebot im Online-Shop entdeckt und wollen nun den Artikel real sehen. Die Grenzen der Werbewirkung sind in diesem Falle genauso fließend wie die eigentlichen Werbemaßnahmen.

Checkliste: Site Promotion

Site Promotion ist Internet-Werbung im weitesten Sinne. Es gibt Site Promotion im Internet und Site Promotion außerhalb des Internet. Unabhängig davon, ob das Unternehmen Site Promotion selbst durchführt oder Aufträge an Agenturen vergibt, müssen mindestens folgende Bedingungen erfüllt sein:

1. Vorbereitung

- ☐ Angewandte Site Promotion: Eintrag in Suchmaschinen, Pressearbeit etc.
- ☐ Auslegeordnung aller Informationsträger des Unternehmens
- ☐ Strategisches Kommunikationskonzept, welche Botschaft auf welchem Kanal verbreitet wird
- ☐ Anpassung aller Träger
- ☐ Integration aller Kanäle

2. Kataloge und Prospekte

- ☐ Voraussetzung: Produktmix, Sortimentsausweitung, Preispolitik im Online-Shop ausgearbeitet
- ☐ Strategisches Konzept über Zusatzfunktionen für Kataloge und Prospekte
- ☐ Kostenvoranschläge über die Folgen von Auflageänderungen, Versandkosten, Änderung des Herstellungsprinzips, Printprospekt nur für Online-Sortiment

3. Klassische Werbung im Einsatz für Site Promotion

- ☐ Perfektes Know-how und Erfahrung für klassische Werbung
- ☐ Strategisches Konzept, die Botschaft der Site Promotion zu kommunizieren
- ☐ Konzept für Nutzung der verschiedenen Werbekanäle

4. Nebenformen von Site Promotion

- ☐ Sorgfältige Planung, ob Nebenformen von Site Promotion in Frage kommen, insbesondere Event-Marketing, Sponsoring, Durchführung von klassischen Events und Betrieb eigener Plattformen
- ☐ Kostenabschätzung

5

Bannerwerbung in der Praxis

Kernstück jeder Internet-Werbung ist die Bannerkampagne. Die Bannerkampagne basiert auf einem Mediaplan. Analog wie ein Mediaplan für klassische Werbung die Werbebotschaft und die Durchführung der Kampagne plant, liefert ein Mediaplan für Internet-Werbung den Vorgehensplan für die Durchführung der Kampagne. Je nach Anforderung der Unternehmenskommunikation enthält der Mediaplan auch die Grundlagen für Site Promotion außerhalb des Internet. Das Unternehmen muss den Mediaplan für Internet-Werbung in den klassischen Mediaplan integrieren. Ausgehend vom Mediaplan führt das Unternehmen oder seine Werbeagentur die Internet-Werbung durch und wertet das Ergebnis aus.

5.1 Die Kampagne

Das Herz jeder Internet-Werbung ist die Bannerkampagne. Bannerwerbung ist die effizienteste Methode, die Abfragen auf dem eigenen Internet-Angebot zu steigern. Das Prinzip der Bannerwerbung ist einfach, die Möglichkeiten sind grenzenlos. Bei richtiger Anwendung, guter Planung und professioneller Umsetzung bringt Bannerwerbung verblüffende Resultate.

Bannerschaltung ohne Konzept ist verlorenes Geld. Eine erfolgreiche Bannerkampagne ist eingebettet in die Unternehmenskommunikation. Die Informationsflüsse sind gekoppelt an die unternehmerischen Prozesse und fließen nahtlos in die betrieblichen Abläufe ein. Keine andere Werbeform ermöglicht eine derart enge Koppelung von Werbung an den Verkauf.

Die Vorbereitung der Kampagne umfasst eine kurze Markt- und Branchenanalyse. Die Marktanalyse untersucht den Stand und die Entwicklung des Internet im relevanten Markt. Die Prognosen beziehen sich auf den Strukturwandel, den das Internet auslöst, auf neue Konkurrenten und auf mögliche Parallelimporte und Schattenwirtschaft, die entstehen kann. Es folgt die Planung der Kampagne, sie enthält vorwiegend administrative Elemente.

Kern jeder Kampagne ist der Mediaplan. In der Realität zeigt sich, dass mit Bannerwerbung oft mitten in der Saison begonnen werden muss. Das Tempo im Internet lässt nicht zu, dass das Internet-Angebot nicht beworben wird, bis die Budgetdebatte im nächsten Herbst stattfindet. Das Unternehmen hat bereits einen klassischen Mediaplan. Die Aufgabe lautet, einen analogen Plan für die Bannerschaltung und Site Promotion zu erstellen und die beiden in Einklang zu bringen.

Die Durchführung der Kampagne ist Handwerk. Nach Auftragserteilung und Auftragsabwicklung folgt die Auftragskontrolle. Noch während der Kampagne beginnt die Erfolgskontrolle. Die Auswertung des Erfolgs ist das zentrale Führungsinstrument für die folgenden Kampagnen. Mit den Ergebnissen der Erfolgsauswertung steigt der Wissensstand des Unternehmens systematisch an und jede Kampagne ist spürbar erfolgreicher als die vorhergehende.

Dieses Kapitel soll Hilfe bieten für die Vorbereitung der Kampagne, für die Erstellung eines Mediaplans, die Verknüpfung von klassischer

Werbung mit Internet-Werbung, für die Realisierung der Kampagne und für die Auftragskontrolle. Die Erfolgskontrolle ist ausführlich in Kapitel 7 beschrieben.

5.1.1 Vorbereitung der Kampagne

Zur Vorbereitung einer Bannerkampagne gehört eine Marktanalyse und eine Branchenanalyse. Die Markt- und Branchenanalyse bringt Informationen, die bei Durchführung von klassischen Werbemaßnahmen bekannt sind oder sehr einfach beschafft werden können. Die Marktanalyse ist pragmatisch und hat den Zweck, die Situation richtig einzuschätzen. Die Märkte im Internet sind oft anders beschaffen als reale Märkte und entwickeln sich in Richtungen, die nicht intuitiv ersichtlich sind. Markt- und Branchenanalyse verhindern, dass Internet-Werbung an den Gegebenheiten vorbeizielt.

Markt- und Branchenanalysen sind nur für Kampagnen ab einem gewissen Umfang notwendig. Als Faustregel kann gelten, dass Kampagnen mit über 1 Million geschalteten Bannern eine Analyse der Gegebenheiten vorausgehen sollte. Bei Großkampagnen ab 10 Millionen geschalteten Bannern müssen für die Ausarbeitung des Mediaplans detaillierte Markt- und Branchenanalysen vorliegen.

Es sind im Wesentlichen drei Voraussetzungen, die für erfolgreiche Internet-Werbung gegeben sein müssen: In der Chefetage sind die strategischen Entscheidungen gefällt, die Kompetenzen und Aufgaben sind verteilt und das Internet-Angebot läuft.

Strategische Entscheidungen gefällt

Die Strategie des Unternehmens im Internet ist besiegelt und das Budget ist festgelegt. Es ist ein heikles Unterfangen, mit Internet-Werbung an die Öffentlichkeit zu gelangen, wenn sich das Unternehmen noch in der Entwicklungsphase befindet und diskutiert, wozu das Internet eigentlich gut sein soll. Eine Firmenpräsentation und ein Online-Shop sind keine dramatische Angelegenheit und das Risiko ist bei guter Planung und professioneller Realisierung gering. Die ausführenden Instanzen und Angestellten müssen sich jedoch auf Entscheidungen stützen können und sie brauchen einen Rückhalt, wenn doch etwas schief gehen sollte.

Kompetenzen und Aufgaben verteilt

Die Chargen sind verteilt, die Aufgaben sind klar und alle Angestellten wissen, was sie zu tun und zu lassen haben. «Kompetenzen sind verteilt» bedeutet auch, dass alle notwendigen Aufträge vergeben sind. Ein klassischer Anfängerfehler bei der Internet-Werbung ist es, dass ein Zwischenschritt oder ein Element schlicht vergessen wird. Banale Versäumnisse können die ganze Kampagne verzögern oder gar zunichte machen.

Online-Shop läuft, Arbeitsplatz eingerichtet, Personal geschult

Internet-Werbung und Online-Verkauf sind nicht schöngeistig, es bedeutet Knochenarbeit. Das Internet mag virtuell sein, der Verkauf im Online-Shop ist real. Eine Werbeaktion kann nur Erfolg haben, wenn die Arbeitsprozesse eingespielt sind und funktionieren. Das Bestellwesen ist eingerichtet, die Auslieferung ist organisiert und es ist klar, wer wie Rechnungen verschickt und für das Inkasso zuständig ist. Das Personal, das den Online-Shop bedient, ist entsprechend geschult. Für Hosting und Unterhalt des Shops steht der Support einer Informatikfirma zur Verfügung.

5.1.2 Planung der Kampagne

Die Planung der Kampagne umfasst einerseits Ausprägung der Bannerkampagne und andererseits die Einbettung der Kampagne in die Unternehmenskommunikation, speziell in die Site Promotion.

Die drei wichtigsten Elemente einer Internet-Werbekampagne sind der Mediaplan, die Durchführung und die Bearbeitung. Der Mediaplan beantwortet die Fragen, welche Werbung in welchem Umfang auf welchem Träger erscheint. Die Planung der Durchführung sorgt dafür, dass bei der Realisierung keine Überraschungen auftauchen. Und die Bearbeitung der Internet-Werbung bezieht sich auf die Erfolgsauswertung einerseits und die zügige Bearbeitung der Bestellungseingänge im Online-Shop andererseits.

Bannerwerbung in unternehmerische Prozesse integrieren

TIPP

Investieren Sie in die Zukunft – machen Sie einen Tag blau! Lassen Sie Ihr Handy zu Hause, spazieren Sie durch den Wald und überlegen Sie sich Folgendes: Wie fließen heute in Ihrem Unternehmen Informationen? Wie erhält der Kunde die Produktinformationen? In welcher Form fließt die Kundenreaktion in das Unternehmen zurück und wie ist die Reaktion in Form von Auftragsabwicklung, Auslieferung und Geldfluss der Zahlung? Überlegen Sie sich die Änderungen, die sich mit Internet-Werbung und Internet-Verkauf bezüglich Ihrer bisherigen Abläufe ergeben und welche Auswirkungen dies auf das Organigramm hat. Zeichnen Sie! Wer schickt die Informationen heute wie aus dem Unternehmen heraus? In welcher Form kommt die Botschaft beim Kunden an? Mit welchem Informationsträger reagiert der Kunde? Wer nimmt wie die Bestellungen entgegen? Wer liefert wie aus? Wer nimmt das Geld wie entgegen? Skizzieren und beschriften Sie diese Abläufe! Und jetzt: Ein Online-Shop mit Bannerwerbung – die gleichen Fragen, eine neue Skizze, neue Beschriftung. Wie fließen die Informationen, welchen Weg nehmen Ihre Güter? Sie können sicher sein, dass Sie ein Führungsinstrument ausgearbeitet haben, von dem 90 Prozent Ihrer Konkurrenz noch nicht einmal wissen, dass es das gibt.

5.2 Der Mediaplan

Es gibt keine einheitliche Definition des Begriffes Mediaplan. Ziel und Zweck eines Mediaplans ist jedoch stets derselbe: Die Werbebotschaft soll effizient zum Zielpublikum gebracht werden. In der Praxis existieren einige Begriffe mit ähnlichem Inhalt, beispielsweise Werbekonzept oder Werbeplanung. Praktikabel ist, den Begriff Mediaplan in folgendem Sinne zu verwenden:

«Die Mediaplanung ist eine systematische Auswahl der geeigneten Werbemittel auf den Werbeträgern und einer Zeitplanung mit dem Zweck, den Nutzen der eingesetzten Werbegelder zu optimieren.»

Genauso wie jeder Werbekampagne in klassischen Medien eine Denkarbeit vorausgeht, wie und wann welche Werbung in welchem Umfang wo erscheint, muss auch im Internet ein Mediaplan erarbeitet werden. Es geht darum, den klassischen Mediaplan und den Internet-Mediaplan zusammenzuführen und in die Unternehmenskommunikation und in die Prozesse zu integrieren. Der Mediaplan ist das Fundament für eine erfolgreiche Kampagne.

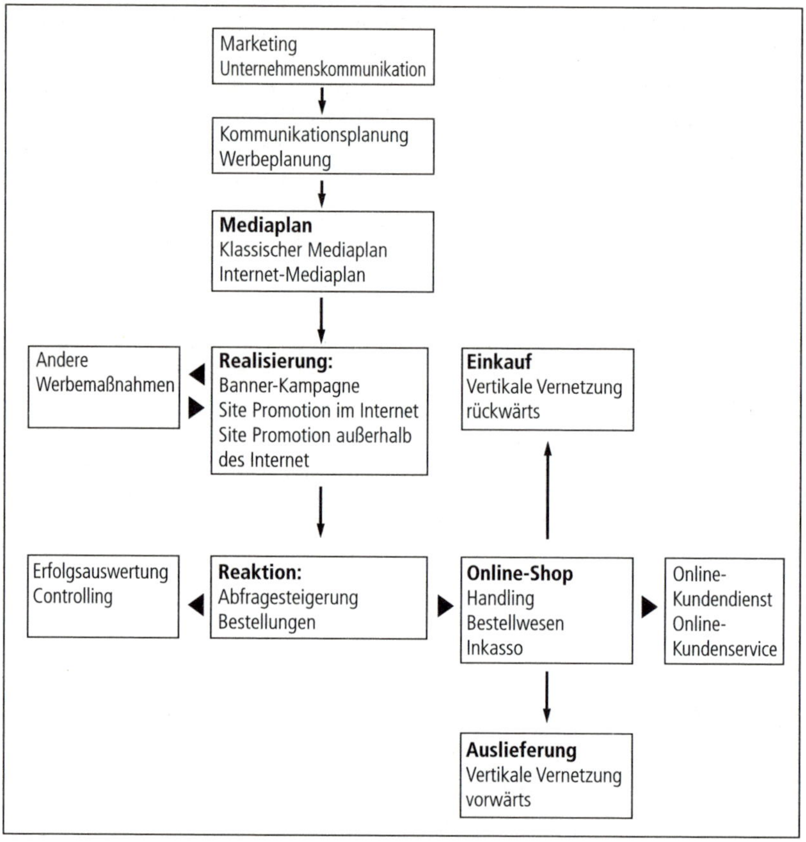

Abb. 5.1: Einbettung des Mediaplans (© ionos GmbH).

Abbildung 5.1 zeigt die Position des Mediaplans in den Kommunikationsprozessen. Der Mediaplan besteht aus der Verschmelzung des klassischen Mediaplans und des Internet-Mediaplans. Er basiert auf der Kommunikationsplanung und der Werbeplanung des Unternehmens. Diese wiederum ist Teil des Marketings und der gesamten Unternehmenskommunikation. Die Stufen Marketing und Kommunikationsplanung basieren auf strategischen Entscheidungen. Alle anderen Aufgaben sind operativ.

Die Umsetzung des Mediaplans ist die Durchführung der Internet-Werbung. Das wichtigste Element der Site Promotion im Internet ist Bannerwerbung. Bannerwerbung und Site Promotion sind in andere Werbemaßnahmen integriert und mit ihnen abgestimmt.

Erfolgreiche Internet-Werbung zeigt zwei Reaktionen: Abfragesteigerungen auf dem Server und Bestellungen im Online-Shop. Das Unternehmen hat somit zwei Aufgaben: Es muss einerseits die Kampagne unmittelbar auswerten und kontrollieren und andererseits die Bestellungen im Online-Shop entgegennehmen und bearbeiten.

Der Online-Shop seinerseits ist in die Unternehmensprozesse integriert: Der Shop ist vorwärts und rückwärts vernetzt. Rückwärts vernetzt heisst Anbindung an Einkauf und Logistik. Die Bestellungsbearbeitung ist Sache der Ablaufprozesse im Online-Shop. Die Vorwärtsvernetzung bezieht sich auf die Auslieferung der Produkte zu den Kunden. Gleichzeitig mit den Bestellungen ist der Online-Kundendienst und der Online-Kundenservice gefordert.

Wichtig ist, dass sich das Unternehmen bewusst ist, dass im Internet die Geschwindigkeit generell einen Gang höher ist als in der realen Welt und dass die Vernetzungen viel enger sind. Buchstäblich mit dem Beginn der erfolgreichen Kampagne steigen die Abfragen und Bestellungen im Shop. Erfolgsauswertung und Controlling beeinflussen noch die laufende Kampagne, wenn die Abfragezahlen nicht stimmen.

Internet-Werbung kann nur erfolgreich sein, wenn die Maßnahmen auf einer professionellen Planung aufbauen und wenn die Kampagne und der Online-Shop eng vernetzt sind.

5.2.1 Klassischer Mediaplan

Der Mediaplan fasst die Werbeziele in ein Konzept, das direkt für die Kampagne angewendet werden kann. Die Werbepraxis kennt die Aufgaben und Anforderungen für einen Mediaplan in klassischen Werbeträgern sehr gut. Werbebudgets verschlingen eine Menge Geld und eine sorgfältige Planung ist deshalb doppelt wichtig. In der Regel übernimmt die Werbeagentur die Mediaplanung. Kleinere Unternehmen können ihre Werbekampagnen selbst planen, allerdings muss dann ein gewisses Minimum an Erfahrung und Know-how im Unternehmen vorhanden sein.

Der Mediaplan basiert auf einer Medienstrategie. Die Medienstrategie beschreibt die Ziele und das grundsätzliche Vorgehen. Darin sind meist die Mediengattungen wie Print oder Bild und die Mediengruppen wie Tageszeitungen oder Lokalfernsehen festgelegt. Auf dieser Stufe fällt die Entscheidung, welche Geldmengen in welche Mediengattung fließen.

Der Mediaplan fasst die strategischen Werbeziele wie beispielsweise «Erhöhung des Bekanntheitsgrades der Marke» oder «Eindringen in einen neuen geografischen Markt» in ein fassbares, anwendbares Konzept. Der Mediaplan ist gewissermaßen eine Gebrauchsanleitung, mit welchen Werbemitteln in welcher Zeitspanne auf welchen Trägern das Unternehmen sein Zielpublikum anspricht.

Die Mediaplanung erfolgt zielgruppenorientiert. Typische Kriterien einer Zielgruppe sind soziodemografische Merkmale wie Alter, Geschlecht, Wohnform und Ähnliches oder verhaltensbezogene Merkmale. Konsumbezogene Kriterien bezeichnen die Zielgruppe nach ihren Gewohnheiten, beispielsweise nach typischen Merkmalen von Inline-Skatern oder Smart-Besitzern.

Der Mediaplan muss ein abgerundetes Gesamtbild ergeben. Der Mediaplan ist ein Arbeitsinstrument und muss somit übersichtlich, praktisch und handlich sein. Der Plan ist eingebettet in die Unternehmenskommunikation, basiert auf der Werbeplanung und wird durch operative Organe umgesetzt.

5.2.2 Internet-Mediaplan

Der Internet-Mediaplan ist ein Vorgehensplan, der die strategischen Werbeziele des Unternehmens für Internet-Werbung in eine Anwendungsanleitung umsetzt. Eine Definition des Begriffes Internet-Mediaplan könnte folgendermaßen lauten:

«Der Internet-Mediaplan ist eine systematische Auswahl der geeigneten Werbemittel im und außerhalb des Internet und die Kombination der verschiedenen Trägermedien im und außerhalb des Internet mit dem Zweck, den Bekanntheitsgrad der Internet-Adresse zu erhöhen und die Abfragezahlen auf dem Server zu steigern.»

Der Internet-Mediaplan enthält je nach Ausprägung eine Planung der Site Promotion außerhalb des Internet und der Site Promotion im Internet. Einige Aufgaben wie Anpassung der Träger und Zusatzfunktionen für Kataloge und Prospekte sind elementar und gehören nicht in den Internet-Mediaplan. Ebenso hat die angewandte Site Promotion wie Eintrag in Suchmaschinen und Verzeichnisse, Pressearbeit und Einsatz von Mails im Internet-Mediaplan nichts zu suchen, genauso wenig die Nebenformen der Site Promotion wie Event-Marketing im Internet, Sponsoring im Internet, klassische Events und Herstellung von eigenen Plattformen. Diese Aufgaben sind in Kapitel 4 beschrieben.

Die strategischen Fragen wie Budgetgröße sind vor Beginn der Arbeit am Internet-Mediaplan geklärt, ebenso die operativen Voraussetzungen für erfolgreiche Internet-Werbung wie ein funktionsfähiger Online-Shop und das Know-how für dessen Handling.

Der Internet-Mediaplan enthält die Vorgehensweisen für die Site Promotion auf klassischen Trägern und für die Site Promotion im Internet, also für Bannerwerbung. Es spielt prinzipiell keine Rolle, wie das Unternehmen diese Trennung vornimmt. Es sind folgende zwei Varianten denkbar: Einerseits kann man die Site Promotion auf klassischen Werbeträgern in den klassischen Mediaplan integrieren. In diesem Falle ist der Internet-Mediaplan ein reiner Mediaplan für Banner-Kampagnen. Andererseits kann man aber auch einen Mediaplan für die gesamte Site Promotion entwerfen. In diesem Falle umfasst der Internet-Mediaplan sämtliche Site-Promotion-Maßnahmen. Wichtig ist, dass die Planer den Unterschied kennen und die Trennung bewusst vornehmen.

Reiner Internet-Mediaplan

Ein reiner Internet-Mediaplan umfasst die Planung sämtlicher Werbemaßnahmen *im* Internet. In der Praxis reduziert sich der reine Internet-Mediaplan auf einen Mediaplan für eine Bannerkampagne. Dies rechtfertigt sich durch den Umstand, dass heute Bannerwerbung die einzig relevante Werbeform *im* Internet ist.

Meist kann sich ein Internet-Mediaplan auf bestehende klassische Mediapläne abstützen; Fragen wie Zielpublikum oder Ähnliches müssen in der Regel nicht von Grund auf neu festgelegt werden. Der reine Internet-Mediaplan setzt die Elemente, die in Kapitel 3 besprochen sind, in ein anwendbares Konzept um.

Ausprägung des Banners für die jeweilige Zielgruppe und den jeweiligen Träger	Wahl der Werbeträger nach Gattung	Konkrete Wahl der Werbeträger nach den relevanten Kriterien	Platzierungskriterien	Detaillierte Festlegung aller Schaltungskriterien	Die Dauer der Schaltung festlegen
Größe	Suchmaschinen	Zielgruppen	Bannermix	Zufallsschaltung	Häufigkeit
Statisches Banner	Suchindizes	Abfragezahlen	Welches Banner auf welchem Träger	Streuung	Erscheinungsdauer auf dem Träger
Animiertes Banner	Portale	Technischer Stand		Stichwortkoppelung	Schaltungsdauer
Inhalt des Banners	Inhaltsanbieter	Platzierung der Banner auf dem Träger		Kategorienkoppelung	
Verwendung von Ton	Thematische Verzeichnisse	Service		Zeitliche Koppelung	
Metatags	Thematische Plattformen	Preise		Geografische Verteilung	
Applikatorisches Banner	Branchenseiten			Sprachliche Koppelung	
Narratives Banner	Dienstleistungsseiten			Technische Koppelung	
Integratives Banner	Geografische Plattform				

Tab. 5.1: Reiner Internet-Mediaplan (© ionos GmbH).

Tabelle 5.1 enthält summarisch die Aufgaben eines reinen Internet-Mediaplans. Es sind nur die Aufgaben erwähnt, die speziell für den reinen Internet-Mediaplan wichtig sind; Tätigkeiten wie allgemeine Zielgruppendefinierung oder Formulierung der Werbebotschaft sind nicht erwähnt, diese gehören in andere Gebiete oder sind Voraussetzung für den reinen Internet-Mediaplan. (Hinweis: Die Erscheinungsdauer auf dem Bildschirm und die Lebensdauer eines Banners sind keine Elemente des Mediaplans.)

Die zeitliche Dimension des reinen Internet-Mediaplans ist zu beachten: Die Kampagnen sind idealerweise so angelegt, dass eine kurze Testphase für die Einführung vorausgeht und dass sie jederzeit gestoppt werden können. Nur wer lange Erfahrung mit Bannerwerbung hat, sollte langfristige Verträge mit Betreibern von Internet-Werbeträgern eingehen.

Genauso wichtig ist die laufende Anpassung des Mediaplans. Als sinnvoll hat sich eine Quartalsplanung erwiesen: Das Controlling der Kampagne umfasst die Abfragestatistik auf dem Server und die Umsatzzahlen im Online-Shop. Diese beiden Werte fließen in die Anpassung des Mediaplans ein und lösen wenn nötig Änderungen aus.

Internet-Mediaplan für Site Promotion

Ein Internet-Mediaplan für Site Promotion umfasst die Planung der Site Promotion *im* Internet und der Site Promotion *außerhalb* des Internet. Der Internet-Mediaplan für Site Promotion ist ein erweiterter reiner Internet-Mediaplan. Der erweiterte Teil ist gewissermaßen ein klassischer Mediaplan für die Site Promotion.

Der Vorteil des Internet-Mediaplans für Site Promotion ist, dass die Verbindung zwischen klassischem Mediaplan und Internet-Mediaplan einfacher ist. Der Aufbau des Internet-Mediaplans für Site Promotion ist sinnvollerweise gleich wie derjenige für klassische Werbung. Das Unternehmen kann sein Fachwissen leichter umsetzen und die Integration der Bannerwerbung in die Unternehmenskommunikation fällt leichter.

Der Nachteil ist, dass bei der Planung die Grenze zwischen klassischer Werbung und Internet-Werbung nicht mehr klar ist. Bei der Wahl der Werbeträger ergeben sich meist keine Schwierigkeiten, allerdings sind Aufgaben wie Zielgruppendefinierung oft schwierig. Die Hauptgefahr bei einem Internet-Mediaplan für Site Promotion ist jedoch, dass die Bannerwerbung zu stiefmütterlich behandelt wird.

TIPP

Machen Sie einen reinen Internet-Mediaplan

Wie Sie die Trennung der Mediapläne vornehmen, ist im Prinzip einerlei. Wichtig ist nur, dass Sie beide Elemente, die Site Promotion im Internet und die Site Promotion außerhalb des Internet, sorgfältig planen. Die Erfahrung in der Internet-Werbung hat gezeigt, dass die Agenturen mit ihrer Erfahrung in der klassischen Werbung sehr gut zurecht kommen mit der Planung der Site Promotion außerhalb des Internet. Hingegen ist Bannerwerbung – die heute einzige relevante Werbeform von Site Promotion im Internet – eine Welt für sich. Es lohnt sich, hier besonders sorgfältig zu planen und eine Person oder Agentur darauf anzusetzen, die über genügend Erfahrung verfügt. Die Zusammenführung ist in der Regel auch einfacher. Für einen Internet-Menschen ist es weniger schwierig, sich in klassischer Werbung zurecht zu finden als umgekehrt.

5.2.3 Verbindung klassischer Mediaplan – Internet-Mediaplan

Es gibt prinzipiell zwei Möglichkeiten, den klassischen Mediaplan und den Internet-Mediaplan zusammenzuführen: Entweder ändert die Firma den Zeitpunkt der Budgetdebatte oder das Unternehmen stellt für den Online-Shop ein eigenes Werbebudget zur Verfügung.

Budgetdebatte vorziehen

Das Unternehmen kann gleichzeitig mit der strategischen Entscheidung, die Produkte auch über den neuen Kanal Internet zu verkaufen, die gesamte Werbung anpassen. Das Werbebudget wird entsprechend aufgestockt und angepasst. Dazu ist eine Budgetentscheidung notwendig. Mit dem Going online des Shops beginnt die neue, angepasste Werbung, die auf einem umfassenden Mediaplan basiert.

Der Hauptvorteil dieser Methode liegt darin, dass der Online-Shop von Anfang an in die gesamte Unternehmenskommunikation eingebettet ist. Die Reibungen zwischen klassischer Werbung und Internet-Werbung können auf ein Minimum gesenkt werden. Die eigentliche Zusammenführung der beiden Mediapläne entfällt mit dieser Methode, da gleichzeitig mit dem Going online ein umfassender Mediaplan erarbeitet wird. Zudem kann das Unternehmen sicher sein, dass ab dem ersten Tag des Online-Verkaufs die gesamte Werbung auf einem einheitlichen Plan und einem konsistenten Konzept basiert.

Der Nachteil ist offensichtlich: In vielen Unternehmen sind eine Budgetumschichtung und Terminänderungen in Budgetfragen ein diffiziles Unterfangen und lösen endlose Diskussionen aus. Ein weiterer Nachteil ist, dass klassische Werber und Internet-Werber eng zusammenarbeiten müssen, ohne dass die Internet-Werber schon Erfolge vorweisen können. Die Praxis zeigt, dass diese Zusammenarbeit oft schwierig ist.

Eigenes Werbebudget für erstes Betriebsjahr

Die andere Möglichkeit ist es, zusammen mit den Herstellungskosten einen Budgetposten für die erste Internet-Werbung zur Verfügung zu stellen. Die erste Werbung basiert auf einem Mediaplan, der nur die Internet-Werbung konzipiert.

Der Hauptvorteil dieser Methode ist, dass mühsame Budgetdiskussionen gar nicht erst entstehen. Das Budget für den Shop ist klar – und das Geld muss auch für die Werbung in der ersten Saison reichen. Der zweite Vorteil ist, dass die Site Promotion für den Online-Shop von Beginn an von Internet-Profis gemacht wird.

Der dritte Vorteil besteht darin, dass die Zusammenführung der klassischen Werbung und der Internet-Werbung erst dann geschieht, wenn die Abläufe im Shop schon gut eingespielt sind und der Unternehmensführung Informationen über den Erfolg des Online-Shops und der ersten Internet-Werbung vorliegen. Die Budgetdebatte ist dann erfahrungsgemäß weniger emotional.

Zeit	Kanäle	Werbemaßnahmen	Mediaplan
Jahr 1	**A** 100%-Tochtergesellschaft als Zwischenhändler verkauft an Filialen und Fachgeschäfte	Verkaufsunterstützung mit Imageprospekten, Produktprospekten, Sortimentsprospekten	1 Mediaplan für Verkauf in Kanal **A** und **B**
	B 1 Linie als Brand an exklusive Fachgeschäfte	Inserat, Plakat, Annoncen in Fachzeitschriften, Verkaufsunterstützung für Fachgeschäfte	
Jahr 2	neu **C** Online-Shop	**A** und **B** unverändert, neu Site Promotion und Bannerwerbung für Kanal **C**	Klassischer Mediaplan für **A** und **B**; reiner Internet-Mediaplan für **C**
Jahr 3	**A, B** und **C**	Für Kanal **A** und **B** wie in Jahr 1, für Kanal **C** Site Promotion und Bannerwerbung	1 Mediaplan für alle drei Kanäle **A, B** und **C**

Tab. 5.2: Beispielhafte Integration klassischer Mediaplan – Internet-Mediaplan (© ionos GmbH).

Tabelle 5.2 zeigt eine mögliche Verbindung von klassischem Mediaplan und Internet-Mediaplan. Die Integration basiert in dieser Darstellung auf dem Prinzip des reinen Mediaplans, das heißt, ein reiner Internet-Mediaplan wird in einen klassischen Mediaplan integriert. Das Unternehmen stellt Konsumgüter her und verkauft sie über zwei Kanäle: In Kanal A verkauft eine 100%-Tochter direkt an Großverteiler und Fachgeschäfte. Das Unternehmen unterhält eine Markenlinie, die sie via ausgewählte Fachgeschäfte vertreibt (Kanal B). Die wichtigsten Werbeformen sind Verkaufsunterstützung für die Tochter in Form von Produkt- und Sortimentsprospekten. Inserate, Plakatwerbung und Annoncen in Fachzeitschriften unterstützen den Markenverkauf. Das Unternehmen hat einen zentralen Mediaplan für sämtliche Werbung, sowohl für die Tochter als auch für die Markenunterstützung.

Im Jahr 2 platzt der Online-Shop mitten ins laufende Geschäft. Das Unternehmen muss Bannerwerbung und Site Promotion betreiben. Es beginnt sofort mit der nötigen Werbung und plant diese mit einem reinen Internet-Mediaplan.

Zu Beginn des 3. Jahres verschmelzen die beiden Mediapläne und das Unternehmen plant mit einem Mediaplan jetzt sämtliche Werbung für alle drei Kanäle.

5.3 Durchführung der Kampagne

Die Durchführung der Kampagne ist nichts anderes als die Umsetzung des Mediaplans. Die Site Promotion wird in Umfang, Art und Zeithorizont durchgeführt, wie es der Plan vorsieht. Der einzige Unterschied zur Durchführung von klassischen Werbekampagnen ist die vorgängige Testphase bei der Bannerwerbung und die permanente Überwachung. Permanente Überwachung bedeutet, dass die Erfolgskontrolle gleichzeitig mit der Bannerschaltung beginnt und unmittelbar in die Anpassung der Kampagne und in den nächsten Mediaplan einfließt.

Der erste Schritt der Durchführung ist die Auftragserteilung. Es folgt die Auftragsabwicklung und die Auftragskontrolle. Eine Erfolgsauswertung begleitet die Kampagne.

5.3.1 Auftragserteilung

Der erste Schritt der Kampagnendurchführung ist die Auftragserteilung. In einigen Fällen ist dies bereits vorab geschehen, wenn beispielsweise dieselbe Agentur, die den Firmenauftritt erstellt hat, auch den Werbeauftrag ausführt. Allerdings ist dies eher die Ausnahme. Es empfiehlt sich, die Durchführung einer Internet-Werbekampagne durch eine Agentur bewerkstelligen zu lassen, die Erfahrung mit Internet-Werbung vorweisen kann.

Die Auftragserteilung der Site Promotion außerhalb des Internet geschieht genau gleich wie in der klassischen Werbung. Die Werbemittel werden auf den Werbeträgern nach den entsprechenden Kriterien geschaltet, hier gibt es keine Unterschiede und in der Regel auch keine Schwierigkeiten. Die Agenturen haben genügend Fachkenntnisse, um Site Promotion außerhalb des Internet durchzuführen und die Aufträge professionell abzuwickeln.

Bei der Auftragserteilung von Site Promotion innerhalb des Internet ist darauf zu achten, dass die ausführenden Organe und Stellen über das notwendige Fachwissen verfügen. Es ist ärgerlich, wenn die Umsetzung des Mediaplans mangelhaft ist, weil Know-how im Handling und Erfahrung fehlen.

5.3.2 Auftragsabwicklung

Zu der Auftragsabwicklung gehören die Bannerschaltung und das Zahlungswesen. Die Abwicklung ist nicht immer ganz einfach, insbesondere deshalb, weil jeder Werbeträger ein anderes System hat, die Aufträge abzuwickeln. Auch im Kundenservice bestehen große Unterschiede.

Die Auftragsabwicklung der Bannerwerbung ist manchmal etwas umständlich, wenn der Service von Trägerplattformen nicht ausgereift ist. Internet-Werbung ist auf allen Stufen noch nicht ausgereift und deshalb sollten professionelle Unternehmen berücksichtigen, dass insbesondere bei Betreibern von Werbeträgern im Internet, die häufig Jungunternehmer sind, noch Lücken bestehen.

Schwierigkeiten in der Auftragsabwicklung mit einzelnen Werbeträgern sind im nächsten Mediaplan zu berücksichtigen. Bevor jedoch interessante Träger von der nächsten Kampagne ausgeschlossen werden, muss unbedingt mit den Betreibern der Plattform Kontakt aufgenommen werden. Der Grad der Professionalisierung wächst schnell und die Chancen stehen gut, dass Mängel rasch behoben werden. Nur Träger, bei denen keine Aussicht besteht, dass sie ihren Service professionalisieren, werden von der nächsten Kampagne ausgeschlossen.

Die heute übliche Art, Banner abzurechnen sind entweder Tausenderpreise oder Monatspreise. Bei Tausenderpreisen bezahlt der Inserent einen bestimmten Betrag für jeweils 1000 geschaltete Banner. Praktisch alle professionellen Werbeträger bieten diese Zahlungsart heute an. Bedingung dazu ist, dass sie in der Lage sind, die Banner in einer Datenbanklösung zu schalten und die Werte korrekt zu erfassen und auszuweisen. Meist haben die Betreiber im Grundangebot zwei Basispreise, einen für Zufallsschaltung und einen für Koppelung. Die Preise für spezielle Schaltungen nach den verschiedenen Kriterien sind meist auf Anfrage erhältlich.

Monatspreise finden sich oft bei Werbeträgern mit technisch bescheidenerem Niveau. Diese Zahlungsart ist vergleichbar mit einem Sponsoring und muss nicht a priori schlecht sein. Häufig sind Monatspreise auch an Rotating Banner geknüpft, das Banner erscheint dann beispielsweise einen Monat lang im Bannerpool der Seite.

Eine andere Zahlungsmodalität ist die CPO, Cost per Order. Die Zahlungsmodalität heißt manchmal auch CPC (Cost per Click), CPI (Cost per Interest), PPR (Pay per Revenue) oder ähnlich. Das Prinzip ist, dass nur die effektiv angewählten Banner bezahlt werden. Es gibt auch Werbeträger, die Bannerwerbung streng an Erfolg koppeln: Bezahlt wird nur nach Kriterien wie erzielter Umsatz oder neugewonnene Kunden.

Die Inserenten müssen selbst entscheiden, welche Zahlungsmodalität sie bevorzugen. Bei Monatspreisen, Rotating Banner in einem Pool oder bei CPO und den analogen Modalitäten sollten die Inserenten den entsprechenden Tausenderpreis ausrechnen und vergleichen.

5.3.3 Auftragskontrolle

Die Auftragskontrolle für die Site Promotion außerhalb des Internet ist die gleiche wie für klassische Werbung. Die Auftragskontrolle der Site Promotion im Internet bezieht sich in erster Linie auf die Kontrolle der Bannerwerbung.

Die Kontrolle untersucht, ob die richtigen Banner am richtigen Ort geschaltet sind. Diese Kontrolle geschieht online auf der Trägerplattform und sollte rapportiert werden. Die Organe der Kontrolle protokollieren Mängel und sind dafür verantwortlich, dass die Betreiber der Plattform entweder die Mängel beheben oder einen Preisnachlass gewähren. Auch hier gilt: Das Internet ist ein junges Medium und es können Fehler auftreten, bei denen der Betreiber der Plattform nichts dafür kann. Die Inserenten sollten eine gewisse Konzilianz zeigen. Ein einzelner Fehler eines Betreibers ist kein Anlass, die Plattform im nächsten Mediaplan zu ignorieren; erst wenn Anzeichen vorhanden sind, dass die Betreiber den Anforderungen nicht gewachsen sind, sollte man die Plattform streichen.

5.3.4 Erfolgskontrolle

Internet-Werbung hat zwei Effekte: Abfragesteigerungen auf dem eigenen Server und Umsatzzuwachs im Online-Shop. Die Erfolgskontrolle wertet diese beiden Effekte aus und lässt die Ergebnisse in den nächsten

Mediaplan einfließen. Die Methoden und Instrumente der Erfolgsauswertung sind ausführlich in Kapitel 7 beschrieben.

Das zentrale Element der Erfolgskontrolle ist, dass sie unmittelbar mit der Schaltung des ersten Banners beginnt und sofort Informationen liefert. Wenn der Erfolg unter einer gewissen Schwelle liegt, die auch im Mediaplan festgelegt sein kann, wird die laufende Kampagne angepasst. Dies sollte nicht dazu verleiten, pausenlos Änderungen vorzunehmen; erst wenn beispielsweise auf einem bestimmten Werbeträger die Klickrate deutlich unter einen Minimalwert sinkt, sind Maßnahmen angezeigt.

5.4 AdServer

AdServer sind spezielle Internet-Rechner, die Banner verwalten. Sie verteilen bildlich gesprochen die Banner gemäß bestimmten Kriterien auf Werbeträger und überprüfen, ob die Schaltung korrekt läuft. Zusätzlich werten AdServer die Schaltung aus und liefern eine Statistik über den Verlauf der Kampagne. Oft sind es spezialisierte Internet-Werbefirmen, die AdServer betreiben. Auch Werbeträger unterhalten nicht selten eigene AdServer.

Vielfach sieht der Werbekunde nichts vom AdServer. Die eigentliche Schaltung ist ein rein technischer Vorgang, der gemäß dem Auftrag erfolgt. Für den Werber ist das Verständnis der Technologie wichtig, nicht die Anwendung selbst. Abbildung 5.2 zeigt bildlich das Prinzip des AdServers. Der Werbekunde liefert Banner und Mediaplan gemäß seinem Werbeziel, welches vom Zielpublikum, der Botschaft und anderen Faktoren abhängt. Das Bannerset kommt zusammen mit den Kriterien auf den AdServer, welcher die Banner auf die gewählten Werbeträger schaltet. Die Banner erscheinen nur nach den gewünschten Kriterien auf dem jeweiligen Werbeträger. Beispielsweise ist Banner X auf Werbeträger A an ein bestimmtes Stichwort gekoppelt und Banner Y auf Werbeträger C erscheint nur an bestimmten Wochentagen.

Für Bannerschaltungen sind AdServer nicht zwingend notwendig. Viele Werbeträger schalten Banner selbst. Die eigentliche Aufgabe des AdServers ist die Bannerverwaltung, insbesondere die technische Verwaltung. Die Vorgaben wie Targeting, Kriterien, Träger und alles Wei-

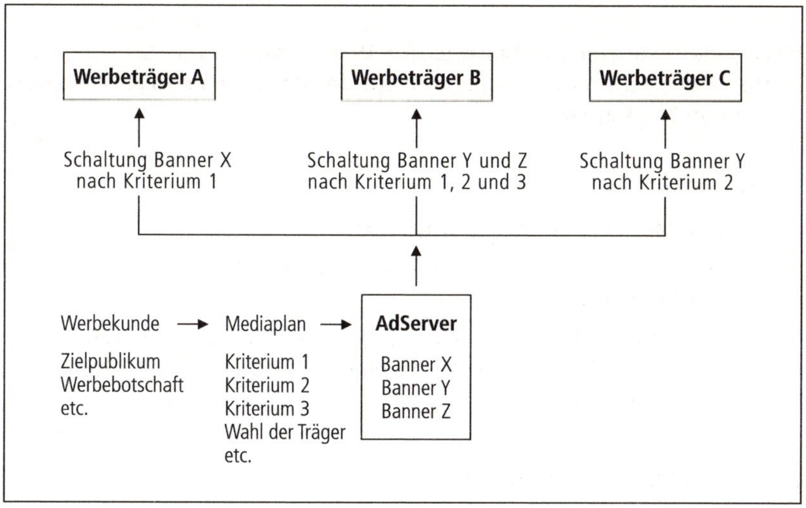

Abb. 5.2: Funktionsprinzip eines AdServers: Der AdServer verteilt die Banner auf verschiedene Werbeträger gemäß den Vorgaben des Kunden.

tere sind Sache des Mediaplans und nicht der Technik. Analog liefert der AdServer die technische Auswertung der Schaltung. Die Interpretation übernimmt ein Marketing-Controller, nicht die Maschine.

Auch AdServer können eine Pseudo-Genauigkeit vortäuschen. Sie sind technisch sehr weit entwickelt und funktionieren im Wesentlichen gut; auch hat sich die Spreu längst vom Weizen getrennt. Das Problem liegt nicht bei den AdServern selbst, sondern in der oben besprochenen Vielfalt der Werbeträger, die teilweise Banner selbst schalten, mit verschiedenen AdServern gleichzeitig zusammenarbeiten und vor allem das Geschäft mit dem Kunden direkt suchen und die Internet-Agentur als Zwischenhändler ausschalten möchten.

Checkliste: Bannerwerbung in der Praxis

Kern jeder Internet-Werbung ist die Bannerkampagne. Sie ist eingebettet in das Kommunikationskonzept des Unternehmens und basiert auf einem Mediaplan.

1. Mediaplan

- ☐ Der Mediaplan ist ausformuliert
- ☐ Der Mediaplan ist eingebettet in die gesamte Unternehmenskommunikation
- ☐ Das Unternehmen respektive die Agentur hat festgelegt, wie es den klassischen Mediaplan und den Internet-Mediaplan zusammenführt

2. Durchführung der Kampagne

- ☐ Es bestehen keine Lücken mehr in der Frage «make or buy» der gesamten Internet-Werbung
- ☐ Die Aufträge sind vergeben, die Referenzen sind überprüft
- ☐ Die Auftragsabwicklung und Auftragskontrolle ist in Händen von Profis
- ☐ Die Erfolgskontrolle ist gewährleistet

6

Unternehmenskommunikation im Internet

In gesättigten Märkten mutiert der Produktwettbewerb zum Kommunikationswettbewerb. Qualität und Preis rücken zugunsten einer wirkungsvollen Marktpräsenz in den Hintergrund. Dabei erhält das Internet als Medium eine zentrale Bedeutung. Die mentale Vernetzung ist mindestens so wichtig wie die physische Vernetzung. Unternehmen müssen sich bewusst werden, dass die Integration des Internet in die Unternehmenskommunikation eine strategische Bedeutung hat. Eine gut geplante und professionell umgesetzte Unternehmenskommunikation ist ein Faktor, der über Erfolg und Misserfolg mit entscheidet. Interne und externe Kommunikation, Umgang mit den relevanten Informationseinheiten, Verständnis für Informationsflüsse im Internet, und integrierte Kommunikation sind die Teilelemente einer erfolgreichen Positionierung im Internet.

6.1 Unternehmenskommunikation als Denkhaltung

In gesättigten Märkten ist Erfolg nur mit geschickter Kommunikation möglich. Allerdings werden die Menschen zugedeckt mit Werbung, es herrscht ein regelrechter «information overkill». Die Vielfalt der Instrumente, die schnelle Entwicklung der Märkte, technischer Fortschritt und struktureller Wandel haben dazu geführt, dass ein einheitlicher Auftritt immer diffiziler wird. Schwierigkeiten bei der Umsetzung, Integration des Internet und innere Widerstände leisten ihr Übriges. Das Internet hat einen wesentlichen Einfluss: Die Medien werden zunehmend atomisiert, die Grenzen verschwinden, Inhalte vermischen sich und die Offenheit mutiert zum Chaos. Auch verweigern sich Konsumenten immer öfter der Werbung. Dies hat zur Folge, dass sich der Produktwettbewerb zu einem Informationswettbewerb wandelt.

Die Kommunikation ist nicht mehr eine Unterstützung für Verkäufer, sondern steigt in der Bedeutung auf zu einem eigenständigen Instrument der Führung. Jeder Austausch zwischen dem Unternehmen, seinen Kunden, Partnern, Angestellten und Aktionären ist Teil der Unternehmenskommunikation. Sie diffundiert durch das ganze Unternehmen, beeinflusst Prozesse und Resultate, entscheidet über Erfolg und Misserfolg. Unternehmenskommunikation ist kein abgeschlossenes Feld und kein Berufsbild, Unternehmenskommunikation ist vielmehr eine Denkhaltung.

6.1.1 Interne Unternehmenskommunikation

Interne Kommunikation umfasst alle Botschaftsübermittlungen zwischen den Angestellten eines Unternehmens auf allen Stufen. Die interne Kommunikation wird oft auch als Mitarbeiter-Kommunikation bezeichnet. Früher floss diese Form der Kommunikation meist von oben nach unten, sie diente der reinen Vermittlung von Anordnungen und der Kontrolle. Heute ist der Begriff meist breiter gefasst. Interne Kommunikation verbindet die Mitarbeiter untereinander, findet statt zwischen Unternehmensverbunden oder in virtuellen Gebilden. Interne Kommunikation findet auch projektbezogen statt, beispielsweise wenn verschiedene Teams aus unterschiedlichen Unternehmen ein konkretes Projekt bearbeiten.

Typische Instrumente der internen Kommunikation sind die Hauszeitung, das Schwarze Brett oder das Weihnachtsessen. Das hauptsächliche Instrument der internen Kommunikation im Internet ist das Intranet. Es ist eine Plattform für Informationsaustausch, sei es innerhalb eines Unternehmens, innerhalb eines Unternehmensverbundes oder in einem zeitlich befristeten Projektteam. Das Intranet enthält alle wichtigen Elemente der Kommunikation: Es erlaubt Informationsaustausch und Zugriff auf Daten unabhängig von Ort und Zeit. Die instrumentelle Restriktion ist der technische Zugang mit verschiedenen Sicherheiten, beispielsweise Passwörter oder Firewalls.

6.1.2 Externe Unternehmenskommunikation

Externe Unternehmenskommunikation ist Werbung und Marketing im weitesten Sinne. Jeder Informationsfluss zwischen Unternehmen und Umwelt gehört dazu. Primäres Ziel der externen Kommunikation ist der Verkauf der Produkte und Leistungen. Langfristiges Ziel ist der Erfolg im Vergleich zur Konkurrenz. Die Instrumente der externen Unternehmenskommunikation sind in der Marketing-Fachliteratur ausführlich beschrieben.

Das Internet greift tief in alle Arten, Formen und Instrumente der externen Unternehmenskommunikation ein. Es gibt buchstäblich nichts, worauf das Internet keinen Einfluss hätte. Das Unternehmen ist gefordert, in seiner speziellen Situation Ergänzungen, Substitutionen und Einführung von neuen Instrumenten der Kommunikation zu planen und zu realisieren.

Ein zentraler Punkt der externen Kommunikation ist die Sattelfestigkeit des Personals im Umgang mit E-Mails. Mails können zu einer

Flach

Der Einzug des Internet zieht eine Verflachung der Hierarchien mit sich. Die virtuelle Gleichberechtigung ist geradezu symbolisch. Die interne Liste mit Mailadressen lässt keine Rückschlüsse auf die Stufe zu: Alle Mitarbeiter sind unter «Name at Firma Punkt com» erreichbar, konzernweit und jederzeit. Kein Messingschild, kein Mahagonitisch und kein Vorzimmerdrachen steht dazwischen: Die interne Kommunikation im Konzern fließt ab sofort Punkt-zu-Punkt.

Belastung werden; wenn täglich hundert Mails zu beantworten sind, kann von Kostenersparnis keine Rede mehr sein. Ein Problem der Mails ist auch die Hektik, die sie verbreiten. Darunter leidet nicht nur der Arbeitsfluss, auch Sprache und allgemeine Umgangsformen ändern sich, häufig zum Unguten. Viele Unternehmen bieten interne Schulung an. Für die Trennung zwischen privaten und geschäftlichen Mails sollten Richtlinien bestehen, ebenso müssen die Angestellten die rechtlichen Probleme kennen. Oft werden elementarste Regeln nicht beachtet, etwa hinsichtlich Unterschriftenregelungen oder formell korrekten Bestellungen. Die Regeln der klassischen Korrespondenz müssen sinngemäß in den Mailverkehr übernommen werden.

Wichtig ist auch die äußere Form der Mails: Mails sollten mit einfachsten Mitteln die Corporate Identity wenigstens ansatzweise widerspiegeln. Mails von Unternehmen sollten formalen Richtlinien unterliegen; oft genügt allerdings eine einheitliche Signatur. Großunternehmen sehen sich neuerdings einer Flut von eingehenden Mails mit Anfragen gegenüber, für die sich früher niemand die Mühe genommen hätte, einen Brief zu schreiben. Größere Unternehmen benötigen ein eigentliches Wissensmanagement, um den persönlichen Kontakt zu Kunden zu pflegen und interne Kommunikationsflüsse in den Griff zu bekommen. Häufig verschwimmt im Mailverkehr auch die Grenze zwischen interner und externer Kommunikation.

6.2 Einfluss der Kommunikation auf Strukturen und Märkte

Das Internet hat großen Einfluss auf Strukturen, sowohl von ganzen Märkten als auch von einzelnen Unternehmen. Die Ursache liegt in den Transaktionskosten. Transaktionskosten sind diejenigen Kosten, die bei einem Tausch anfallen, beispielsweise die Zeit, die es braucht, um ein bestimmtes Angebot zu finden, oder die Kosten des Anbieters, einen Kunden zu überzeugen. Statt Transaktionskosten könnte man auch Kosten des Tausches sagen. Ein zentraler Faktor der Transaktionskosten ist die Kommunikation. Verschiedene Transaktionen funktionieren über Marktprozesse, andere laufen unternehmensintern ab. Wie viel Aufwand, Zeit und Geld kostet ein Handel? Ist der Handel so umständlich und teuer, dass es sich lohnt, das Produkt selbst herzustellen? Die Grenzen des Unternehmens sind nach diesem Ansatz bestimmt durch die Entscheidung, ob es besser ist, etwas selbst herzustellen oder einzukaufen.

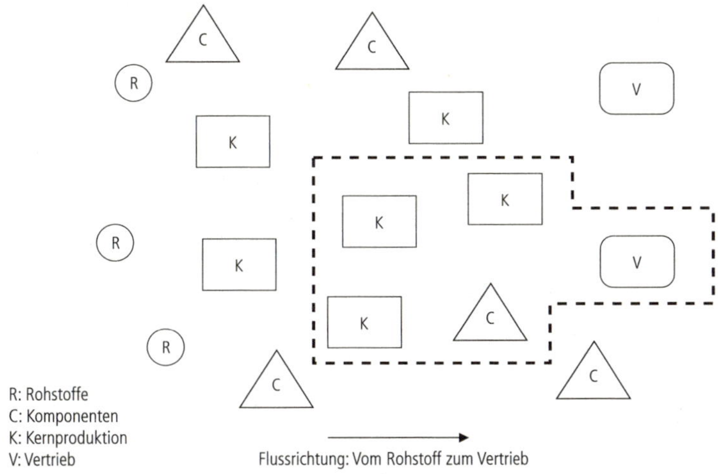

Abb. 6.1: Das Unternehmen im Markt: Die Transaktionskosten bestimmen die Strukturen (nach Ronald Coase).

Wer im Internet kommuniziert, sollte die Grundzüge der Transaktionskosten-Theorie kennen. Der Einfluss auf die Struktur der Märkte und damit auch auf die Unternehmenskommunikation ist sehr groß. Das Internet ändert die Kommunikation, was die Kosten beeinflusst. Distanzen, Zeitverschiebungen und der Tausch von allem, was sich in Daten pressen lässt, ist heute massiv einfacher und billiger. Im Folgenden wird der Einfluss des Internet auf Strukturen von Unternehmen und Märkten skizziert.

6.2.1 Internet und Unternehmensstruktur

Abbildung 6.1 zeigt ein Unternehmen im Markt. Die Unternehmen entscheiden für sich, welche Rohstoffe sie selbst fördern oder kaufen, welche Komponenten sie selbst bauen, welche sie einkaufen und ob sie ihre Produkte über eigene Kanäle oder über Spezialisten verkaufen. Dies ist die klassische «Make or buy»-Entscheidung im Unternehmen. In Abbildung 6.1 ist der Gesamtmarkt durch den vertikalen Fluss – das heißt von links nach rechts – dargestellt. Am Anfang der Produktionskette stehen die Rohstoffe, es folgen Kernproduktionen und Komponenten. Der Vertrieb bildet den Schluss der Kette. Das Unternehmen ist durch die gestrichelte Linie dargestellt. Es stellt drei verschiedene Kernprodukte her. Es kauft die Rohstoffe und die meisten Komponenten ein und stellt einen Teil der Komponenten selbst her. Es ist auch im Vertrieb tätig.

Diese Überlegung stammt von Ronald Coase, 1991 Nobelpreisträger für Wirtschaft. Die Grundidee lautet, dass sich bei veränderten Transaktionskosten die Grenzen der Unternehmen ändern. Das Internet hat einen hohen Einfluss auf die Kosten des Tausches und somit auch auf die Grenzen des Unternehmens. Beispielsweise ist es dank dem Internet plötzlich effizient, einen Teil der Produktion auszulagern und anschließend einzukaufen. Es ist offensichtlich, dass der Strukturwandel in vielen Branchen durch das Internet mit verursacht wird.

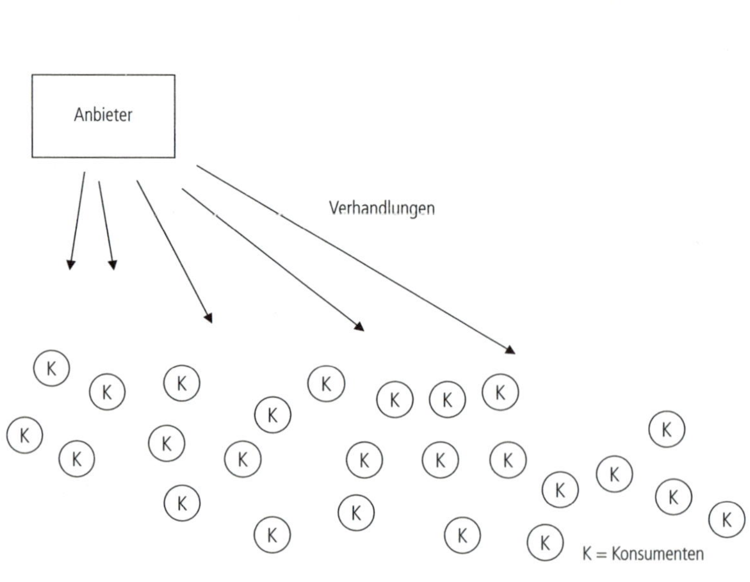

Abb. 6.2: Angebotsmacht: Wenige große Anbieter verhandeln mit vielen kleinen Nachfragern.

6.2.2 Internet und Marktstruktur

Das Internet hat als Medium einen Einfluss auf die Struktur von ganzen Märkten. Je nach Branche sind Unternehmen in traditionellen Märkten vertikal und horizontal miteinander verbunden. Die Kommunikation findet zwischen den Unternehmen oder ihren Netzwerken statt. Durch das Internet entstehen neue Netze; mit dem Internet fallen traditionelle Grenzen. Insbesondere Zeitverschiebung, Telefon- oder Portokosten, lange Wege oder Transfer von umfangreichen Daten stellen

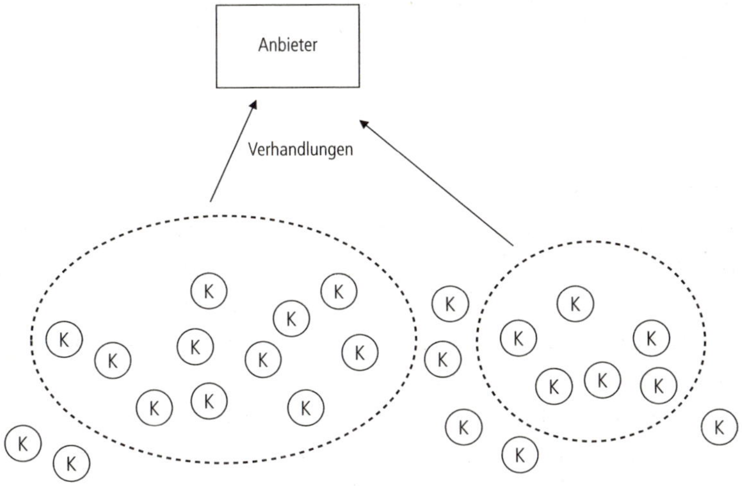

Abb. 6.3: Nachfragemacht dank Internet: Konsumenten (K) schließen sich zusammen und erreichen dadurch eine bessere Verhandlungsposition. Die Zahl der Gesprächspartner sinkt.

kaum mehr Hindernisse dar. Viele traditionelle Hürden sind durch die neue Form der Kommunikation überwunden. Das Internet unterwandert auch nationale Grenzen, Zölle und Handelshemmnisse.

Wichtiger aus Sicht der Werbung ist der Einfluss der Kommunikation auf die Marktmacht. Die Abbildungen 6.2 und 6.3 zeigen ein Phänomen, das mit dem Aufkommen des Internet an Bedeutung gewinnt: die Konzentration der Nachfrage. In den meisten Märkten im Endkunden-Segment stehen wenige Anbieter vielen kleinen Nachfragern gegenüber. Dies erlaubt Preisdifferenzierung, Marktsegmentierung und

Renaissance der Countervailing Power

Es deutet vieles darauf hin, dass die «Countervailing Power» von Kenneth Galbraith mit dem Internet eine Renaissance erleben wird. Mit «Countervailing Power» ist die Nachfragekonzentration gemeint, ursprünglich auf Gewerkschaften gemünzt, welche die Interessen der Angestellten bündeln und als starke Verhandlungspartner gute Konditionen herausschlagen. Im Internet lässt sich entsprechend Nachfragemacht kanalisieren. Ein Beispiel: Eine Einkaufsgenossenschaft sammelt in einem virtuellen Shop Bestellungen für ein Handy. Sind 1000 Bestellungen eingetroffen, erhalten die drei größten Anbieter ein Mail mit den Konditionen und dem geforderten Rabatt. Der erste, der das Mail an den Sammelbesteller retourniert, hat den Auftrag. Fantasie oder baldige Realität?

Ausnutzung der schieren Marktmacht. Dadurch liegen die Preise über dem Wettbewerbsniveau. Abbildung 6.2 zeigt eine Situation, in der ein Anbieter vielen atomistisch kleinen Kunden gegenüber steht. Die Endkunden stehen einzeln in der Masse Ansprechpartner der Kommunikation. Die Kunden haben wenig bis gar keine Macht, die sie allenfalls in Verhandlungen äußern könnten.

Das Internet eröffnet nun eine gänzlich neue Möglichkeit: Die Kunden können sich in virtuellen Einkaufsgenossenschaften zusammenschließen und das Zahlenverhältnis in der Verhandlung ändern. Plötzlich stehen einige Nachfrager einigen Anbietern gegenüber, und die Verhandlungen finden unter Gleichberechtigten statt. Das Unternehmen kann die Preisdifferenzierung, Marktmacht und Marktsegmentierung nicht mehr widerstandslos diktieren.

Ein weiterer Nebeneffekt dieses Umstandes ist, dass neue Akteure in Märkten auftauchen, die es vorher nicht gab. Einkaufsgenossenschaften sind in verschiedenen Märkten bekannt; in Gewerbekreisen beispielsweise funktionieren Genossenschaften recht gut. Es sind oligopolistische Faktormärkte, in denen mehr oder weniger gleich starke Partner verhandeln. Die Einkaufsgenossenschaften im Endkunden-Segment sind eine gänzlich neue Art von Partnern in der Kommunikation. Es ist noch nicht klar, wie und mit welchen Mitteln diese Akteure im Kommunikationsmix zu behandeln sind.

6.3 Informationseinheiten im Internet

Kommunikation und Werbung beziehen sich in der Umsetzung auf ein konkretes Werbeobjekt. In der Imagewerbung ist das Objekt beispielsweise eine Marke, in Katalogen sind es Produktlinien und einzelne Produkte, oder Spots bewerben eine neue Dienstleistung. Werbung und Kommunikation kann man natürlich nicht auf die Objekte reduzieren, aber es ist nützlich, die Objekte zu klassifizieren.

Im Folgenden sind drei Kerneinheiten kurz dargestellt: das Produkt, die Marke und das Unternehmen als Ganzes. Wichtig sind hierbei nicht die Werbeobjekte selbst, sondern der Umstand, dass eine Informationseinheit im Internet nicht dasselbe ist wie in der realen Welt.

6.3.1 Produkt als Informationseinheit

In jungen, ungesättigten Märkten stellt die klassische Werbung oft das Produkt als Informationseinheit in den Mittelpunkt. Heute sind die meisten Märkte gesättigt und Marken sind wichtiger als das Einzelprodukt. Dennoch ist das Produkt die Grundeinheit des Unternehmens; das Produkt ist quasi das Atom des Sortiments.

Produkte in der realen Welt sind physisch, sie sind greifbar. Sie werden hergestellt, gelagert, verkauft, geliefert. Produkte in der virtuellen Welt sind auch physisch, sie werden genauso gelagert und geliefert. Einzig bei digitalisierbaren Produkten wie Musik, Texten oder Programmen geschieht die Lieferung über den Internet-Anschluss.

Wo liegt nun der Unterschied zwischen einem realen Turnschuh und einem im Internet? Der Turnschuh an sich ist immer real. Der Unterschied besteht in der Aufbereitung der Information. Werbung im Internet muss ein Produkt als eine Informationseinheit verstehen und entsprechend behandeln. Ein Schuh in 3 Farben und 5 Größen ist in der Schuhhandlung 15-fach vorhanden: Die Filiale muss 15 Paar Schuhe in 15 Schachteln verwalten. Im Internet ist derselbe Schuh 1 Produkt mit 2 Eigenschaften, Farbe und Größe. Die Darstellung geschieht im Online-Shop meist mit Pulldown-Menüs. Der Schuh im Laden steht im Regal, im Internet ist ein Schuh 1 Datensatz: die Informationseinheit.

Das naheliegendste Werbemittel im Internet für Produkte ist das integrative Banner. Die Bestellmöglichkeit innerhalb des Banners umreißt

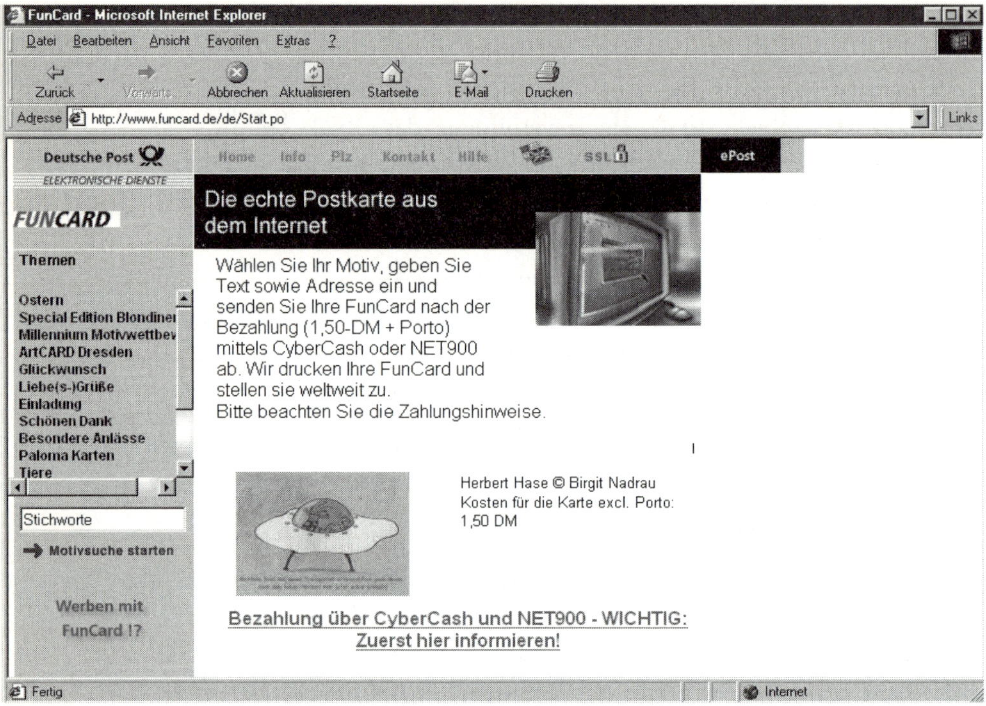

Abb. 6.4: Dienstleistung als Informationseinheit: Die Deutsche Post präsentiert FunCard unter einer separaten Internet-Adresse (http://www.funcard.de).

klar das Produkt. Ein Produkt oder eine Dienstleistung lässt sich auch auf einer Internet-Site gut darstellen. Abbildung 6.4 zeigt ein Beispiel für die Darstellung einer Produktlinie auf einer eigenen Internet-Site. Die Deutsche Post unterhält die «FunCard», einen speziellen Internet-Kartendienst.

Eigenständige Produktnamen müssen als Domain reserviert sein. Ob eine Bewerbung im Internet unter der jeweiligen Adresse erfolgt, hängt von der Werbestrategie ab. In jedem Fall sollte die Agentur alle Produkte und Dienstleistungen als Informationseinheiten kategorisieren und sich überlegen, welche davon im Internet aktiv beworben werden. Der Begriff «Produkt» umfasst auch Produktlinien, Produktgruppen oder Sortimente. Das Werbekonzept legt fest, wie die Produkte im Internet mit Zusatzinformationen versehen werden; beispielsweise mit Bestellmöglichkeiten, mit Handbüchern, mit Wettbewerben, mit einer eigenen Domain oder gar nicht. In jedem Fall ist die Produktbewerbung im Internet Teil der integrierten Unternehmenskommunikation.

Markentyp	Funktion	Beispiel
Produktmarke	1 Name = 1 Produkt = 1 Versprechen = 1 Zielgruppe	Ariel, Vizir, Dash
Linienmarke	1 Name = Produktvarianten = 1 Versprechen = 1 Zielgruppe	Lancôme
Sortimentsmarke	1 Name = heterogene Produkte mit jeweils eigenen Versprechen für bestimmte Zielgruppen	Dior, Chanel, Maggi
Absendermarke	1 Marke für mehrere Produktsortimente	Nestlé

Tab. 6.1: Marken (nach Stephan Heller, Handbuch der Unternehmenskommunikation, S. 69).

6.3.2 Marke als Informationseinheit

Marktgüter erhalten das Prädikat Marke, wenn sie bestimmte Eigenschaften aufweisen wie einheitliches Erscheinungsbild, gleichbleibende Qualität, gleiche Abpackmenge, hohe Bekanntheit, weite Verbreitung und hohes Ansehen bei den Konsumenten. Marken präsentieren sich im gleichen Erscheinungsbild. Es gibt im Wesentlichen vier Marken-Typen: Produktmarke, Linienmarke, Sortimentsmarke und Absendermarke. Tabelle 6.1 zeigt die vier Markentypen im Überblick.

Markenartikel kosten meist mehr als vergleichbare, aber unbekannte Produkte. Aus ökonomischer Sicht ist der Preisunterschied zwischen Markenartikeln und «No-names» gerechtfertigt, weil die Konsumenten beim Markenartikel höhere Qualität und besseren Service erwarten. Die Eigentümer der Marke versehen ihre Markenartikel mit vertikaler Preisbindung; das heißt, die Händler und Verkäufer sind an Preisvorgaben gebunden. Meist sind sie auch anderen Vorgaben bezüglich Präsentation und Service verpflichtet.

Der englische Ausdruck für Marke ist Brand. Die Aufgabe für Brand-Manager lautet im Wesentlichen: Wie wird eine bestehende Marke ins Internet transferiert (siehe Abbildung 6.5)? Was wird kommuniziert? Das heißt: wie wird die Markenidentität im Internet aufrecht erhalten? Wie kann man im Internet eine eigene Marke aufbauen? Wie hält man die vertikalen Konditionen aufrecht?

Es gibt hauptsächlich zwei Ursachen von Problemen: Das Internet hat erstens einen tiefen Einfluss auf die Identität von Marken. Design, optische Erscheinung, Glaubwürdigkeit und Ähnliches funktioniert im Internet anders oder gar nicht mehr. Das Produkt ist nie fertig, die Dar-

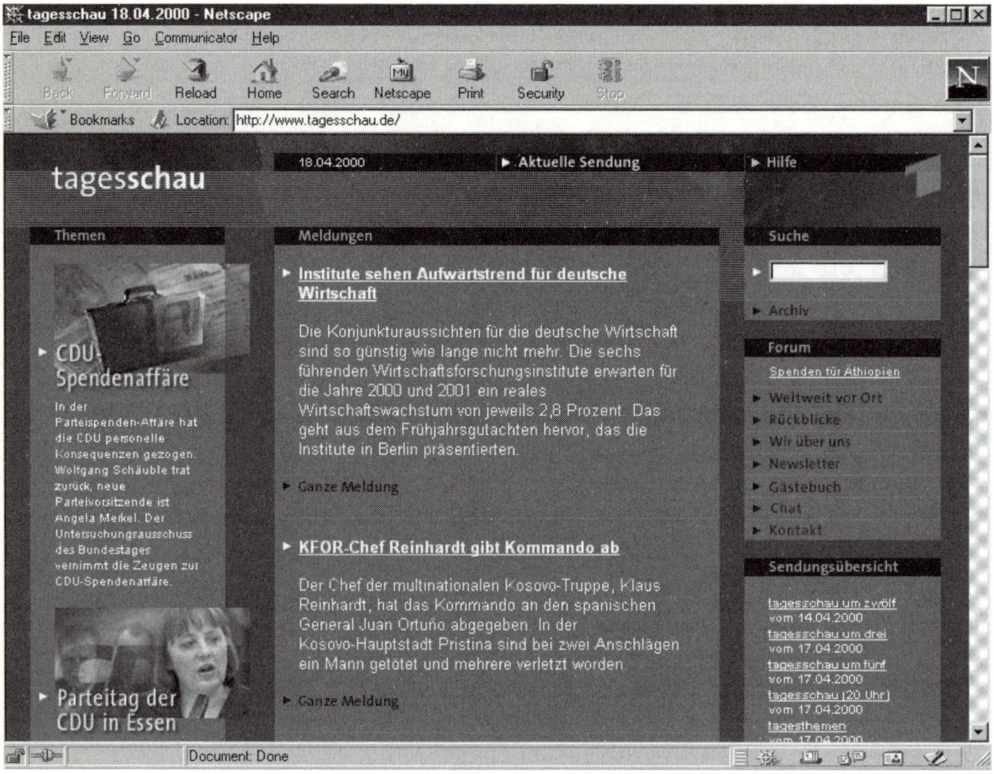

Abb. 6.5: Beispiel für Branding: Die ARD hat Seriosität und Zuverlässigkeit ihres Produktes «tagesschau» ins Internet transferiert (http://www.tagesschau.de).

stellung ist nie abgeschlossen. Designer und Brand-Manager müssen die reale Markenidentität ins Internet übertragen und kontrollieren, was schwierig und aufwändig ist. Virtuelle Identität ist chaotisch, unkontrollierbar und sprunghaft. Zweitens unterwandert die Offenheit des Internet eine Differenzierung in Märkten, insbesondere Preisdifferenzierung und vertikale Bindungen.

Tabelle 6.2 zeigt eine Reihe von Problemen, die im Spannungsfeld Internet und Marke entstehen. Die Auflistung ist weder zwingend noch vollständig; sie ist abhängig vom Markentyp, von der Branche und von anderen sozialen, kulturellen und ökonomischen Faktoren. Die Behandlung von Marken im Internet ist eine der schwierigsten Aufgaben überhaupt. Es deutet einiges darauf hin, dass Anbieter von Markenprodukten in ihrer Existenz bedroht sind, wenn das Internet ihre Marke unterwandert.

Problem	Aufgabe
Markentransfer	Transfer bestehender Marke ins Internet
Internet-Marke generieren	Schaffen einer Marke, die nur im Internet besteht
Unterstützen einer realen Marke	Reale Marke unterstützen und ins Internet transferieren
Bestehende Marke ins Internet übertragen	Mittel und Maßnahmen, um bestehende Marke ins Internet zu übertragen
Markentreue	Markentreue aufrecht erhalten
Produktdifferenzierung	Differenzierung gegenüber No-names
Pflegen einer Online-Marke	Online-Marke ins Internet adaptieren, pflegen und weiterentwickeln
Rechtsschutz	Rechtsschutz aufrecht erhalten; de facto: Markennamen als Domain registrieren, de jure: Rechtsschutz pflegen (Warenzeichen etc.)
Vertikale Preisbindung	Vertikale Preisbindung aufrecht erhalten
Vertikale Konditionenpolitik	Vertikale Konditionenpolitik aufrecht erhalten; Rabatte, Margen, Logistik, Versand etc.
Horizontaler Markenschutz	Maßnahmen gegen Grauhandel und Schwarzhandel
Markeneinheit	Markeneinheit real und im Internet aufrecht erhalten

Tab. 6.2: Markentransfer: Probleme und Aufgaben.

6.3.3 Unternehmen als Informationseinheit

Die Selbstdarstellung im Internet entspricht der Imagebroschüre in der Print-Werbung. Sie ist kurz und informiert prägnant über die Firma und ihre Leistungen. Sie ist Kontaktplattform für Kunden, Partner, Journalisten und andere Interessierte. Die Selbstdarstellung dient der

Crossmedia

Crossmedia ist Neudeutsch und heißt Medienintegration. Es bedeutet nichts anderes, als dass eine Botschaft in verschiedenen Medien ihren Weg zum Empfänger findet. Der Begriff gehört weniger zum Thema Internet als in den Bereich Marketing. «Crossmedia Publishing» meint, dass eine Botschaft in einer Kampagne zeitlich und inhaltlich aufeinander abgestimmt verbreitet wird. Beispielsweise künden Plakate die Eröffnung einer Filiale an. Gleichzeitig bringen Radiospots Details zum Sortiment und in Zeitungsannoncen finden die Kunden einen Wettbewerbstalon. Es ist nicht nur eine Kombination von Kanälen möglich, sondern auch eine Verknüpfung verschiedener Werbeformen, beispielsweise Event-Marketing, Sponsoring und bezüglich Internet die ganze Palette der Site Promotion.

Informationseinheit			
	www.unternehmen.xy	**www.marke.xy**	**www.produkt.xy**
Inhalt, Elemente	Kontaktplattform	Darstellung der Marke	Produktinformation
	Adressen	Chatroom	Handbücher
	Allgemeine Informationen	Wettbewerb	Gebrauchsanleitungen
	Fotogalerie	Filialen, Verkaufsstellen	Shop für Nachbestellung
	Mitarbeiter	Extranet für Verkaufspartner	3D-Montageanleitung mit Download
Aufgabe im K-Mix	Kontakt zu Kunden	Branding der Marke	Unterstützung für Kunden
	Intranet für interne Kommunikation	Plattform für Verkaufspartner	Unterstützung für Partner
	Kontakt zu Journalisten	Community für Kunden	Extranet für Filialen
	Informationen für Partner und Aktionäre	Imageunterstützung	Verkaufsunterstützung

Tab. 6.3: Informationseinheiten im Kommunikationsmix: Verschiedene Internet-Adressen bewerben verschiedene Dinge und lösen unterschiedliche Aufgaben.

internen und externen Kommunikation. Im Internet können auch Unternehmensteile als Informationseinheit dargestellt sein, wie etwa Ländervertretungen, Tochterfirmen oder Filialnetze. Dies muss in der Werbestrategie entschieden sein und der Kommunikationsmix setzt es entsprechend um.

Der Stellenwert der Selbstdarstellung im Internet scheint zu sinken. Viele Unternehmen sind seit langer Zeit mit einer Firmendarstellung präsent und bieten alles im Internet unter einer zentralen Adresse an. Dies kann die beste Variante sein, es kann aber dazu führen, dass die Site überladen ist und zu viele verschiedene Elemente unter derselben Adresse aufführt. Dies ist besonders bei großen Firmen der Fall, wenn die Selbstdarstellung, der Online-Shop, Dienstleistungen, Plattform, das gesamte Intranet und das Extranet der Filialen unter einer Adresse laufen. Je früher eine definitive Einteilung der Adressen mit den Inhalten erfolgt, umso einfacher ist es, diese Adressen dem jeweiligen Zielpublikum mitzuteilen. Auch die Corporate Identity kommt an ihr Limit, wenn sie zu viele verschiedene Aufgaben gleichzeitig verarbeiten muss. Die Sicherheit ist bei Sites mit mehreren Besuchersegmenten diffizil; vor allem aber wird die Administration schwierig, wenn Kunden,

Partner, Besucher, Angestellte und weitere Gruppen die Firma unter der selben Adresse kontaktieren.

Tabelle 6.3 zeigt eine mögliche Aufteilung im Kommunikationsmix. Die Informationseinheiten Unternehmen, Marke und Produkt sind jeweils unter einer eigenen Domain im Internet präsent. Inhalte, Elemente und Aufgaben sind bei jeder Domain verschieden.

Die Tabelle 6.3 ist beispielhaft zu verstehen. Die Aufgabe lautet, eine entsprechende Einteilung in eigenständige Domains, ihre Elemente und Aufgaben im Kommunikationsmix darzustellen. Die Aufgabenteilung ist für jedes Unternehmen und alle Branchen individuell.

6.4 Informationsflüsse

Die Informationsflüsse im Internet folgen anderen Gesetzen als in der realen Welt. Der wichtigste Unterschied ist der Umstand, dass Netzkommunikation nicht an physische Träger gebunden ist. Für die Kommunikation ist die Trennung zwischen realem und virtuellem Fluss wichtig, die Selbstdarstellung sowie die Unterscheidung zwischen Push und Pull.

6.4.1 Realer und virtueller Fluss

Das Internet ermöglicht eine gänzlich neue Art, Informationen auszutauschen: Den virtuellen Fluss. Der reale Informationsfluss ist an physische Träger gebunden, beispielsweise transportiert ein Brief den Inhalt oder Satelliten übertragen ein Gespräch. Der virtuelle Fluss ist nicht an

Das Produkt als Werbeträger

Der beste Werbeträger ist das Produkt selbst. Je dauerhafter ein Artikel ist, umso zeitresistenter kann er die Werbebotschaft zum Kunden hin tragen. Das bedeutet, dass auf dem Produkt selbst die Internet-Adresse angegeben sein muss. Dies gilt für Turnschuhe, für Waschmaschinen, für Zündkerzen, für Mountainbikes... Auf dem Artikel – beispielsweise auf der Waschmaschine – ist die URL angeben, wer wo weiter hilft. Die Internet-Adresse ist demonstrativ im Edelstahl für die Ewigkeit eingegossen. Die Waschmaschine ist das Push-Medium der Werbebotschaft. Der Pull-Effekt ergibt sich, wenn die Waschmaschine den Geist aufgibt und der Hausmann im Internet schaut, wo der nächste Servicemonteur erreichbar ist.

Trägermedien gebunden: Internet-Angebote sind jederzeit von jedem Ort aus abrufbar und E-Mails brauchen keine Postboten. Der virtuelle Fluss funktioniert wie alles im Internet von Punkt zu Punkt. Es braucht keine physischen Träger, weder Papier, Radios, Fernsehgeräte oder Plakatwände. Der virtuelle Fluss der Information ist unabhängig von Zeit und Ort.

6.4.2 Passive Selbstdarstellung

Weil das Internet ein Pull-Medium ist, erhält die passive Selbstdarstellung im Internet eine eigenständige Bedeutung. Der Firmenauftritt und die Darstellung der Produkte und Dienstleistungen gelangen nicht auf traditionellem Weg zum Kunden, sondern werden von den Besuchern aktiv angewählt.

Abbildung 6.6 zeigt die besondere Stellung der Internet-Instrumente im Kommunikationsmix. Die Instrumente des Kommunikationsmix sind symbolisch dargestellt durch Plakate, Spots, Events, Messeauftritte

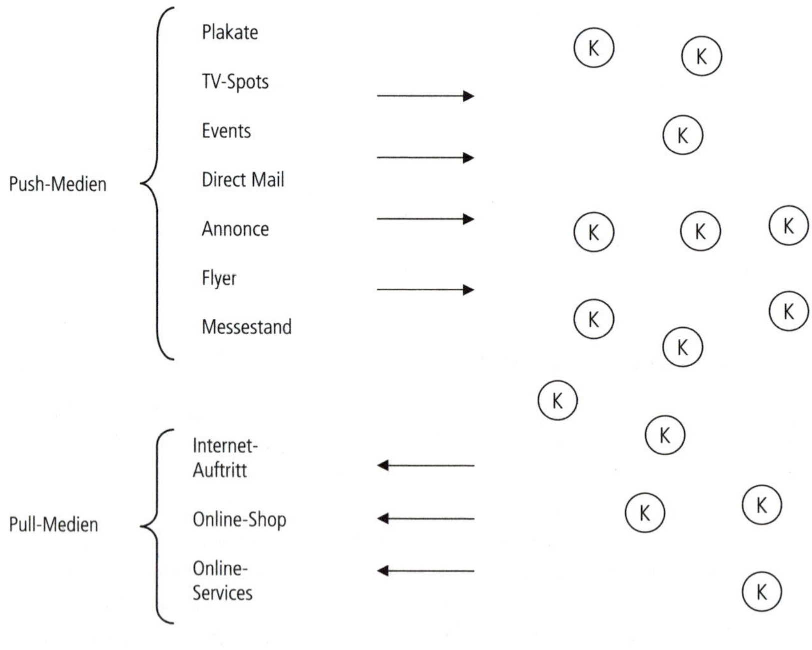

Abb. 6.6: Passive Selbstdarstellung im Kommunikationsmix: Der Inhalt bleibt der selbe, aber die Verbindung zwischen Unternehmen und Kunde (K) ändert die Richtung.

und Ähnliches. Sie sind Push-Medien im Gegensatz zu der Selbstdarstellung im Internet, zum Online-Shop und zu den Internet-Services, welche als Pull-Medien die Funktionalitätsumkehr in der Rezeption auslösen. Die Inhalte mögen in allen Medien die selben sein, das zentrale Merkmal der Internet-Werbung ist die Passivität der Darstellung in dem Sinne, dass die Aktion vom Kunden ausgeht.

6.4.3 Push zwecks Pull

Die Passivität der Selbstdarstellung ist nicht ein Nachteil, sondern eine Eigenheit des Internet. Es gilt, die Eigenheiten auszunützen und mit ihnen zu spielen. In Abbildung 6.7 und 6.8 sind die Konsequenzen am Beispiel eines Verkaufs von Markenartikeln über ein Filialnetz dargestellt.

Der Markenname wird aktiv beworben und «sammelt» die Bestellungen zentral unter einer Internet-Adresse. Die Anfragen und Bestellungen werden an die Filialen weitergeleitet, die bisher direkt an die Kunden verkauften. Die Weiterleitung geschieht nach Kriterien wie Geografie, Sortimentstiefe oder Lagerbestand in der Filiale. Die Auslieferung erfolgt weiterhin über die Filiale, genauso wie der Kundenservice. Dies

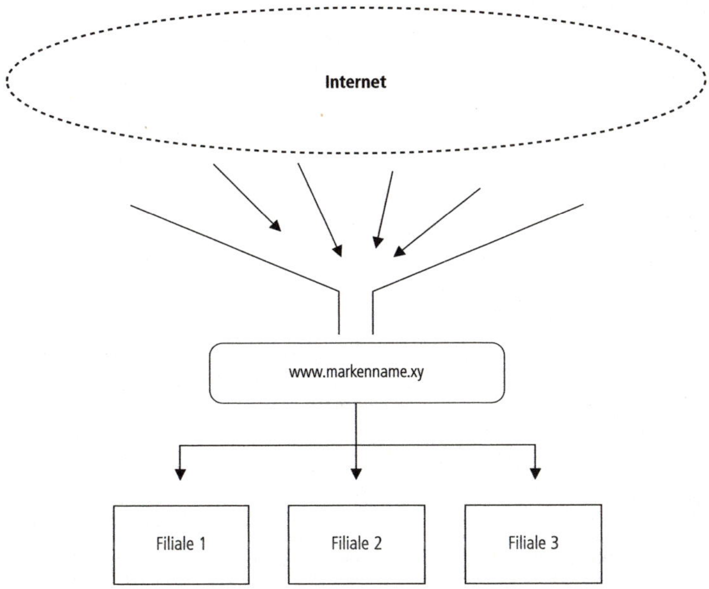

Abb. 6.7: Zentraler Bestellungseingang mit Weiterleitung an Filialen.

hat den Vorteil, dass der Kunde weiterhin ein vertrautes Gesicht vis-à-vis hat und seine Sorgen und Nöte einem Menschen anvertrauen kann und nicht einer Maschine.

Abbildung 6.8 zeigt die Informationsflüsse im realen Marketing und die Auswirkungen auf die Flüsse im Internet. In der oberen Hälfte der Darstellung sendet ein Generalimporteur einer Marke seine Botschaft zum Zielpublikum. Er bewirbt die Marke mit Plakatwerbung, TV-Spots und Ähnlichem. Die Konsumenten nehmen die Botschaft wahr, sie sind die Empfänger. Die untere Hälfte zeigt den Effekt der Werbung. Die Kunden nehmen Kontakt zur Marke auf, indem sie im Internet die entsprechende Adresse eingeben. Ein Online-Shop unter www.markenname.xy bedient die ganze Nation im Internet. Die Bestellung gelangt von der zentralen Adresse zum Betreiber des Online-Shops, hier der Generalimporteur. Die Bestellungen werden weitergeleitet an die Filialen. Die Filiale versendet den Artikel an den Kunden oder schickt dem Kunden die Bestätigung, dass der Artikel abholbereit ist. Als Absender figuriert die Filiale, nicht der Importeur. Die Markenkampagne hat einen neuen Kon-

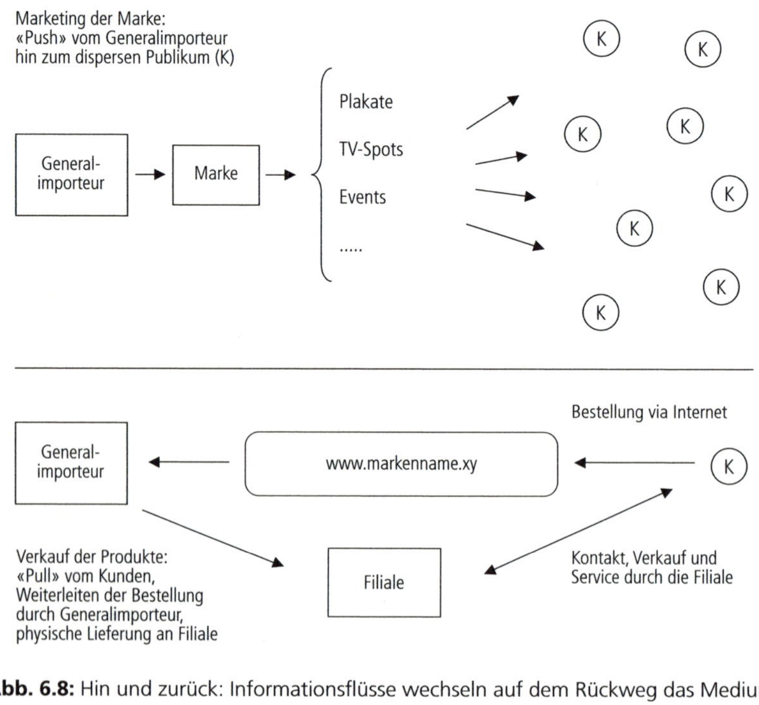

Abb. 6.8: Hin und zurück: Informationsflüsse wechseln auf dem Rückweg das Medium.

Per Produkt vom Push zum Pull

Wer konsequent ist, tätowiert alle seine Produkte mit der Internet-Adresse. Wenn die Packung leer ist, kann man bequem Kontakt zum Hersteller aufnehmen und sich den Ersatz nach Hause liefern lassen. Wieso muss ich für den Nachfüllbeutel am Samstag ins Einkaufszentrum rennen? Steht auf der Originalpackung eine URL, kann man im Pyjama in drei Minuten den Beutel nachbestellen. Natürlich gibt's für Stammkunden dieser Internet-Site einen Extra-Schnellservice per Fahrradkurier.

takt zwischen Kunde und Filiale geschaffen. Der Verkauf über Internet betrifft in diesem Beispiel die vertikale Organisation der Märkte hinsichtlich Preisbindung, Service, Gebietsaufteilung und Ähnlichem nicht.

Als Konsequenz für die Werbung im Internet gilt: Das Unternehmen muss die Informationsflüsse kennen und berücksichtigen und gegebenenfalls das Werbeobjekt neu definieren. Oft ist das Werbeobjekt die Marke, die mit Branding gefördert wird. Die Medienbrüche und die neuartigen Informationsflüsse haben zusammengefasst bezüglich Verkauf an den Endkunden folgende Konsequenzen: Sie betreffen die Reaktion des Kunden auf die Push-Werbung in Form des Bestellungseingangs, sie betreffen die Logistik durch Weiterleiten der Bestellungen an Filialen, sie betreffen den Verkauf über Filialen sowie Service und Kundendienst durch die Filialen. Richtig eingesetzt betrifft das Internet die vertikale Organisation von Märkten nicht.

6.5 Positionierung im Internet

Die Positionierung im Internet ist eine Kernaufgabe der Kommunikation. Erscheinung und Identität des Unternehmens müssen geschickt platziert werden, um den Kontakt mit Kunden und Partnern zu gewährleisten.

6.5.1 Erscheinung

Der erste Kontakt mit einem Unternehmen und seinen Leistungen findet immer häufiger via Blickkontakt im Internet statt. Das bedeutet, dass das Erscheinungsbild der Firma schon auf der Eintrittsseite bestehen muss. Der erste Klick auf eine Internet-Seite ist wie ein Vorstellungsgespräch: Der erste Eindruck entscheidet gewollt oder ungewollt über den weiteren Verlauf. Eine adrette Erscheinung ist keine Garantie für Erfolg, aber eine gute Basis.

6.5.2 Identität

Unternehmen sind Persönlichkeiten. Sie haben Charakter, Eigenschaften, Wesenszüge und unverkennbare Merkmale. Unternehmen profilieren sich nicht nur über die Produkte und Leistungen, sondern über ihre Identität. Je gesättigter die Märkte sind, je homogener die Güter werden und je austauschbarer die Leistungen sind, desto wichtiger wird die Identität eines Unternehmens. Das Profil des Unternehmens hilft, Identität zu stiften.

Stephan Heller beschreibt in seinem *Handbuch der Unternehmenskommunikation* die Identität eines Unternehmens mit vier Elementen. Das Unternehmens-Erscheinungsbild (Corporate Design) zeigt das Unternehmen visuell. Die Kunden lernen mit dem Erscheinungsbild das

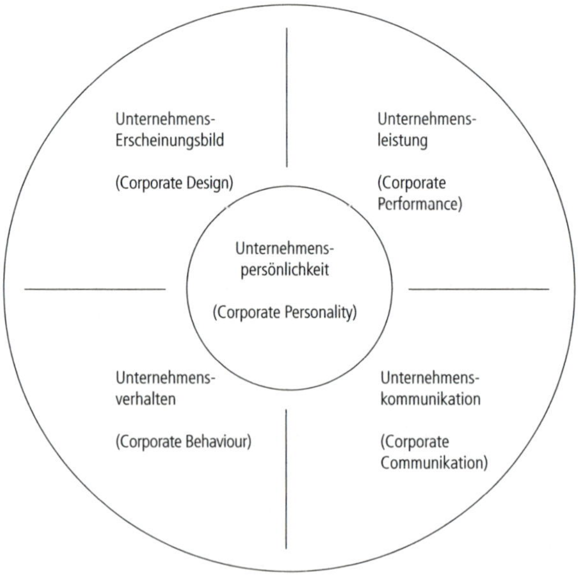

Abb. 6.9: Unternehmenspersönlichkeit (nach Stephan Heller, Handbuch der Unternehmenskommunikation, S. 19).

Unternehmen kennen. Das Unternehmensverhalten (Corporate Behaviour) zeigt die Realität; die Kunden lernen das Unternehmen erst richtig kennen, wenn sie das Verhalten mit dem Erscheinungsbild vergleichen können. Die Unternehmenskommunikation (Corporate Communication) ist die eigentliche kommunikative Verbindung zu Kunden und Partnern, intern wie extern. Dazu gehört der Hochglanzprospekt und der Umgangston am Telefon. Die Unternehmensleistung (Corporate Performance) bezeichnet die faktische Leistung des Unternehmens aus Sicht des Kunden. Die vier Elemente ergeben zusammen die Corporate Identity oder Corporate Personality: die Unternehmenspersönlichkeit.

Abbildung 6.9 zeigt die vier Elemente der Corporate Identity im Überblick. Die Unternehmenspersönlichkeit muss auch im Internet sichtbar sein. Optische Erscheinung, Verhalten im Internet, Umgangston und faktische Leistung dürfen im Internet nicht anders sein als in der realen Welt. Tabelle 6.4 zeigt die Problemfelder der vier Elemente und mögliche Lösungsansätze. Auch hier gilt, dass jedes Unternehmen für sich die Aufgabe strategisch angehen muss und nach der Analyse der speziellen Situation ein Konzept für die Umsetzung der Identität ins Internet planen und realisieren muss.

Aus Sicht der Unternehmenskommunikation gibt es zwei Aufgaben zu lösen: Die Agentur muss die bestehende Identität ins Internet trans-

Element	Problem	Transfer
Unternehmens-Erscheinungsbild	Einheitliche Erscheinung im Internet, Kongruenz mit der realen Erscheinung	Design-Transfer anhand eines Styleguides
Unternehmens-verhalten	Kongruenz des realen und virtuellen Verhaltens, gegebene Versprechen einhalten	Personalschulung, Adaption und evtl. Ergänzung der Dienstleistungen
Unternehmens-kommunikation	Andere Kommunikations-arten, Mail, Chat, Intranet etc.	Personalschulung, sattelfest im Alltag
Unternehmens-leistung	Produkte und Leistungen glaubhaft darstellen	Passive Darstellung in Firmenpräsentation, Shop und Online-Dienstleistungs-Site
Gesamte Unternehmens-persönlichkeit	Glaubwürdige Online-Präsenz aufbauen und unterhalten	Kernaufgabe des Kommunikationsmix: glaubwürdige, dauerhafte Präsenz im Internet

Tab. 6.4: Transfer der Unternehmenspersönlichkeit ins Internet.

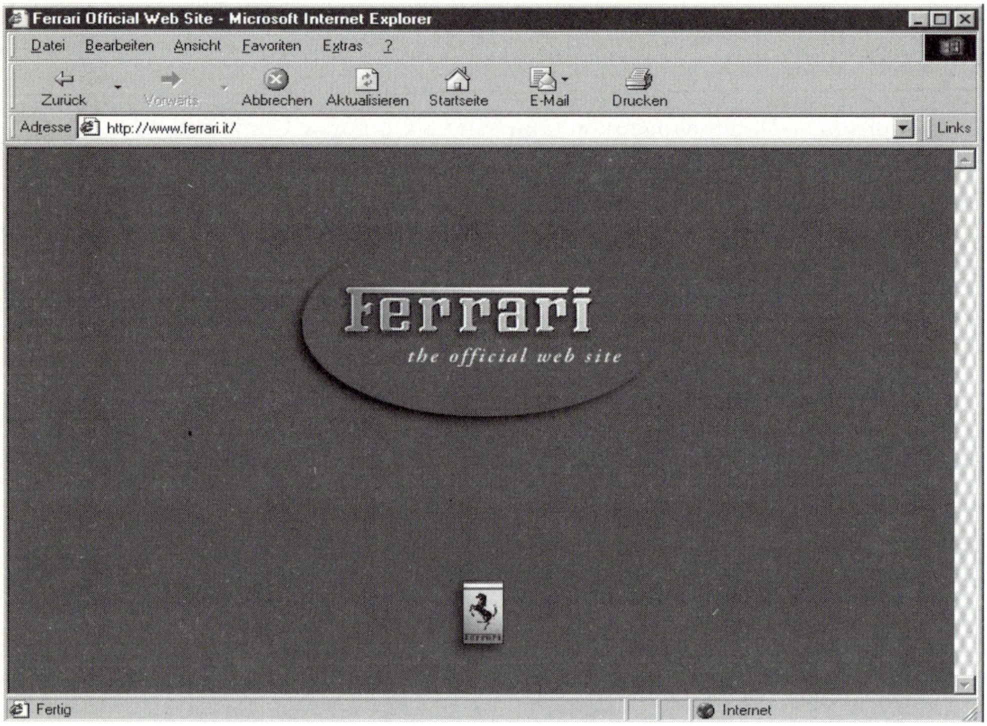

Abb. 6.10: Corporate Personality: Ferrari ist nicht ein Auto, Ferrari ist eine Weltanschauung (http://www.ferrari.it).

ferieren und gleichzeitig eine Identität im Internet aufbauen. Der Identitätstransfer ins Internet und der Aufbau einer Identität im Internet beziehen sich auf die relevanten Informationseinheiten, wie in Abschnitt 6.3 besprochen – also Unternehmen, Marken und Produkte. Die Mittel der Umsetzung sind vor allem ein kongruentes Design, durchgehende stilistische Elemente und Einheit der Sprache. Abbildung 6.10 zeigt beispielhaft die Identitätsumsetzung von Ferrari. Die Adressen «www.ferrari.it» und «www.ferrari.com» sind nicht gleich, sondern zielen auf das jeweilige Publikum hin; hier auf das italienische, dort auf das nordamerikanische.

6.5.3 Platzierung

Der Begriff Platzierung ist vielschichtig. Im Marketing umfasst der Begriff die Positionierung des Unternehmens, Marken und Produkte im

Markt. In der Werbung ist mit Platzierung Zeit, Ort und Dauer gemeint, wie und wo die Botschaft zum Publikum gelangt. Im Vertrieb ist Platzierung immer geografisch. Bezüglich der Kommunikation im Internet bezieht sich die Platzierung auf die Positionierung der Identität eines Unternehmens, seiner Marken und Produkte.

Eine Platzierung im eigentlichen Sinne ist im Internet nicht möglich; es herrscht virtuelle Gleichberechtigung. Keine Seite, kein Ort im Internet, kein Datensatz ist anders platziert als jeder andere. Jeder Punkt ist gleich weit von jedem anderen entfernt: einen Mausklick. Platzierung von Produkten am Markt oder Positionierung eines Unternehmens sind reale, physische Vorgänge. Platzierung im Internet ist virtuell und geschieht mittels Informationsaufbereitung und -verbreitung.

Die Platzierung des Unternehmens, Marken und Produkte sind oben besprochen, ebenso die Umsetzung und Ergänzung von Werbebotschaften. Die Aufgaben der Platzierung sind analog wie bei der Umsetzung der Identität. Das Unternehmen muss die Informationseinheiten definieren, Kommunikationsziele festlegen, mit den Botschaften versehen und die Information im Internet auf Sites platzieren, welche die Zielgruppe frequentiert.

6.6 Integrierte Kommunikation

Die Ausführungen in diesem Kapitel haben Breite und Tiefe für die Aufgaben der Unternehmenskommunikation gezeigt. Forschung und Praxis tendieren gleichermaßen in Richtung einer integrierten Kommuni-

Virtuelle Platzierung

Ein Werber kann das Produkt physisch platzieren, indem er mittels Sponsoring an einem Event Müsterchen verteilt. Man kann Produkte auch virtuell platzieren: Ein integratives Banner wirbt auf einer Suchmaschine gekoppelt an ein griffiges Stichwort für das Produkt. Ein Teil der User klickt auf das Banner, und ein Teil der Werbeberührten bestellt das Produkt gleich innerhalb des Banners. Die Bestellungen gelangen zum Shop-Verwalter, der die Datensätze an die Filialen weiterleitet, die geografisch in der Nähe der Absender liegen. Dort findet der Medienbruch statt und die Virtualität verschwindet: Die Filiale liefert Produkt und Rechnung physisch aus.

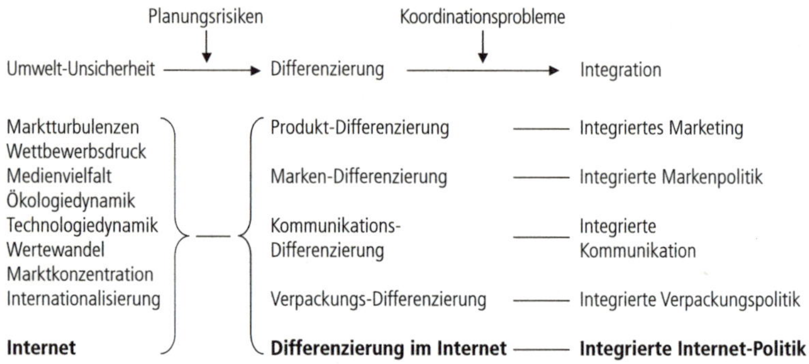

Abb. 6.11: Internet in der integrierten Kommunikation (Nach: Manfred Bruhn, Integrierte Unternehmenskommunikation, S. 18, eigene Ergänzungen).

kation. Darunter versteht man den Prozess, alle Maßnahmen und Mittel der Kommunikation für alle Zielgruppen zusammen zu führen, um ein konsistentes Erscheinungsbild des Unternehmens zu vermitteln.

Abbildung 6.11 zeigt den Weg von der Umwelt-Unsicherheit zur Integration. Die Unsicherheit besteht in den Marktturbulenzen, dem Wettbewerbsdruck, der Dynamik in Technik und Medien, Strukturwandel, Internationalisierung und anderen (linke Spalte in Abbildung 6.11). Neu kommt nun das Internet als Umwelt-Unsicherheit hinzu. Die Führung muss diese Unsicherheiten bewältigen. Die Differenzierung betrifft die Produkte, die Marken, die Kommunikation und die Verpackung (mittlere Spalte). Das Ziel ist die Integration dieser Felder, dargestellt in der rechten Spalte. Die Integration betrifft also alle Elemente: Marketing, Markenpolitk, Kommunikation, Verpackung und im konkreten Fall eventuell noch weitere. Für den Bereich Internet ergibt

Es zeigt sich im Kleinen

Was hat die Quittung im Laden mit der integrierten Kommunikation des Konzerns zu tun? – Mehr als man denkt! Je unscheinbarer die Dinge, umso deutlicher zeigen sie, ob das Internet im Marketing bereits selbstverständlich ist. Wenn die Kasse eine Quittung ausspuckt, auf der ein Sätzchen steht wie «Besten Dank für Ihren Einkauf – bei Reklamationen wenden Sie sich bitte an service@unternehmen.xy», dann haben Sie die Integration geschafft. Das Internet ist kein Hype, es gehört zum Alltag. Es ist einfach da.

sich eine eigenständige Internet-Politik, die mit den anderen Problemfeldern eng vernetzt sein muss.

Der Hauptgrund für eine integrierte Kommunikation ist, im verschärften Kommunikationswettbewerb ein möglichst konsistentes, einheitliches Bild zu vermitteln. Je früher das Unternehmen mit der Planung und Realisierung der integrierten Kommunikation beginnt und je geschickter die Umsetzung ist, umso größer ist der Wettbewerbsvorsprung vor der Konkurrenz.

Checkliste: Unternehmenskommunikation im Internet

Das Internet erhält als Medium eine eigenständige Bedeutung in der Unternehmenskommunikation. Das Unternehmen betreibt nicht nur «Werbung», sondern versucht, die Mittel und Kanäle in eine integrierte Unternehmenskommunikation zusammen zu fassen. Wichtig ist eine gute Strategie bezüglich Erscheinung des Unternehmens, Markt- und Unternehmensstrukturen und Leistungsangebot.

1. Strategie und Kompetenzen

- ☐ Ein großzügiger Budgetposten für Internet-Strategie und Umsetzung ist abgesegnet
- ☐ Die Strategie für den Einsatz des Internet ist formuliert und wird gemäß Zielvorgaben umgesetzt
- ☐ Die Kompetenz über die Inhalte des Internet-Angebotes liegt nicht in der Informatik
- ☐ Im operativen Alltag ist die Software auf die Bedürfnisse der Content-Bearbeitung abgestimmt und nicht umgekehrt

2. Erscheinung

- ☐ Ein Styleguide des Unternehmens besteht und wird im Alltag verwendet
- ☐ Die Unternehmensidentität «online» stimmt mit der Erscheinung «offline» überein
- ☐ Die kommunizierten Inhalte sind klar, sowohl für die content-Bearbeiter als auch für die User
- ☐ Die Marken erhalten höchste Aufmerksamkeit und einen speziellen Budgetposten

3. Strukturen und Märkte

- ☐ Eine Arbeitsgruppe verfolgt die Entwicklung auf den Märkten bezüglich neuen Unternehmensformen, Konkurrenzanbietern, neuen Handelsformen, neuen Verkaufsformen, geografischen Veränderungen etc.
- ☐ Neue Absatzkanäle werden geplant, ausprobiert und entwickelt
- ☐ Neue Formen der Zusammenarbeit werden ausprobiert
- ☐ Die Marktmacht beim Einkauf wird systematisch erhöht

4. Angebot

- ☐ Produktpalette und Dienstleistungen werden als Ganzes und im Einzelnen auf Internet-Tauglichkeit überprüft
- ☐ Die Positionierung des Unternehmens und all seiner Produkte und Dienstleistungen wird grundsätzlich überarbeitet und falls nötig angepasst
- ☐ Neue, spezifische Internet-Produkte werden ausdifferenziert und platziert

7

Erfolgsauswertung

Noch während der laufenden Kampagne beginnt die Auswertung des Erfolgs. Von Interesse sind insbesondere die Abfragezahlen auf dem eigenen Internet-Angebot und die Möglichkeiten, in der nächsten Kampagne die Ergebnisse zu verbessern. Erfolgsauswertung bezieht sich auf die Auswertung der eigenen Statistik und auf die Auswertung der Bannerstatistik. Die Verantwortlichen im Unternehmen und in der Werbeagentur und die ausführenden Instanzen müssen die wichtigsten Begriffe der Erfolgsauswertung verstehen. Die Kenntnis der technischen Schwierigkeiten bei der Statistikerhebung ist nützlich. Ein sinnvolles Hilfsmittel ist die Erhebung eines Nutzungsprofils und eines Nutzerprofils des eigenen Internet-Angebotes.

7.1 Die Ausgangslage

Dieses Kapitel zeigt die Möglichkeiten und Wege auf, wie Sie feststellen können, welchen Erfolg die Kampagne konkret gebracht hat. Es zeigt auch, wie Sie den kurzfristigen und den längerfristigen Erfolg einer Kampagne unterscheiden können. Es liefert ein praxisnahes Instrumentarium, wie Sie in Ihrem Alltag die laufende Kampagne rasch anpassen können und den Mediaplan für die nächste Kampagne optimieren.

Wer Kampagnen startet, will Erfolg sehen. Bei Internet-Kampagnen steht ein breites Repertoire zur Verfügung, das die Messung des Erfolges erleichtert. Ein geschickter Einsatz dieses Repertoires liefert qualitativ hochstehende Informationen und maximiert den Response des eingesetzten Online-Werbebudgets. In der klassischen Werbung ist der Erfolg nicht direkt messbar. Internet-Kampagnen lassen eine minutiöse Auswertung zu.

Jeder Klick auf ein Werbebanner irgendwo im Netz ist protokolliert. Es entstehen gigantische Tabellen und Statistiken. Wie soll man mit solch riesigen Datenmengen umgehen? Die Festplatten ächzen unter den Datenfriedhöfen, die Betreiber einer Site ersticken schier in der Datenflut und nicht selten verhindert ein Zahlenfetischismus die praktische Auswertung einer Internet-Werbekampagne.

Ein zentraler Punkt ist, dass bei Internet-Kampagnen Erfolgsauswertung und Reaktion darauf rollend sind. Beispielhaft gesprochen: Ein Printprospekt ist gewissermaßen in Stein gemeißelt. Der Prospekt liegt bei den Kunden erst im Postfach und danach auf dem Schreibtisch und löst eine Reaktion aus – wünschenswerterweise eine Kaufentscheidung. Die Auswertung des Erfolges einer Prospektaktion liefert Informationen, ob der nächste Prospekt konzeptionell geändert werden muss. Im Internet ist die Auswertung und eventuelle Änderung rollend: Mit dem Start der Kampagne beginnt gleichzeitig die Erfolgsauswertung. Bei mangelhaftem Response wird die laufende Kampagne angepasst. Ebenfalls bildlich gesprochen: Sie können den Prospekt ändern, nachdem er bereits verschickt ist! Dieses Kapitel versucht zu zeigen, wie Erfolgsauswertung und Anpassungen in der Praxis vor sich gehen.

Internet-Werbekampagnen, Site Promotion und Banner-Kampagnen starten in der Regel mit einer kurzen Einführungs- oder Testphase.

Der Test dient der Kontrolle der Funktionen und weniger des Erfolges. In der Testphase kontrolliert der Auftraggeber seine eigene Kampagne. Site Promotion und Internet-Werbekampagnen werden mit gängigen Controlling-Instrumenten aus dem Marketing überwacht. Die Banner werden hinsichtlich der Schaltungskriterien überprüft. Sind die richtigen Banner am richtigen Ort? Sind die Banner an die richtigen Stichworte und Kategorien gekoppelt? Die Kontrolle der Testphase geschieht kurz und bündig. Bei kleinen Kampagnen kann man ganz darauf verzichten.

Nach der Testphase – sofern der Umfang der Kampagne eine Testphase erfordert – folgt der eigentliche Start. Hier sind es im Wesentlichen fünf Fragen, die auf Antwort warten:

Wie viele Leute besuchen meine Website?

Die Abfragezahlen der Vergangenheit müssen bekannt sein. Die Betreiber der Site müssen die Abfragezahlen erfassen und in geeigneter Form aufbewahren. Die Statistiken sollten mindestens monatlich protokolliert werden. In der Regel genügt das Protokoll von Eckdaten wie Usern, Views und die Verteilung nach Wochentagen und Tageszeiten. Genauere längerfristige Abfragestatistiken der Site liefern ein erstklassiges Führungsinstrument zur Organisation der zukünftigen Mediapläne.

Wie war die direkte Wirkung meiner Kampagne?

Die Kampagne sollte eine messbare Veränderung der Abfragezahlen nach oben bewirken. Wenn keine Veränderung erkennbar ist, ist die Kampagne erfolglos und die Verantwortlichen müssen Sofortmaßnahmen ergreifen. Zur Erinnerung: Eine Internet-Kampagne sollte so angelegt sein, dass sie sofort gestoppt werden kann.

Wie hoch ist der einmalige Erfolg?

Eine erfolgreiche Kampagne zeigt unmittelbar Wirkung. Die ersten zusätzlichen Besucher der Site folgen wenige Sekunden nach dem Start der Bannerschaltungen. In der Regel ist die unmittelbare Wirkung nicht zeitgleich erkennbar, da die meisten Statistiken täglich aktualisiert werden. Eine sekundengenaue Wirkungsmessung ist in der Regel nicht nötig, dies wäre Genauigkeit am falschen Ort.

Wie hoch ist der bleibende Erfolg der Kampagne?
Die mittel- und längerfristige Wirkung einer erfolgreichen Kampagne zeigt sich in einer steten Steigerung der Abfragezahlen. Die Sitzungen steigen um einen bestimmten Prozentsatz im Wochendurchschnitt. Mittelfristiger Erfolg zeigt sich auch in gesteigerten unverbindlichen Anfragen per Mail. Ideal ist es, wenn durch die Kampagne Links auf die eigene Site erreicht werden können. Die Verantwortlichen sollten auch eine Antenne entwickeln für reale Wirkung einer Internet-Kampagne: Gelingt es der Bannerkampagne, zusätzliche Besucher physisch in den Laden zu locken?

Was muss ich in der nächsten Kampagne anders machen?
Auf jede Kampagne folgt eine Auswertung! Die Angst vor Fehlern darf das Handeln nicht bestimmen; schließlich können Kampagnen rollend angepasst werden. Die Auswertung lohnt sich in jedem Fall, auch bei kleinen Budgetbeträgen. Die Erfolgsanalyse zeigt die positiven Ergebnisse. Die Verantwortlichen sind gut beraten, wenn sie ihre eigenen Anstrengungen scharf kritisieren und Lücken und Mängel offenlegen. Zentral ist auch ein periodisches, kritisches Durchleuchten von langfristig angelegten Kampagnen.

Es besteht ein prinzipieller Unterschied in der Arbeitsweise zwischen klassischen Kampagnen und Internet-Arbeiten: Bei Printprospekten ist Exaktheit in jedem Arbeitsschritt unbedingt nötig. Genaue Planung, sorgfältige Gestaltung und präzise Umsetzung der Ideen sind absolutes Muss für das Gelingen einer Print-Werbeaktion. Im Internet ist die Genauigkeit anders gelagert. Die Devise heißt «Mut zum Risiko». Diese Mischung aus Mut zum Risiko, vorsichtiger Realisierung und burschikoser Auswertung mag auf den ersten Blick seltsam anmuten. Wenn man die Arbeitsweise im Internet akzeptiert hat und damit umgehen kann, passen die drei Elemente bestens zusammen.

Eine Banner-Werbeaktion basiert auf diesem «Mut zum Risiko». Dies hat nichts mit Hauruck-Methoden zu tun, im Gegenteil. Der Grundtenor im Internet heißt: «mutig und offensiv in den Ideen, vorsichtig bei der Realisierung, zügig in der Kontrolle». Es lässt sich oft beobachten, dass gute Ideen angepackt und originelle Internet-Kampagnen durchgezogen werden, allerdings hapert es oft bei der Vorsicht in der Durchführung, was zu unliebsamen Überraschungen führen kann.

In den Erfolgskontrollen lassen sich sehr häufig zwei entgegengesetzte Fehler beobachten: Die Kontrolle ist übertrieben minuziös oder sie findet gar nicht statt. Ersteres ist vergebene Liebesmüh und gehört zum Thema Genauigkeit am falschen Ort. Findet gar keine Kontrolle statt, verschenken die Online-Werber wertvolle Informationen, die sie später nicht mehr beschaffen können.

7.2 Grundbegriffe und ihre praktische Bedeutung

Als Grundlage für sinnvolle Auswertung des Erfolges müssen die wesentlichen Grundbegriffe bekannt sein. Es sind hier nur die Grundbegriffe beschrieben, die jedem Online-Werber vertraut sein müssen.

Die Begriffserklärungen sind anwenderbezogen. Sie haben keinen wissenschaftlichen Anspruch an Exaktheit und Vollständigkeit. Für Informatiker mögen die Definitionen mangelhaft sein, hingegen sind sie für Werber, Marketingfachleute, Betreiber von Internet-Seiten oder Online-Shops bestens geeignet, den Erfolg auszuwerten.

Ein Hinweis: Es gibt in der täglichen Internet-Erfolgsauswertung prinzipiell zwei Arten von Statistiken: die eigene und die Bannerstatistik. Die eigene Statistik liefert Informationen über den Erfolg der eigenen Seite, die Bannerstatistik zeigt die Ergebnisse einer Internet-Werbeaktion.

7.2.1 Grundbegriffe der Server-Statistik

Die Abfragestatistik gibt Auskunft über die Besucher einer Internet-Seite. Eine Abfragestatistik listet säuberlich die Besucher der Seite auf, zu welcher Tageszeit und an welchem Wochentag das Angebot benutzt wurde, woher die Besucher kamen, wie lange sie verweilten und ähnliche Informationen. Die Statistik ist online abrufbar. Sie läuft auf dem Server des Providers. Der Betreiber einer Site sollte jederzeit uneingeschränkt Zugriff auf die Abfragestatistiken all seiner Server haben. Die Statistiken sollten unbedingt mit einem Passwort geschützt sein. Beispielsweise lautet die Adresse «http://www.mein-angebot.com/statistik» und bei Aufruf erscheint eine Passwortabfrage.

Abfragestatistik erfassen

Die Abfragestatistik ist ein unerlässliches Führungsinstrument zur Erstellung des Mediaplans und ein Controlling-Instrument des Erfolges. Die Statistik hat den Status eines Geschäftsgeheimnisses, zumindest bei gewinnorientierten Internet-Angeboten. Sie müssen die Abfragestatistik all Ihrer Server kennen und in geeigneter Form aufbewahren. Die bequemste Methode ist ein passwortgeschützter Online-Zugang. Der Aufwand ist minimal und die langfristigen Abfragestatistiken sind eine ergiebige Informationsquelle.

Logfile

Der Server (der Computer, auf dem ein Internet-Angebot läuft) erstellt von jeder aktiven Seite eine Statistik über alle Geschehnisse. Analog zu der Blackbox eines Flugzeuges verzeichnet das Logfile der Internet-Seite minutiös jede Bewegung, jeden einzelnen Mausklick und jeden Vorgang. In der Praxis sind die Logfiles für die Erfolgskontrolle nahezu unbrauchbar, da sie wegen ihrer Ausführlichkeit unübersichtlich sind. Die Logfiles sind für die Sicherheit wichtig, da mit ihnen in Problemfällen die Herkunft einer kriminellen Handlung eruiert werden kann. Das Logfile läuft auf dem Server des Providers. Es braucht den Anbieter einer Seite nicht zu interessieren; wichtig ist lediglich, dass für jede aktive Seite ein Logfile besteht und im Notfall zur Verfügung steht.

Hit

Jeder Zugriff eines Browsers (die Oberfläche des Internet-Bildschirms) zählt als Hit. Das Logfile zählt jeden Zugriff einzeln und qualifiziert nicht nach Kriterien. Jedes aufgerufene Element zählt. Wenn also 7 Bilder und 3 Tabellen auf einer Seite sind, zählt dies als 10 Hits, und dies bei jedem einzelnen Besuch der Seite. Die Anzahl Hits sagt deshalb wenig bis gar nichts aus über den Erfolg einer Seite beim Publikum.

Views und PageImpressions

«View» und «PageImpression» beginnen sich als Grundwerte der Zählweise im Internet durchzusetzen. Die Views zählen, wie oft eine Seite irgendwo auf einem Bildschirm erschienen ist. Jeder Mausklick eines Besuchers zählt idealerweise als 1 View. In der Internetwerbung werden in der Regel die Banners nach Anzahl Views verkauft; 1000 Views kosten

Hits sagen nichts aus

Die Aussagekraft der Hits ist nahezu null. Lassen Sie sich nicht beeindrucken von Ihren Konkurrenten, die Ihnen vorschwärmen, sie hätten drei Millionen Hits pro Woche. Fragen Sie ihn statt dessen nach den Views – und Sie wissen Bescheid über den Wissensstand Ihrer Konkurrenz.

beispielsweise 30 Euro. Der Kunde bezahlt somit 30 Euro dafür, dass sein Werbebanner 1000-mal irgendwo auf einem Bildschirm erscheint. Die Views der eigenen Abfragestatistik zeigen, wie oft eine Seite des eigenen Angebotes irgendwo erschienen ist.

Der umgangssprachliche Ausdruck ist häufig «PageView». Der Begriff PageImpression entwickelt sich zum offiziellen Standard. Die IVW in Deutschland und die WEMF in der Schweiz verwenden die PageImpressions als Grundeinheit der Zählweise im Internet. Es ist wahrscheinlich, dass die beiden Begriffe PageView und PageImpression eine Weile lang nebeneinander bestehen. Sie bezeichnen im Grunde dasselbe und beide Begriffe weisen die gleichen Schwierigkeiten einer exakten Zählweise auf. Für den Alltagsgebrauch spielt dies allerdings keine Rolle.

User und Visits

Ein «User» ist ein *Besucher* einer Seite und ein «Visit» ist ein *Besuch* auf einer Seite. Die Begriffe bezeichnen im Grunde dasselbe: Wie viele Menschen haben ein Internet-Angebot besucht? Bildlich gesprochen ist ein Visit Folgendes: Ein Besucher tippt die Internet-Adresse in seinen Browser ein, schaut sich auf der Site um, klickt einige Sachen an und

View ist nicht gleich View

Es gibt technische Schwierigkeiten bei der Zählweise der Views. Dies muss den Anwender nicht groß kümmern; die Genauigkeit einer Abfragestatistik liegt bei über 95 Prozent und reicht für das Erfolgs-Controlling bei weitem aus. Die ausgewiesenen Views bilden einen Hauptpfeiler jeder Abfragestatistik und müssen dem Betreiber bekannt sein. Lassen Sie sich von Ihrem Informatiker die Abfragestatistik erklären. Nicht alle Statistiken zählen nach der gleichen Methode. Ihr Informatiker muss wissen, wie sein Statistikprogramm die Views zählt.

verlässt irgendwann die Site wieder, indem er eine neue Adresse in den Browser eintippt. Es entspricht einem Besucher in einem Geschäft, der eintritt, sich umsieht, einige Sachen in die Finger nimmt und den Laden wieder verlässt.

Die Abfragestatistik zählt die Visits, da die User nicht direkt erfasst werden können. Jemand, der zweimal am selben Tag die Seite besucht, ist 1 User, zählt aber als 2 Visits. Technisch gesehen ist ein User eine IP-Adresse (die 12stellige Zahl – beispielsweise 193.247.194.34 –, die die Adresse eines Computers im Internet bezeichnet). In der Realität lassen sich die User aus technischen Gründen nicht erfassen, da die meisten Internet-Provider ihre IP-Nummern dynamisch verteilen, das heißt, die Internet-Nutzer erhalten zufällig eine Linie, die gerade frei ist. Zudem bestehen datenschutzrechtliche Probleme beim Erfassen der Endbenutzer eines Internet-Angebotes.

Session

Eine Session ist eine Sitzung. Technisch gesehen ist eine Session eine abgeschlossene Serie von PageImpressions. Die Sitzung gilt 30 Minuten nach der letzten PageImpression als definitiv abgeschlossen. Im Alltag ist der Begriff nicht besonders wichtig, Visit und User sind eingängiger und ohne technisches Wissen besser verständlich. Die Zählung der Session macht Sinn, da sich die User nicht individuell erfassen lassen. Der Begriff nimmt auch Rücksicht auf das Problem der Zeit: Wenn ein Internet-Benutzer ein Internet-Angebot zweimal am selben Tag aufruft, sollte dies als zwei Sitzungen zählen. Der Begriff «Session» legt nun die Zeitspanne zwischen zwei Besuchen fest: Sie muss per Definition mindestens 30 Minuten betragen.

Visits und PageImpressions erfassen

Die Visits bilden zusammen mit den PageImpressions die zentralen Eckwerte einer Abfragestatistik. Sie sind der Kern jeder Erfolgskontrolle. Die Betreiber eines Internet-Angebotes müssen diese Werte kennen und die Entwicklung verfolgen. Es empfiehlt sich, den Eckwert in einem Wochenüberblick auszudrucken und zu verfolgen, am besten gleich vom ersten Tag an.

Wochentag

Die Abfragestatistik listet die Visits nach Wochentagen auf. Die Auswertung nach dem Wochentag zeigt, wie oft an welchem Tag ein Internet-Angebot angewählt wurde. Nützlich ist ein Säulendiagramm, welches bequem einen Tagesvergleich im Wochenrhythmus ermöglicht. Eckwerte für das Controlling sind der beste und der schlechteste Tag im langfristigen Vergleich. Diese Eckwerte müssen bekannt sein und verfolgt werden.

Tageszeit

Analog zum Wochentag listet eine gute Abfragestatistik die Besucher nach der Tageszeit auf. Dieses Säulendiagramm zeigt auf einen Blick die Häufigkeiten der Verteilung. Eckwerte sind die Stunden mit den häufigsten und die Stunden mit den seltensten Besuchen. Es empfiehlt sich, diesen Wert zu verfolgen um eine Systematik der Nutzer zu erkennen. Die Praxis zeigt, dass bei den meisten Internet-Angeboten mehr oder weniger ausgeprägt solche Häufigkeitswerte entstehen. Oft sind diese Eckwerte auch längerfristig erstaunlich stabil.

Referring Sites und Referring URLs

Eine gute Abfragestatistik weist aus, woher die Besucher kommen. Eine Referring Site ist das Internet-Angebot, von dem ein Besucher hergekommen ist, die Referring URL (eine URL ist eine Internet-Adresse) ist die Internet-Seite, auf der sich der Link befindet. Die Referrer helfen, Informationsströme aufzuzeigen und geben Antwort auf die Frage

Listen kostensparend verwenden

Die Auflistung nach Wochentagen und nach Tageszeit ist eines der zentralen Arbeitsinstrumente für den Internet-Mediaplan. So ist beispielsweise der Sonntag regelmäßig der Tag mit den wenigsten Abfragen auf Ihrem Server und die Häufigkeit kristallisiert sich abends von 23.00 bis 01.00 Uhr an Wochentagen mit der Spitze am Dienstag. Die Schaltung der Banner geschieht nun naheliegenderweise an Dienstagen von 22.00 bis 02.00 Uhr. Dies ist einer der Hauptgründe, die Abfragestatistik geheim zu halten. Was für den Betreiber der Werbeplattform eine unbedeutende Randstunde ist, ist für Sie eine goldene Spitzenzeit. Mit geschicktem Verhandeln kann Ihre Werbeagentur nun günstige Konditionen für einen Dauerauftrag herausschlagen.

«Woher kommen meine Besucher?» Wichtig ist auch der Wert «No Referrer»: Dieser Wert zeigt, wie viele Besucher die Adresse selbst eingetippt haben oder sie in ihre Bookmarks aufgenommen haben. Die Praxis zeigt, dass die Referrer mit einer Genauigkeit von 80–90 Prozent angezeigt werden. Für das Controlling reicht diese Genauigkeit aus.

Zur Erfolgskontrolle einer Banner-Werbeaktion dient entweder der Wert «No Referrer» auf der Abfragestatistik der eigenen Website oder das Banner wird als Referring URL ausgewiesen. Der Online-Werber muss wissen, ob ein Mausklick auf sein Banner auf dem Werbeträger als Referring URL gezählt wird oder nicht. Diese Information erhält er von seinem Provider respektive vom Betreiber der Werbeplattform. Die Statistik des Werbeträgers gibt Auskunft über Anzahl Erscheinen des Banners und über die Zahl, wie oft auf mein Banner geklickt wurde (siehe CTR). Die Veränderung des Wertes «No Referrer» auf meiner Abfragestatistik und CTR auf der Trägerstatistik müssen verglichen werden und ergeben einen nützlichen Plausibilitätstest.

Ein Beispiel soll dies verdeutlichen: Meine Website heißt «http://www.mein-angebot.com». Eine Referring Site hat die Adresse «http://www.irgendwas.de». Auf dieser Seite befindet sich ein Link auf www.mein-angebot.com. Die Referring URL lautet beispielsweise «http://www.irgendwas.de/links.htm»; unter dieser Adresse in Deutschland besteht also ein Link auf meine Site.

Links auf die eigene Site suchen

Es ist wichtig, die Links auf die eigene Site zu kennen. Die Mühe lohnt sich, periodisch die Links auf die eigene Site abzuklappern. Mindestens die zehn erfolgreichsten Links müssen Ihnen bekannt sein. Es ist im Internet Usus, für solche Links nichts zu zahlen. Als Gegenleistung kann man auf der eigenen Site selbst eine Liste mit «Interessante Links» oder «our friends» einrichten, allerdings wirkt dies heute bereits ein wenig antiquiert. Ihre Abfragestatistik sollte die «Referring Sites» erfassen. Die meisten Suchmaschinen stellen auch einen Service zur Verfügung, mit dem Sie solche Links finden können. Ihr Informatiker soll dies für Sie erledigen.

7.2.2 Grundbegriffe der Banner-Statistik

AdImpression

Die AdImpressions sind die Grundeinheit der Bannerzählung. Die Silbe «Ad» stammt vom englischen «advertising», also Werbung, und «impression» bedeutet wörtlich «Eindruck» oder «Auflage». Der Begriff zählt, wie oft ein Banner irgendwo auf einem Bildschirm erschienen ist. Die AdImpressions zählen nicht die übertragenen Dateien, sondern die ganzen Banner. Die Statistiken der Werbeträger weisen die AdImpressions in ganzen Zahlen aus. Der Begriff AdImpression gibt Antwort auf die Frage: «Wie oft ist mein Banner erschienen?»

AdClick

Der Begriff AdClick gehört zur Auswertung der Bannerstatistik. Die Silbe «Ad» stammt vom englischen «advertising», also Werbung, und «Click» bezieht sich auf den Mausklick. Die Zahl der AdClicks sagt aus, wie oft Internet-Nutzer ein Banner anwählten. Der Begriff gibt Anwort auf die Frage: «Wie oft wurde auf mein Banner geklickt?».

Die AdClicks werden absolut angegeben, also in Zahlen und nicht in Prozent. Ein typischer Wert ist: «1000 geschaltete Banner haben einen AdClick von 78». Das Werbebanner ist in diesem Beispiel 1000-mal auf dem Werbeträger erschienen und insgesamt 78-mal wurde es per Mausklick aufgerufen. Eng mit dem Begriff AdClick verwandt ist die CTR.

CTR-Rate

Die CTR-Rate ist die «Click-Through-Rate», sinngemäß übersetzbar mit «Sich-durchklick-Rate». Die CTR-Rate gibt in Prozent an, wie oft auf das Banner geklickt wurde. Die CTR-Rate gibt Antwort auf die Frage: «Wieviel Prozent von den Leuten, die mein Banner gesehen haben, haben auch draufgeklickt?»

Die CTR-Rate wird relativ ausgewiesen, also in Prozent. Typisch sind Werte von 1-3 Prozent. Werte von über 10 Prozent sind sehr gut, Werte unter 1 Prozent mangelhaft. Der Wert wird in amerikanischen Statistiken oft als «Yield per 1000» angegeben; eine Zahl wie beispielsweise Yield=144,56 bedeutet 144,56 Promille oder 14,4 Prozent. Die CTR-Rate wird oft mit dem Wert AdClick verwechselt. AdClick wird meist absolut angegeben und gibt Antwort auf die Frage: «Wie oft wurde auf mein

Banner geklickt?». Im obigen Beispiel mit einem AdClick von 78 beträgt die CTR 7,8 Prozent: 1000-mal ist ein Banner erschienen und 78-mal wurde es angewählt: 78 von 1000 sind 7,8 Prozent.

Jede Schaltung liefert einen eigenen CTR-Wert. Die Werte werden in geeigneter Form gesammelt und miteinander verglichen. Die CTR-Rate ist für die Erfolgskontrolle wichtig, schließlich zeigt der Wert direkt Erfolg und Misserfolg jeder einzelnen Schaltung und der gesamten Kampagne. Die Betreiber der Werbeplattform müssen diesen Wert liefern. Die eigenen CTR-Raten der Kampagnen sollten vertraulich behandelt werden.

Der CTR-Wert ist ein zentraler Eckpfeiler für die Auswertung der Bannerwerbung. Dennoch sollte die Zahl in ihrer Bedeutung nicht überschätzt werden. Clevere Internet-Werber können mit Tricks die CTR-Rate kurzfristig erhöhen, beispielsweise mit applikatorischen Bannern in Form einer Fehlermeldung. Weniger geübte Besucher klicken auf das Banner, da sie meinen, es sei eine echte Fehlermeldung. Durch solche Kniffs steigen zwar die Werte an, allerdings ist der Werbeeffekt nicht immer der gewünschte. Der CTR-Wert sollte nicht absolut ausgewertet werden, sondern in Relation mit anderen Faktoren.

Es sind Bestrebungen im Gange, die Zählweise der Bannerschaltungen zu vereinheitlichen. Der dmmv, Deutscher Multimedia Verband, empfiehlt zur Erfolgsmessung von Online-Werbemitteln das Redirect-Verfahren. Das Ziel des Redirect-Verfahrens ist die Ermittlung der effektiv wahrgenommenen Banner. Wenn ein User beispielsweise den Vorgang mit Klick auf die Stop-Taste unterbricht, zählt die Statistik keine Impression, weil der so genannte «AdRequest» nicht erst zum AdServer gelangt. Das heißt, ein Banner, das nicht erscheint, wird auch nicht gezählt und sollte somit dem Werbekunden nicht verrechnet werden. Die IVW in Deutschland (Informationsgemeinschaft zur Feststellung der Verbreitung von Werbeträgern e.V.) unterstützt das Redirect-Verfahren.

Keine Dissertationen!

Eine professionelle Auswertung von CTR-Raten verlangt einiges Fachwissen in Mathematik und angewandter Statistik. Im Alltag genügt es, die Größenordnungen miteinander zu vergleichen. Speziell bei der CTR-Rate gilt: Vorsicht vor Genauigkeit am falschen Ort!

Begriff	Beschreibung	Bedeutung im Alltag
Abfragestatistik	Die Abfragestatistik wertet das eigene Internet-Angebot aus. Die Statistik zählt die Nutzer und weist mehr oder weniger detailliert die einzelnen Nutzungsvorgänge aus.	Existenziell wichtig. Die Betreiber eines Internet-Angebotes müssen die eigene Statistik kennen und verstehen. Eine regelmäßige Auswertung ist Pflicht.
Logfile	Vorläufer der Abfragestatistik. Logfiles werten Internet-Seiten aus im Stile eines Flugschreibers; jeder Vorgang wird minuziös aufgezeichnet.	Unbedeutend für den betrieblichen Alltag. Logfiles sind für den Informatiker und für die Sicherheit wichtig.
Hit	Jeder Zugriff eines Browsers ist ein Hit. Jedes aufgerufene Element zählt als 1 Hit, ein Mausklick kann also mehrere Hits auslösen.	Unbedeutend, Hits sagen wenig bis gar nichts aus.
View	Die Views weisen aus, wie oft eine Internet-Seite irgendwo auf einem Bildschirm erschienen ist.	Sehr wichtig. Views beginnen sich als Grundwährung in der Zählweise im Internet durchzusetzen.
PageView	Umgangssprachlich meist gleichbedeutend wie Views verwendet.	Kein offizieller Ausdruck, im Alltag aber sehr weit verbreitet.
PageImpressions	Von vielen Institutionen als offizieller Standard verwendet: PageImpressions zählen die Anzahl Sichtkontakte von Internet-Benützern mit einer potenziell werbetragenden Internet-Seite.	Sehr wichtig. Der Begriff PageImpressions beginnt sich als offizieller Begriff durchzusetzen. Der Ausdruck PageImpressions löst PageViews als Begriff ab; umgangssprachlich bedeuten sie dasselbe.
User	Ein User ist ein Besucher auf einer Internet-Seite.	Sehr wichtig. Die Umschreibung als «Besucher» ist allerdings nur sinngemäß zu verstehen, technisch ist ein User eine IP-Nummer.
Visit	Ein Visit ist ein Besuch auf einer Internet-Seite.	Sehr wichtig. Auch ein Visit ist nur bildlich gesprochen ein Besuch auf der Seite, technisch gesehen sind Visits «Clickstreams», also eine Reihe Mausklicks, die von derselben IP-Nummer her stammen.
Session	Eine Session ist eine Sitzung. Wenn jemand eine Seite zweimal am gleichen Tag anschaut, zählt dies bei korrekter Statistik als 1 User und als 2 Sessions.	Eine interessante Zahl, allerdings ist die Erhebung nicht einfach. Im Alltag sind Visits und User eingängiger und ohne technisches Wissen besser verständlich.
Wochentag	Abfragestatistiken weisen meist eine Tagesübersicht aus.	Sehr nützliches Instrument bei der Planung der Bannerkampagnen.
Tageszeit	Analog zur Tagesübersicht weisen die meisten Statistiken den Tagesverlauf aus.	Ebenfalls sehr nützlich, gibt enorm gute Hinweise über das Nutzungsverhalten der Besucher auf der eigenen Internet-Seite.

Fortsetzung auf folgender Seite

Begriff	Beschreibung	Bedeutung im Alltag
Referring Site	Gute Abfragestatistiken weisen aus, woher die Besucher kommen.	Interessant zu wissen.
Referring URL	«Referring URLs» sind Internet-Adressen, auf denen ein Link zur eigenen Internet-Seite besteht.	Interessant zu wissen.
AdImpressions	AdImpressions sind die Grund-Zähleinheit der Bannerwerbung. Der Begriff weist aus, wie oft ein Banner irgendwo erschienen ist.	Wichtig für die Bannerwerbung. Werbeaufträge werden meist in Anzahl AdImpressions vergeben.
AdClick	Der Wert AdClick weist aus, wie oft auf ein Banner geklickt wurde. Der Wert wird absolut angegeben, also in Zahlen, nicht in Prozent.	Wichtig für die Bannerwerbung. Die Erfolgskontrolle beginnt meist mit den AdClicks.
CTR	Die Click-Through-Rate weist in Prozent aus, wie oft auf ein Banner geklickt wurde.	Eckwert jeder Bannerkampagne. Absolut unverzichtbares Instrument.
Folgeklicks	Die Folgeklicks zeigen, wie viele Klicks das Banner auf dem Werbeobjekt auslöste.	Wichtig, kann heute aber noch nicht bei allen AdServern zuverlässig ermittelt werden.
Faktor	Der Faktor misst das Verhältnis zwischen AdClicks und Folgeklicks.	Mathematischer Wert. Zurückhaltend verwenden, da er nicht immer präzise erfasst ist.

Tab. 7.1: Grundbegriffe der Erfolgsauswertung (© ionos GmbH).

Zählweise der IVW

Die IVW ist die Informationsgemeinschaft zur Feststellung der Verbreitung von Werbeträgern e.V. in Deutschland. Die IVW misst die Verbreitung von Werbeträgern und erlässt Richtlinien und Standards für die Zählweise in verschiedenen Medien. Die IVW ist eine neutrale Kontrolleinrichtung. Sie stellt objektiv ermittelte Unterlagen über die Verbreitung von Werbeträgern bereit. Für die Messung im Internet weist die Gesellschaft zwei Kernwährungen der Werbeträgerleistung aus, die PageImpressions und die Visits:
«PageImpressions (bisher PageViews) bezeichnen die Anzahl der Sichtkontakte beliebiger Benutzer mit einer potentiell werbeführenden HTML-Seite. Sie liefern ein Maß für die Nutzung einzelner Seiten eines Angebotes. Enthält ein Angebot Bildschirmseiten, die sich aus mehreren Frames zusammensetzen (Frameset), so gilt jeweils nur der Inhalt eines Frames als Content. Der Erstabruf eines Framesets zählt daher nur als ein PageImpression, ebenso wie jede weitere nutzerinduzierte Veränderung des entsprechenden Content-Frames. Demnach wird pro Nutzer-

aktion nur ein PageImpression gezählt. Zur definitionsgerechten Erfassung der PageImpressions verpflichtet sich der Anbieter, gekennzeichneten Content jeweils nur in einen Frame pro Frameset zu laden.
Ein Visit bezeichnet einen zusammenhängenden Nutzungsvorgang (Besuch) eines WWW-Angebots. Er definiert den Werbeträgerkontakt. Als Nutzungsvorgang zählt ein technisch erfolgreicher Seitenzugriff eines Internet-Browsers auf das aktuelle Angebot, wenn er von außerhalb des Angebotes erfolgt.»
[Zitiert nach: IVW, http://www.ivw.de, August 2000]

IFABC WWW Standards

Die WEMF AG für Werbemedienforschung misst die Verbreitung von Werbeträgern in der Schweiz. Die Server-Zugriffsbeglaubigung «NET-Audit WEMF» erfolgt nach den einheitlichen, weltweit gültigen Definitionen und Standards der IFABC (International Federation of Audit Bureaus of Circulation). Die IFABC ist eine Vereinigung nationaler Organisationen, welche Auflagenbeglaubigungen durchführen.

Die WEMF verwendet die folgenden IFABC-Definitionen und -Standards:

Hits – Could be misleading and will not appear as a standard measure

Basic Measurements
Page impression (which is the minimum currency) – A combination of one or more files sent to a User via that User's request received by the server in question

User – An individual IP address

Visit – A series of Page impressions served in an unbroken sequence from within the site to the same User

Session – A series of Page impressions to one User which ends when there is a 30 minute gap between two Page impressions for that User. A Session is used instead of Visits if a site does not capture the referrer variable

Advertisement Measurements
Ad impression – A combination of one or more files sent to a User as an individual advertisement file via that User's request received by the server in question

Ad click – An Ad impression that a User clicked on for the advertisement in question

[Englische Originalversion, zitiert nach: http://www.wemf.ch, August 2000]

7.3 Internet-Statistik

Es gibt prinzipiell zwei Arten von Statistiken im Internet: Die Statistik des eigenen Internet-Angebotes und die Statistik der Bannerwerbung. Die Statistik des eigenen Angebotes zeigt die Besucherzahlen auf dem eigenen Server. Die Statistik der Bannerwerbung zeigt Erfolg und Misserfolg der Bannerschaltungen.

7.3.1 Auswertung der eigenen Server-Statistik

Der Kern jeder Erfolgsauswertung ist die Statistik des eigenen Webservers. Es ist zwingend notwendig, dass auf jeder aktiven Domain eine Statistik läuft. Das Unternehmen muss vom ersten Tag an dafür sorgen, dass genügend Mittel und Zeit zur Verfügung stehen, die Entwicklung der eigenen Site auszuwerten.

In diesem Abschnitt sind Auszüge einer Statistik aus dem unternehmerischen Alltag dargestellt. Die hier zugrunde liegende Software ist

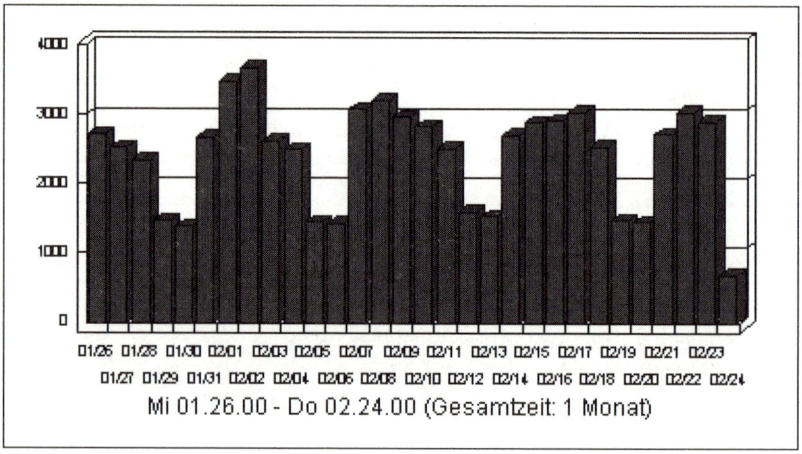

Abb. 7.1: Gesamtüberblick.

WebTrends. Es existieren verschiedene Statistikprogramme, allerdings sind die Qualitätsunterschiede enorm. Bei einem gewinnorientierten Internet-Angebot wie einem Shop muss die Auswertungs-Software hohen Anforderungen genügen.

Serverstatistik aus dem Alltag: Die obige Gesamtübersicht zeigt im Monatsintervall die Zugriffe auf den Server. Ausgewiesen sind die Sit-

Allgemeine Statistik zum Web-Server	
Datum und Zeit der Berichterstellung	Freitag, 1. September 2000 bis Samstag, 30. September 2000
Anzahl der Hits auf Homepage	975 045
Mittlere Anzahl an Hits pro Tag	33 622
Anzahl der Seitenimpressionen	363 768
Gesamtanzahl Anwendersitzungen	68 646
Anwendersitzungen aus Deutschland	76 Prozent
Internationale Anwendersitzungen	13 Prozent
Anwendersitzungen mit unbekanntem Ursprung	11 Prozent
Mittlere Anzahl an Anwendersitzungen pro Tag	2 367
Mittlere Länge der Anwendersitzungen	00.04.27

Tab. 7.2: Allgemeine Informationen zum Server.

zungen. Hervorstechend ist die Konstanz im Verlauf; an Wochenenden sind es um die 1500 Besucher täglich, an Wochentagen knapp 3000. Die Aufteilung nach Regionen ist deaktiviert, da die Berechnung zu viel Serverkapazität braucht; deshalb sind alle Besucher «unbekannter Herkunft». Der extrem tiefe Wert am letzten Tag entsteht dadurch, dass die Statistik wenige Minuten nach Mitternacht erstellt wurde.

Tabelle 7.2 zeigt eine typische Webserver-Statistik im unternehmerischen Alltag. Diese Masse an Informationen muss vom Betreiber der

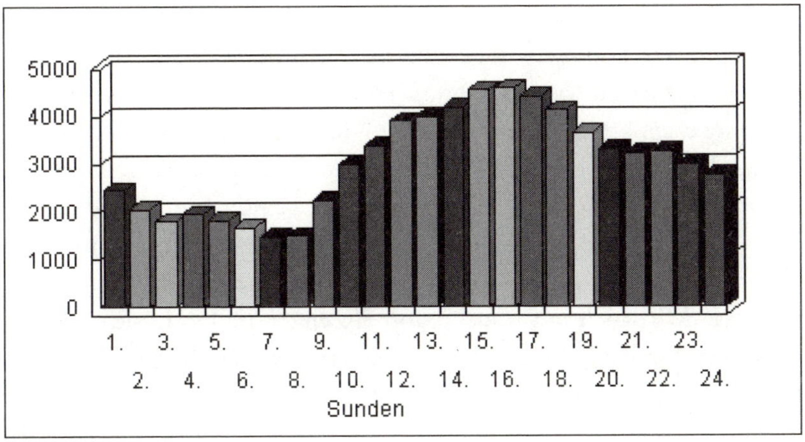

Abb. 7.2: Aktivität nach Stunde.

Site bearbeitet werden. Meist bieten die Statistiken Informationen im Überfluss. Es lohnt sich, die eigene Serverstatistik gut kennen zu lernen und die tägliche Datenflut in eine aussagekräftige Form zu bringen.

Eine Internet-Seite mit regem Zulauf zeigt in der Abfragestatistik in etwa ein Bild wie in Abbildung 7.2. Die Darstellung im Tagesverlauf ist äußerst aufschlussreich. Die aktivsten Stunden sind in diesem Beispiel zwischen 15:00 und 17:00 Uhr mit etwa 4500 Besuchern, die inaktiv-

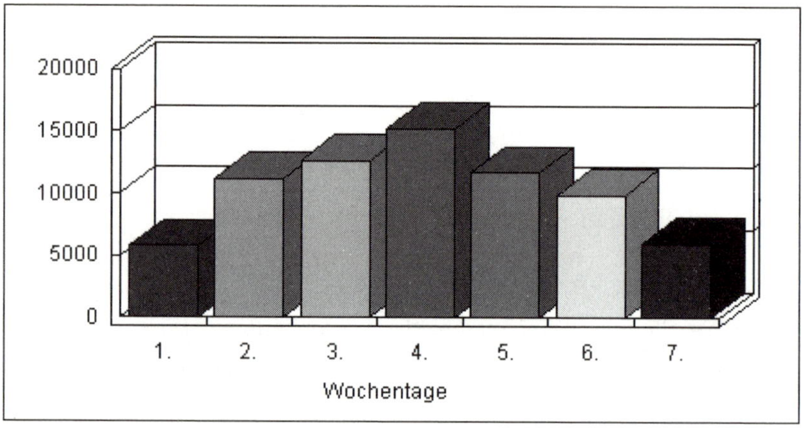

Abb. 7.3: Aktivität nach Wochentag.

sten Stunden sind zwischen 07:00 und 09:00 Uhr. Die Werte sind meist kumulierte Durchschnitte, das heißt, an allen Tagen in der Erfassungsperiode berechnet die Statistik den summierten Stundendurchschnitt.

Abbildung 7.3 zeigt eine typische Darstellung der Abfragezahlen nach Wochentagen. Die Werte sind kumuliert, das heißt, es sind alle Tage in der Verlaufsperiode berücksichtigt. Die großen Spannen zwischen den Extremwerten am Mittwoch und an Wochenenden können täuschen: Es handelt sich hier um die Wochentag-Auflistung des Servers aus Abbildung 7.1. Die Werte an den Wochenenden sind tiefer. Die Spitze am Mittwoch ist eine Verzerrung: In der Erfassungsperiode sind vier Wochentage, aber fünf Mittwoche erfasst. Daher ist der kumulierte Wert am Mittwoch um rund 10 000 Sitzungen höher. In der Auswertung einer Statistik müssen solche Finessen berücksichtigt werden, um falsche Interpretationen zu vermeiden.

Viele Statistiken weisen technische Einzelheiten der Besucher aus: In diesem Beispiel aus dem unternehmerischen Alltag (siehe Abbildung 7.4)

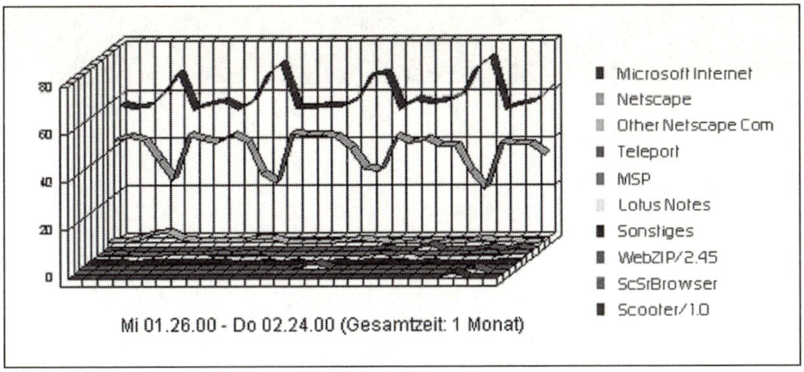

Abb. 7.4: Am häufigsten verwendete Browser.

benutzen um die 60 Prozent den Microsoft Internet Explorer und um die 40 Prozent den Netscape Navigator. Die anderen Browser sind hier vernachlässigbar. Auswertungen dieser Art sind für den Informatiker nützlich; die Programmierung lässt sich für einen großen Benutzerkreis optimieren.

Neben der Momentaufnahme ist die Beobachtung über die Zeit wichtig. Gelungene Werbemaßnahmen zeigen einen steigenden Trend in den Abfragezahlen. Abbildung 7.5 zeigt dies exemplarisch: Das Niveau stieg binnen Monatsfrist von durchschnittlich etwas über 1000 User auf 2500 User an. Wenn die Basis der Benutzer verbreitert werden kann, pendelt sich der Trend auf einem höheren Niveau ein und kann sich halten. Dies ist weit wertvoller als eine Spitze, die nach der Werbemaßnahme wieder abflaut.

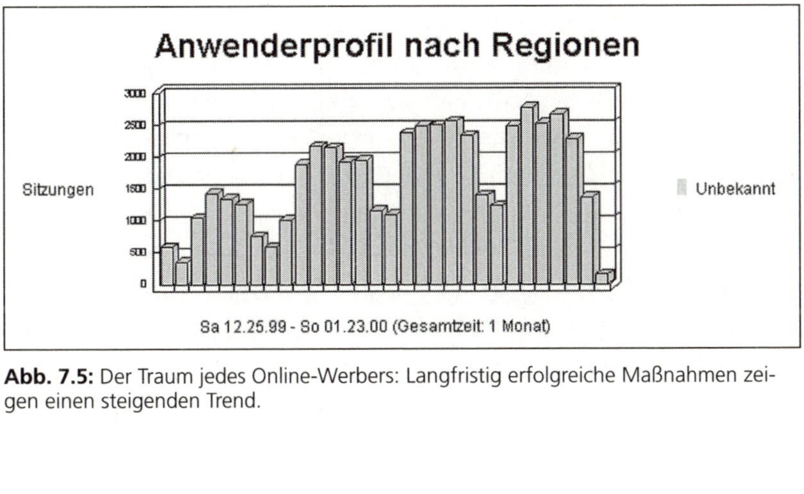

Abb. 7.5: Der Traum jedes Online-Werbers: Langfristig erfolgreiche Maßnahmen zeigen einen steigenden Trend.

Suchsystem	Ausdruck	Ausdruck gefunden	% von gesamt
Yahoo	Hotel	82	14.86
	adler goldener	1	0.38
Web.de	speiserestaurant	86	15.02
	Hotel billig Rhein	25	8.24
	tennisferien	16	2.99
	radfahren hotel köln	10	1.35
	tresor	1	0.12
AltaVista	holiday germany	162	36.65
	room shower koeln	1	0.04

Tab. 7.3: Suchsysteme und Suchausdrücke am fiktiven Beispiel eines Hotels in Köln.

TIPP

Das richtige Wording

«Wording» ist die neudeutsche Umschreibung für «treffende Wortwahl». Sie sollten in Ihrem Internet-Angebot die Sprache Ihrer Kunden sprechen. Dies betrifft den Text des Internet-Angebotes, die Metatags, die Stichworte, mit denen Sie Ihre Site bei den Suchmaschinen anmelden, und die Ausdrücke, die Sie bei der Stichwortkoppelung für Banner verwenden. Einen wertvollen Hinweis zum aktiven Wortschatz Ihrer Kunden liefert die Abfragestatistik der Suchausdrücke, welche die User benutzen. Diese Suchausdrücke verdienen hohe Aufmerksamkeit und sind oft äußerst aussagekräftig.

Äußerst aufschlussreich ist die Auswertung der Stichworte in der eigenen Server-Statistik. Die Statistik weist die Suchmaschinen aus, mit denen die User das eigene Angebot gefunden haben. Dies zeigt, in welchen Suchmaschinen das Angebot registriert ist. Die Statistik zeigt zudem die Stichworte, nach denen man selbst gefunden wurde. Häufig ist die Auflistung noch unterteilt in die Gesamtzahl der Suchausdrücke unabhängig vom Suchsystem und in die Unterteilung nach den einzelnen Suchsystemen.

Das fiktive Beispiel in Tabelle 7.3 ist folgendermaßen zu interpretieren: Die Suchsysteme Yahoo, Web.de und Altavista haben das Internet-Angebot des Hotels in der Datenbank aufgenommen. Besucher der Suchsysteme haben die Begriffe in der zweiten Spalte eingegeben und entsprechend Resultate erhalten. Davon sind einige auf das Hotel gestoßen. Entscheidend waren hier die Stichworte «Speiserestaurant» und «holiday germany». Die anderen sind nur teilweise wichtig. Der Ausdruck «trcsor» ist cin Irrlicht: Irgend jemand hat offenbar nach einem Panzerschrank gesucht. Dabei erschien das Hotel auf der Ergebnisliste von Web.de und der User hat draufgeklickt – und ganz schnell wieder weggeklickt.

Die Tabelle kann nicht mathematisch ausgewertet werden, sie bedarf einer Interpretation. Sie lässt Rückschlüsse auf das Suchverhalten der Menschen im Internet zu und bringt Indizien, wie die eigenen Kunden suchen. Das Ergebnis der Auswertung ist dennoch konkret und fließt direkt in die Bannerwerbung ein: Die Koppelung nach Stichworten nimmt Rücksicht auf die Auswertung der Suchausdrücke. In diesem Beispiel kann sich das Hotel überlegen, in AltaVista Banner an «holiday» und «germany» zu koppeln und in Web.de an «Speiserestaurant».

7.3.2 Auswertung von Spezialstatistiken

Neben der Auswertung der Server-Statistiken gibt es eine Reihe von Möglichkeiten, individuelle Statistiken herzustellen und auszuwerten. Meist ist für solche Zwecke keine maßgeschneiderte Software erhältlich und die Betreiber eines Internet-Angebotes müssen sich selbst etwas einfallen lassen, wie sie das Verhalten der Menschen beobachten und auswerten lässt.

Spezialstatistiken beziehen sich meist auf Online Shops und Online-Dienstleistungen. Eckwerte sind im Shop beispielsweise Umsatz, bester und schlechtester Tag, Anzahl Bestellungen, Stichworte und meistgesuchte Kategorien. Gute Shop-Programme enthalten eine solche Statistik.

Tabelle 7.4 zeigt beispielhaft eine Shop-Statistik. Werte wie Views oder User sind nicht enthalten, da sie der Server-Statistik entnommen werden können. Es handelt sich um einen Shop, der Produkte für Garten und Freizeit anbietet. Der wichtigste Wert ist der Umsatz und der beste und schlechteste Tag in der Erfassungsperiode. Die Bestellvorgänge sind deutlich höher als die eingegangenen Bestellungen, da erfahrungsgemäß oft leere Bestellungen eingehen. Die Auswertung der Stichworte und der aufgerufenen Kategorien ist ein nützliches Instrument, um die eigenen Besucher kennen zu lernen. In diesem Beispiel sticht der Ausdruck «Gartentisch» ins Auge. Die Auswertung in der

Wert	Beschreibung		Anzahl	Einheit
Umsatz	Summe der Bestellungseingänge		16 122	DEM
Umsatz pro Tag	Bester Tag in der Periode	Freitag	3299	DEM
	Schlechtester Tag in der Periode	Montag	0	DEM
Bestellungsvorgänge	Anzahl abgeschickte Bestellungen		46	
Anzahl Bestellungen	Anzahl effektive Bestellungen		26	
Stichworte	Eingegebene Stichworte in der Suchmaske	Gartentisch Camping Barbecue	38 19 5	
Kategorien	Häufigkeit der aufgerufenen Kategorien	Gartentische Camping Grill	128 98 46	

Tab. 7.4: Shop-Statistik mit Eckdaten: Beispiel für einen kleinen Shop mit rund 200 Produkten für Garten und Freizeit.

Shop-Statistik fließt direkt in die Bannerkampagne ein: Für diesen Kleinshop ist eine Stichwortkoppelung der Banner an «Gartentisch» naheliegend und der Erfolg ist garantiert.

Dienstleistungsstatistiken sind analog aufgebaut wie eine Shop-Statistik im Beispiel oben. Allerdings sind pfannenfertige Statistiken für die Auswertung von Dienstleistungsseiten in der Regel nicht ohne Weiteres verfügbar. Unabhängig von Größe und Umfang eines Projektes sollte daher eine Auswertung der Eckwerte erfolgen. Maßgebend ist dabei die Dienstleistung selbst: Werden Gebrauchsanleitungen angeboten, misst man die Anzahl Downloads, sind es Ferienbuchungen, untersucht man, ob sich die Leute schon im August für Skiferien interessieren oder erst im November.

Wichtig ist, dass die Auswertung der Spezialstatistiken nicht mathematisch erfolgt, sondern interpretiert wird. Gefragt ist nicht statistisches Fachwissen sondern eine gute Nase und das Auge des Meisters, der die Nussschalen der relevanten Werte im Datenmeer erkennt.

7.3.3 Auswertung der Banner-Statistik

Eine weitere grundsätzliche Art der Erfolgserfassung bezieht sich auf die Auswertung der Bannerwerbung. Die Betreiber der Werbeträger liefern die Statistiken in mehr oder weniger geeigneter Form. Die Interpretation der Daten ist Sache des Werbers.

Die Auswertung der Banner-Statistik hat sich in kürzester Zeit stark entwickelt und verbessert. Die Eckpfeiler der Auswertung sind die AdImpressions, AdViews und die Klickrate (CTR). Für einfache Schaltungen und mittlere Budgets genügen diese drei Werte vollauf.

Die Auswertung stammt meist nicht vom Betreiber des Werbeträgers selbst, sondern vom AdServer. Dieser muss nicht zwangsläufig im Werbeträger integriert sein. Die Kunden dürfen erwarten, dass die Auswertungen korrekt sind und in geeigneter Form geliefert werden. In Abbildung 7.6 ist eine solche Datenlieferung symbolisch dargestellt: Eine Statistik-Software erfaßt, wie oft ein Banner nach welchen Krite-

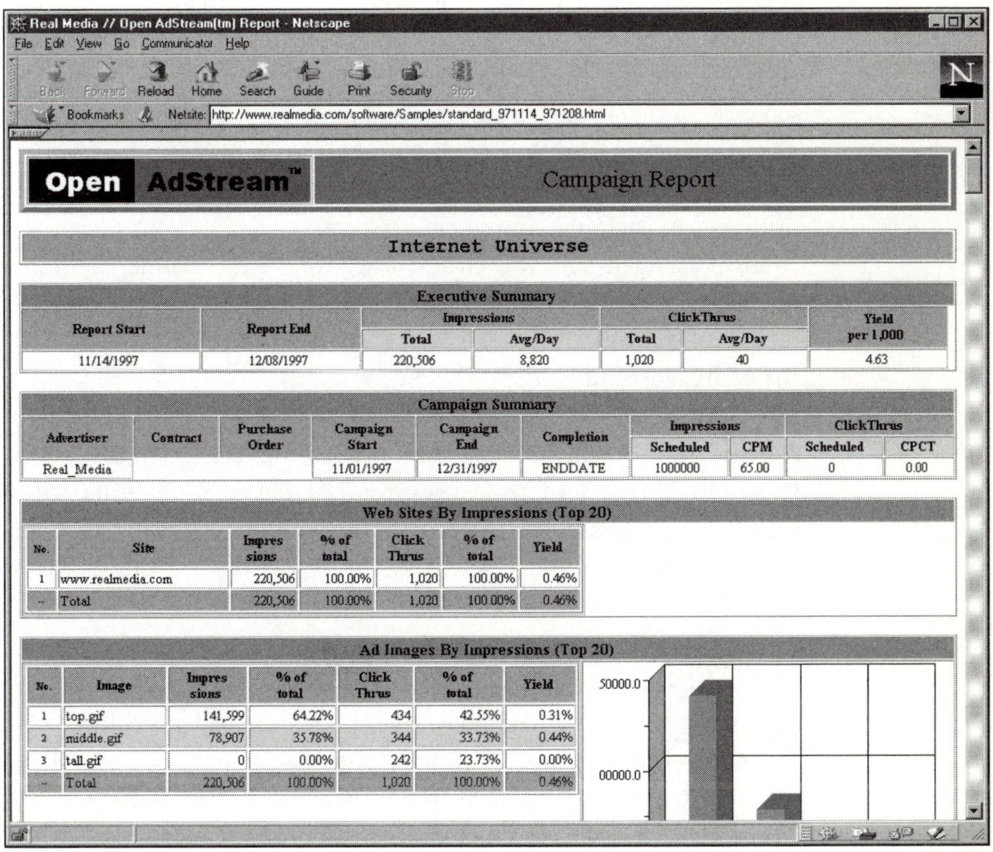

Executive Summary

Report Start	Report End	Impressions Total	Impressions Avg/Day	ClickThrus Total	ClickThrus Avg/Day	Yield per 1,000
11/14/1997	12/08/1997	220,506	8,820	1,020	40	4.63

Campaign Summary

Advertiser	Contract	Purchase Order	Campaign Start	Campaign End	Completion	Impressions Scheduled	Impressions CPM	ClickThrus Scheduled	ClickThrus CPCT
Real_Media			11/01/1997	12/31/1997	ENDDATE	1000000	65.00	0	0.00

Web Sites By Impressions (Top 20)

No.	Site	Impressions	% of total	Click Thrus	% of total	Yield
1	www.realmedia.com	220,506	100.00%	1,020	100.00%	0.46%
--	Total	220,506	100.00%	1,020	100.00%	0.46%

Ad Images By Impressions (Top 20)

No.	Image	Impressions	% of total	Click Thrus	% of total	Yield
1	top.gif	141,599	64.22%	434	42.55%	0.31%
2	middle.gif	78,907	35.78%	344	33.73%	0.44%
3	tall.gif	0	0.00%	242	23.73%	0.00%
--	Total	220,506	100.00%	1,020	100.00%	0.46%

Abb. 7.6: Beispiel einer Bannerstatistik (http://www.realmedia.com).

rien auf einem Träger geschaltet wurde und was mit dem Banner während der laufenden Kampagne geschah.

Jede professionelle Bannerkampagne muss mit einer solchen oder einer vergleichbaren Auswertung versehen sein. Die hier verwendete Software ist Open Adstream von Real Media. Die Statistik der Bannerschaltung weist alle notwendigen Eckwerte aus, insbesondere Page-Impressions und Click-Throughs. Meist sind die Statistiken im Alltag vollgestopft mit Zahlen und Daten unterschiedlichster Aussagekraft. Der Online-Werber muss aus der Zahlenvielfalt die für ihn relevanten Daten herausfiltern und auswerten.

Aus Marketing-Sicht sind die nackten Zahlen weniger interessant als die Deutung der Ergebnisse. Relevante Fragen sind beispielsweise: Was haben die User gemacht, nachdem sie auf das Banner klickten? Sind sie sofort wieder gegangen? Wie lange blieben sie? Welche Inhalte haben sie besucht? Haben sie etwas bestellt? Ein weiterer Fragenkomplex bezieht sich auf die Werbeeffizient der Träger, auf denen die Banner geschaltet sind. Spreche ich nur Stammkunden an? Bringe ich Neukunden in mein Angebot? Werden aus Neukunden Stammkunden? Stimmt das demografische Profil der Werbeberührten und der Werbeagierenden mit meinem Zielpublikum überein?

Im Folgenden sind die Grundauswertung einer Bannerkampagne und die erweiterten Kriterien kurz besprochen.

Grundauswertung

Die Grundauswertung umfasst lediglich die Eckwerte AdImpressions, AdKlicks und Klickrate. Sie genügt für eine Interpretation der Ergebnisse. Der Vorteil der Grundauswertung ist, dass die Werte in der Regel zuverlässig ermittelt werden, kompatibel sind und nicht durch unterschiedliche Software verzerrt werden. Auch ist die Zählweise einigermaßen einheitlich.

Folgeklicks und Faktor

Neben der Auswertung der Klickrate spielen die Folgeklicks und der dazugehörige Faktor eine wichtige Rolle. Folgeklicks heißen oft auch Postclicks. Die Folgeklicks zeigen das Verhalten der Besucher nach dem Klick auf das Banner. Die Folgeklicks geben Antwort auf die Frage: «Wie oft haben die Leute, die auf mein Banner geklickt haben, noch etwas auf meiner Site angeklickt?» Dieser Wert kann in absoluten Zahlen oder in einem Faktor angegeben werden. In absoluten Zahlen heißt es dann beispielsweise: 1000-mal wurde auf mein Banner geklickt. In der Folge ergaben sich daraus 7000 Klicks auf meiner Seite. Der Faktor in diesem Beispiel ist 7. Jeder Klick auf ein Banner ergab im Schnitt 7-mal einen Klick auf meinem Internet-Angebot.

Die Schwierigkeit der Erhebung von Folgeklicks und Faktor besteht darin, dass neben AdServer und Werbeträger die Statistik des eigenen Internet-Angebotes in die Auswertung mit einbegezogen wird. Der AdServer ermittelt, was mit dem Banner selbst geschehen ist. Diese Daten müssen bei jedem Klick in die Statistik des eigenen Angebotes einfliessen. Dies ist viel schwieriger, als es scheint. Die Zahlen sollten deshalb mit einer gewissen Zurückhaltung verwendet werden.

7.3.4 Interpretation der Auswertung

Die Interpretation der Bannerstatistik ist Sache des Marketings. Die Zahlenflut macht es nicht einfach, die relevanten Kriterien herauszuschälen. Oft kommt erschwerend dazu, dass viele Werbeträger und AdServer mit unterschiedlicher Software arbeiten, zu wenig kompatibel sind und deshalb die Zahlen aus verschiedenen Kampagnen grundsätzlich nicht vergleichbar sind. Das größte Problem in der Praxis ist jedoch die Verknüpfung zwischen Werbeträger, AdServer und dem Server des eigenen Angebotes. Häufig liefern Auswertungen eine Pseudo-Genauigkeit, die rasch zu Überinterpretationen führt.

Ziel der Auswertung ist die Interpretation der Daten. Einerseits sind Zahlen wie AdImpressions und Klickrate an sich interessant und bilden eine Basis für die weiteren Werbemaßnahmen. Andererseits interessieren die Auswirkungen bezüglich integrierter Kommunikation viel stärker: Markenbildung, Imagepflege, Einbindung der Bannerwerbung in

So viel wie nötig

Lassen Sie es bei der Erfolgskontrolle Ihrer Internet-Aktivitäten bei einer Genauigkeit von 80 bis 90 Prozent bewenden. Die Aussagen sind für die Auswertung einer Kampagne genau genug. Der Aufwand, die fehlenden Prozentpunkte auch noch auszuwerten, ist überdimensional und bringt praktisch keine zusätzlichen Informationen.

TIPP

Banner	AdImpressions	AdClicks	Klickrate	Folgeklicks	Faktor	Bestellungen
Banner A	100 000	1 016	1%	7 128	7,01	24
Banner B	100 000	4 570	4.6%	1 810	0,39	2

Tab. 7.5: Vom Banner zur Bestellung: Folgeklicks, Faktor und Bestellung. Welches Banner ist besser? Banner A hat die tiefere Klickrate, aber Banner A hat mehr Folgeklicks und vor allem mehr Bestellungen ausgelöst als Banner B.

die Unternehmenskommunikation und ähnliche Fragen sind langfristig entscheidend.

Die Klickrate ist als einzelne Zahl weniger aussagekräftig als gemeinhin angenommen. Wenn möglich sollte sie mit anderen Werten ergänzt und in der Interpretation entsprechend relativiert werden. Beispielsweise sollte man bei der Interpretation der Klickrate die Folgen der Klicks berücksichtigen. Tabelle 7.5 zeigt ein Beispiel: Mit dem Banner A sind 100 000 AdImpressions bei einer Klickrate von 1 Prozent 1016 AdClicks erfolgt. Bei Banner B sind mit 100 000 AdImpressions bei einer Klickrate von 4,6 Prozent 4570 AdClicks erfolgt. Ist nun Banner A schlechter als Banner B? Die Frage lässt sich in dieser Form nicht schlüssig beantworten. Relevant sind auch die Folgen der AdClicks. Einerseits sind die Folgeklicks aussagekräftig: Bei Banner A sind gut 1000 Menschen auf die Seite gestoßen und haben in der Folge durchschnittlich 7-mal etwas angeklickt. Bei Banner B sind zwar über 4500 Menschen gekommen, sie haben sich aber nach durchschnittlich 0,39 Folgeklicks wieder verabschiedet. Das heißt, dass weniger als jeder Zweite etwas angeklickt hat, als er durch das Banner auf das Werbeobjekt stieß. Banner B ist aus dieser Perspektive weniger erfolgreich. Noch deutlicher wird es, wenn man die Bestellungen messen kann, die dank dem Banner eingegangen sind. Bei Banner A sind es beispielsweise 24 Bestellungen, bei Banner B nur 2. Dadurch wird deutlich, dass Banner A hinsichtlich des finanziellen Erfolges weit besser abschneidet als Banner B, obwohl die Klickrate schlechter ist.

7.3.5 Messung des Branding-Erfolges

Ein wesentliches Ziel des Controlling ist es, den Beitrag der Internet-Aktivitäten bezüglich integrierter Kommunikation und Markenbildung

Clevere Stichwortkoppelung

Ein schlaues Immobilienangebot eignet sich perfekt für eine Stichwortkoppelung: Ein Sportgeschäft in Kreuzberg koppelt die Bannerwerbung für seinen Online-Shop an das Stichwort «Kreuzberg» – und alle Leute in der ganzen Welt, die diese Immobiliensuche benützen und in dieses Berliner Quartier ziehen wollen, sehen als Kreuzberger Willkommensgruß das Sportshop-Werbebanner auf dem Schirm. Wie wollen Sie in Europa die Leute finden, die nach Kreuzberg ziehen wollen? Es gibt kein anderes Werbemittel, welches mit derart kleinen Geldbeträgen einen Kontakt zu dieser Zielgruppe ermöglichen könnte.

TIPP

herauszuschälen. Diese Messung kann nur indirekt erfolgen, da die Besucher eines Internet-Angebotes prinzipiell nicht erfassbar sind. Zudem sollte man Markenbildung nicht auf eine Anzahl Klicks reduzieren, sondern als Lerneffekt verstehen. Wie erwähnt geht die Genauigkeit der Messung bis auf die Stufe der IP-Nummer. Man weiß nicht, wer und was sich dahinter verbirgt, außer man verwendet Cookies oder andere Hilfsmittel. Dennoch ist bei nüchterner Betrachtung nur ein Fazit möglich: Wirkung der Internet-Werbung auf Markenbildung und -Festigung sowie Einfluss der Maßnahmen auf Markenbildung sind prinzipiell nicht direkt messbar.

Möglich ist hingegen eine indirekte Messung des Erfolges. Hierzu finden bekannte Messmethoden aus der klassischen Werbung Anwendung, beispielsweise Umfragen, Tests und natürlich Indikatoren wie Absatzzahlen und Umsatz. Erfolgskontrolle betrifft zwei Ebenen, die Ebene des Unternehmens respektive der Marke als Ganzes und die Ebene der Erfolgsmessung einzelner Maßnahmen. Das Zahlenmaterial für den unmittelbaren Erfolg liefert wiederum die Statistik des eigenen Servers. Die Messmethode, um den Beitrag von Site Promotion außerhalb des Internet zu quantifizieren, ist die gleiche wie in anderen Bereichen, etwa bei der Erfolgskontrolle eines Events. Deshalb wird an dieser Stelle auf die entsprechende Fachliteratur verwiesen.

7.4 Tücken der Zählung

Die Zählung im Internet ist von einer nie dagewesenen Genauigkeit und Tiefe in der Welt der Werbung. In der klassischen Werbung ist es ausgeschlossen festzustellen, wieviel Menschen ein Inserat in der Zeitung tatsächlich gesehen haben und bei welchem Prozentsatz des Publikums ein Plakat am Hauptbahnhof eine Kaufentscheidung auslöste.

Die Internet-Protokolle und Abfragestatistiken bergen prinzipiell zwei Gefahren: Die eine ist die Genauigkeit am falschen Ort. Die andere besteht aus den technischen Problemen bei der Zählweise und (noch) nicht eindeutig definierten Arten der Zählung von bestimmten Vorgängen im Internet.

Die technischen Probleme von Erfolgsauswertungen sind Folgen von noch nicht ausgereiften Standards und der schnellen Entwicklung im Internet. Man darf nicht übersehen, dass das Internet ein junges Medium ist, das noch kaum seine Adoleszenz erreicht hat. Es ist in Hochschulen und militärischen Forschungslabors entstanden und hat sich danach verselbstständigt. Es gibt keine zentrale Kontrollstelle, keine Führungsetage, keine Organisation, die verbindliche Entscheidungen fällen kann. Es ist daher nicht weiter verwunderlich, dass die letzten Details nicht ausgereift sind.

Einige der Schwierigkeiten sind hier aufgelistet. Es sind technische Finessen, die für den Informatiker wichtiger sind als für den Werber. Relevant für den Online-Werber ist die Kenntnis des Problems und das Bewusstsein, dass die Trefferquote der Zahlen in der Regel zwischen 90 und 95 Prozent liegt.

7.4.1 Genauigkeit am falschen Ort

Die Detailtreue der Abfragestatistiken schürt erfahrungsgemäß eine übertrieben genaue Auswertung. Die Auswertung von Internet-Werbeaktionen und der Nutzung von Internet-Sites ist von einem anderen Naturell als in der klassischen Werbung. Werber haben eine lange Tradition und ein breites Know-how für die Auswertung. Ihre typischen Instrumentarien wie Reichweite oder Zuschauerquote basieren auf Erfahrung und sollen an dieser Stelle nicht geschmäht werden. Internet-Erfolgskontrollen sind nicht besser oder schlechter, sie sind anders. Die Realität zeigt, dass die Verantwortlichen häufig nicht die Nerven haben, es bei einer pragmatischen Untersuchungstiefe zu belassen. Sie versuchen oft krampfhaft, Erfolg und Misserfolg bis ins Letzte auszuleuchten.

7.4.2 Datenbank-Angebote

Statische HTML-Angebote sind bildlich gesprochen einzelne Seiten, die der Server auf Bestellung durch Mausklick auf den Bildschirm eines Besuchers liefert. Zeitgemäße Internet-Angebote basieren auf Datenbanken. Beispielsweise sind Immobilienbeschreibungen zentral in einer Datenbank abgelegt und ein Surfer, der nach Kriterien sucht wie «Berlin, Kreuzberg, 3 Zimmer, Balkon, maximal 1000 DM» erhält von der Datenbank alle passenden Wohnungen geliefert. Klickt der Wohnungssuchende auf «Neue Suche» und gibt neue Kriterien ein, so ist es aus technischen Gründen möglich, dass dies von der Abfragestatistik nicht erfasst wird und die zweifache Suche als einen Visit ausweist. Dieses Problem berührt primär den Betreiber des Servers. Der Betreiber einer datenbankorientierten Werbeplattform muss dem Werber erklären können, wie die Zählweise auf dem Server funktioniert. Für den Werber spielt es keine Rolle, wie die einzelnen Abfragen gezählt werden, wichtig ist die korrekte Ausweisung der Bannerschaltungen. Für zwei Suchvorgänge sollte das Banner zweimal erscheinen.

Datenbanken können mit speziellen Abfragestatistiken ergänzt werden; es ist möglich, eine individuelle Statistik einzurichten, die dieses Problem für den speziellen Server löst – was allerdings nicht ganz billig ist. Bei Vergleichen mit anderen Serverstatistiken muss dieser Umstand mit berücksichtigt werden. Datenbank-Angebote benötigen andere Arten von Statistiken. Die Statistik eines dynamischen Servers sollte ausweisen können, wer wie oft wonach gesucht hat. Allerdings ist dies technisch recht aufwändig.

7.4.3 Suchmaschinen

Suchmaschinen sind bildlich gesprochen Roboter, die das Internet nach Stichworten abgrasen. Unter den ausgewiesenen Besuchern sind auch die Suchmaschinen enthalten. In der Praxis hat sich gezeigt, dass dies keine signifikante Verzerrung bewirkt. Die Suchmaschinen frequentieren die Seiten normalverteilt; das heißt, die Verzerrungen gleichen sich

TIPP

Besuchszeit relativ auswerten

Werten Sie die Besuchszeit relativ aus und nicht absolut. Wenn sich die Erfassungsart nicht ändert, mag zwar der Wert von der Realität abweichen, aber die Veränderungen sind dennoch aussagekräftig. Sinkt beispielsweise der ausgewiesene Wert in einem Quartal von 8 auf 6,2 Minuten, muss die Veränderung interpretiert werden und nicht die Differenz. Vielleicht sank der effektive Wert von 6 auf 5 Minuten oder von 11 auf 10 Minuten. Das ist völlig egal, wichtig ist die Frage, *weshalb* der Wert sank. Suchen Sie nach möglichen Gründen dafür und leiten Sie falls nötig Maßnahmen ein.

aus und schlagen sich in einer durchschnittlich konstanten Steigerung der Abfragezahlen nieder. Die Verzerrung liegt jedoch meist unterhalb eines Prozentes und kann getrost vernachlässigt werden.

7.4.4 Frames

Frames – wörtlich «Rahmen» – sind die Bildschirmaufteilungen in Internet-Angeboten. Verschiedene Statistiken zählen Frames unterschiedlich. Die Betreiber von Websites mit Frames müssen das Zählprinzip ihrer Statistik kennen und dem Inserenten darlegen. Als sinnvoll hat sich erwiesen, die einzelnen «Contents» (Inhalte eines Frames) zu zählen. Wenn sich ein Nutzer innerhalb der Frames bewegt und das Frame, welches das Banner enthält, nicht berührt, sollte das Banner korrekterweise jedesmal mitgezählt werden. Die Frames verschwinden zusehends wieder und werden durch Datenbanklösungen ersetzt. Dadurch löst sich auch das Problem von selbst.

7.4.5 «Back»-Taste

Die «Back»- bzw. «Zurück»-Taste des Browsers und die entsprechende Funktion der rechten Maustaste bringen einen Besucher auf die vorhergehende Seite zurück. Der Inhalt dieser Seite ist in der Regel bereits im Cache gespeichert. Der Cache ist ein lokaler Speicher im Computer des Besuchers, vergleichbar mit dem RAM-Speicher, der die Festplatte ergänzt. Geht der Surfer auf die vorhergehende Seite zurück, holt sich der Computer die Daten nicht mehr über die Leitung, sondern er nimmt sie aus eben diesem Cache. Dies spart Ladezeit. Der Besucher hat die Seite zweimal gesehen, allerdings weist die Statistik dies nur einmal aus. In der Realität spielt dies für den Online-Werber keine große Rolle und kann getrost vernachlässigt werden. Dieses Problem berührt eher die Betreiber einer Werbeplattform, da das Banner öfter erscheint, als es die Statistik ausweist.

7.4.6 Offline-Nutzung

Es ist möglich, Internet-Angebote zu nutzen, ohne eine direkte Verbindung zum Anbieter zu haben. Der Nutzer kann die Verbindung unterbrechen, um beispielsweise in Ruhe einen langen Artikel zu lesen. Die Abfragestatistik kann in diesem Falle die effektive Nutzung prinzipiell nicht messen. Ebenso ist es nicht möglich festzustellen, wie oft der Nutzer die lokal gespeicherten Inhalte aufrief und weiter verwendete. Die Offline-Nutzung ist eher ein Problem für die Betreiber von Internet-Werbeträgern als für die Inserenten, da die Banner öfter erscheinen, als sie ausgewiesen werden.

7.4.7 Proxy-Server

Proxy-Server sind bildlich gesprochen Zwischenspeicher im Internet. Sie speichern Inhalte von Internet-Angeboten und liefern sie dem Nutzer, der die Adresse eingibt. Dadurch senkt sich die Zahl der direkten Zugriffe auf dem Original-Server. Die Statistik auf dem Original-Server kann nicht messen, wie viele Proxy-Server existieren und wie oft die

Intimsphäre respektieren

Es ist hoffnungslos, die Besucher einzeln zu erfassen – es kann sogar heikel sein. Was Ihr Kunde im Internet tut und lässt geht Sie nichts an. Wenn Sie ihm auf seinem privaten PC eine Spur hinterlassen, kommt dies einem Eingriff in die Intimsphäre gleich. Dies kann harsche Reaktionen auslösen und auch den besten Stammkunden für immer vertreiben.

TIPP

Seiteninhalte auf den einzelnen Proxy-Servern aufgerufen wurden. Die Proxy-Server verzerren die Abfragestatistik nach unten; die effektiven Zahlen sind höher als die ausgewiesenen. Dieses Problem berührt ebenfalls die Betreiber von Werbeplattformen und weniger die Inserenten, da die Banner systematisch öfter erscheinen, als die Statistik es ausweist. Allerdings liegen die Verzerrungen im Prozentbereich und können im Alltag problemlos vernachlässigt werden.

7.4.8 Sitzungsdauer

Es lässt sich genau ermitteln, wie viele Besucher eine Internet-Seite gesehen haben, allerdings ist es in der Realität noch nicht möglich, die genaue Besuchszeit festzustellen. Der Server erhält eine Meldung, wenn ein Besucher erscheint und sich innerhalb der Site bewegt (also auf einen Button klickt) und die Statistik zeichnet die Bewegungen auf. Hingegen erhält der Server keine Meldung, wenn ein Besucher sich verabschiedet, sei es, er gibt eine andere Adresse in den Browser ein oder er klickt auf einen Link, der auf eine andere Adresse verweist. Der Zeitwert zwischen dem letzten gemessenen Klick auf der Site und dem Verlassen der Site ist prinzipiell nicht messbar, wenigstens heute noch nicht. Bei den meisten Statistiken kann der Administrator für diese Zeitspanne einen Wert eingeben. Sinnvoll ist es, den Durchschnitt der anderen Zeitspannen zu verwenden; allerdings ist dies mathematisch nicht korrekt. Das Problem ist aber nicht theoretisch, sondern praktisch: Mit Zeitwerten kann man Statistiken massiv frisieren.

7.4.9 Eigene Zugriffe

Wenn ein Angestellter des Unternehmens die eigene Website aufruft, erscheint dies in der Statistik gleich wie ein Zugriff von außen. Dasselbe gilt bei Zugriffen des Informatikers, wenn er sich die Firmensite seines Kunden ansieht. Es besteht im Prinzip die Möglichkeit, diese Zugriffe von der Statistik auszuschließen, allerdings müssen einige technische Voraussetzungen gegeben sein. Der Informatiker muss in der Lage sein, die eigenen Zugriffe in der Statistik nicht erscheinen zu lassen. Insbesondere Programmierarbeiten an der Website dürfen in der Abfragestatistik nicht als Besucher erfasst werden. Die Zugriffe der Firma selbst können nicht ohne Weiteres von der Statistik ausgeschlossen werden. Nur unter bestimmten technischen Voraussetzungen ist es möglich, die Firmenzugriffe einwandfrei auszusondern. Dies ist nicht weiter tragisch, da die Verzerrungen normalverteilt sind. Es genügt, wenn die Betreiber der Seite von der Informatikfirma einen Hinweis erhalten, in welchem Prozentsatz sich die eigenen Zugriffe auf die Statistik auswirken. Finanzielle Investitionen für die Aussonderung sind Luxus.

Dasselbe gilt bei für die Referring Sites und Referring URLs. Klickt ein Benutzer im Internet-Angebot auf den «Home-Button» (Zurück zur Eintrittsseite), verweist ihn dies auf die Hauptadresse zurück. Einige Statistiken weisen diesen Vorgang als einen neuen Zugriff aus, der von einer Referring URL stammt. Die Referring URLs sollten also um die Links innerhalb der eigenen Seite korrigiert werden. Die Referrer sind meist klar ausgewiesen, es ist oft nicht notwendig, sie speziell auszusondern.

7.4.10 Nutzeridentifikation

Die Erfassungstiefe reicht in der Regel bis auf die Stufe IP-Nummer oder Host. Es ist in der Realität nicht möglich, einen End-User zu erfassen. Es ist auch nicht notwendig für eine effiziente Erfolgsauswertung; Statistikauswertungen mit diesem Ziel gehören ins Kapitel Genauigkeit am falschen Ort. Nutzeridentifikation des Internet-Angebotes kann besser, günstiger und effizienter mit anderen Methoden erfolgen (siehe unten unter Stichwort Nutzerprofil).

Besucher stoßen in der Regel nicht auf direktem Weg sondern über ihren Provider auf die Seite. Sie erhalten dort eine Leitung, die gerade offen ist. Als Besucher erscheint in diesem Fall eine IP-Nummer des Providers. Das analoge Problem gibt es mit Firewalls: Der Firewall erscheint als eine IP-Nummer. Dahinter können sich aber mehrere User verbergen, die alle über denselben Ausgang ins Internet gelangen. Die gängigen Statistiken können IP-Nummern umrechnen. Die Umrechnung erfordert sehr viel Rechen- und Speicherkapazität und die Auswertung stößt bei gut frequentierten Seiten an die Grenzen des Machbaren. In der Praxis genügt es, die zehn oder zwölf häufigsten Nummern von Hand zurückzuverfolgen und die Herkunft zu ermitteln.

7.5 Nutzungsprofil

Die Auswertung der Abfragestatistiken ermöglicht das Erstellen eines Nutzungsprofils. Das Nutzungsprofil einer Site zeigt Erfolg und Misserfolg über einen längeren Zeitraum. Das Nutzungsprofil ist für den Online-Werber ein zentrales Führungsinstrument. Das Nutzungsprofil einer Site sollte in jedem Falle erstellt werden, auch wenn es sich bloß um eine bescheidene Firmenpräsentation im Internet handelt. Unabdingbar sind Nutzungsprofile für größere Projekte wie Online-Shops oder Online-Kundenservices. Das Nutzungsprofil gibt Antwort auf die Frage: «Wie wird unser Internet-Angebot genutzt?»

Eine kostengünstige und effiziente Erfolgskontrolle für den täglichen Gebrauch ist die Erfolgsauswertung einer Site nach fünf Kriterien. Es sind die Kriterien Views, User, Wochentag, Tageszeit und Click-Through-Rate (CTR). Die Werte können beispielsweise wöchentlich erfasst und in eine Tabelle übertragen werden. Die Daten stammen einerseits von der eigenen Statistik der Site (Views, User, Wochentag, Tageszeit), andererseits von der Erfolgsauswertung einer Banner-Aktion (CTR). Eine Erfolgsauswertung nach diesen fünf Kriterien ist kostengünstig und zeitsparend. Die Ergebnisse sind aussagekräftig und liefern auch langfristig gute Resultate.

Es empfiehlt sich, diese oder eine ähnliche Auswertung des Nutzungsprofils vom ersten Tag an nach dem Going online zu betreiben. Langfristig bietet das Nutzungsprofil sehr gute Hinweise über den Erfolg einer Site.

Kriterium	Zeitraum: Woche 41	
Views	Gesamtzahl:	48 852 Views
User	Gesamtzahl:	4296 User
Wochentag	Bester Wochentag:	Dienstag, 843 User
	Schlechtester Wochentag:	Sonntag, 198 User
Tageszeit	Durchschnitt:	25,6 User pro Stunde
	Beste Stunde:	11.00-12.00: 54,6 User
	Schlechteste Stunde:	04.00-05.00: 4,2 User
CTR	15 000 Banner geschaltet in Woche 41	CTR = 3.1%

Tab. 7.6: Typisches Nutzungsprofil einer Website (© ionos GmbH).

Nutzungsprofil anlegen

Legen Sie Ihr Nutzungsprofil an und gehen Sie davon aus, dass Sie Ihr Nutzungsprofil zehn Jahre lang nach denselben Kriterien verfolgen werden. Kümmern Sie sich nicht um Stimmen, die Sie deswegen auslachen. Das Internet ist das Medium der Zukunft und man kann davon ausgehen, dass das Prinzip der Zählweise sehr lange stabil bleiben wird. Aufzeichnungen über Eckwerte wie User oder CTR werden sich langfristig als enorm wertvoll erweisen.

TIPP

Bei größeren Internet-Projekten empfiehlt es sich, ein detailliertes Nutzungsprofil zu erstellen. Bei einem Online-Shop können beispielsweise die Bewegungen im Shop und die Bestellungen als Eckwerte im Nutzungsprofil erfaßt werden. Tabelle 7.7 soll einen Ideenanstoß geben, wie ein detailliertes Nutzungsprofil beschaffen sein kann. Sie zeigt die möglichen Elemente von einem erweiterten Nutzungsprofil eines anspruchsvollen Internet-Angebotes mit Online-Shop und Online-Kundenservice. Das erweiterte Nutzungsprofil zeigt Bewegungen im Internet-Angebot und im Shop auf und liefert gleich statistische Begründungen mit. Für größere Internet-Projekte ist es eine lohnende Investition, ein Nutzungsprofil anzufertigen. Es bietet ein erstklassiges Instrument für die Ausarbeitung der Mediapläne.

7.6 Nutzerprofil

Analog zum Nutzungsprofil, welches Erfolg und Misserfolg einer Website anzeigt, können Betreiber von Internet-Angeboten für jede Site ein Nutzerprofil erstellen. Das Nutzerprofil zeigt auf, wer die Seite besucht hat. Das Nutzerprofil liefert Informationen über die Eigenschaften der Besucher hinsichtlich Alter, Geschlecht, Einkommen, sozialer Status, Gewohnheiten und Ähnliches. Eine Erfolgskontrolle einer Internet-Werbeaktion misst fünf Punkte: Besucher, Kunden, Quote, Besucherpreis und Kundenpreis. Dieser Abschnitt zeigt die Erhebung eines Nutzerprofils und die dazugehörige Erfolgskontrolle.

Das Erstellen eines Nutzerprofils ist ungleich schwieriger als das Erfassen der Anzahl Besucher. Das Nutzungsprofil ist unabdingbar; insbesondere, da es mit minimalem Aufwand erstellt werden kann. Ein Nut-

Basis-Nutzungsprofil	Erweiterte Kriterien	Erfolgsauswertung einer Werbeaktion	Nutzungsprofil des Online-Shops	Nutzungsprofil des Online-Kundendienstes
Views	Bestbesuchte Seiten	Zusätzliche Views	Bewegungen	Anfragen nach Thematik gegliedert
User	Schlechtestbesuchte Seiten	Zusätzliche Visits	Suchvorgänge	Servicegruppen nach Häufigkeit
Wochentag	Wichtigste Eingangs- und Ausgangsseiten	Bester/schlechtester Wochentag der AdClicks	Meistgesuchte Stichworte	Heruntergeladene Dateien
Tageszeit	Wege durch die Seite	Beste/schlechteste Tageszeit der AdClicks	Interesse an Aktionen	Gebrauchsanweisungen
CTR	Heruntergeladene Dateien	CTR	Memberbereich: Anmeldungen und Abmeldungen	Meistbenutzte Handbücher
	Aktivste Organisationen	Kundenpreis	Bestellungen	Positive und negative Reaktionen
	Überreichte Formulare	Besucherpreis	Umsatz	Saisonale Nutzung
	Referring Sites und Referring URLs	Folgeklicks und Faktor	Umsatz nach Tageszeit	
			Umsatz nach Wochentag	
			Bestverkaufte Artikel	
			Schlechtestverkaufte Artikel	
			Beste/schlechteste Umsätze der Produktlinien und -gruppen	

Tab. 7.7: Detailliertes Nutzungsprofil (© ionos GmbH).

zerprofil hingegen empfiehlt sich nur für größere Internet-Projekte wie Online-Shops oder Online-Kundenservice. Es besteht teilweise die Möglichkeit, die Erkenntnisse des klassischen Marketings im Unternehmen auf das Internet zu übertragen und die Abweichungen zu messen.

Die Praxis zeigt, dass heute viele Betreiber von Webseiten auf ein Nutzerprofil verzichten. Das Verhältnis zwischen Aufwand und Ertrag scheint dies durchaus zu rechtfertigen. Es stellt sich in der Praxis auch die Frage, ob ein lediglich rudimentäres Nutzerprofil Sinn macht oder ob nicht ganz darauf verzichtet werden soll, bis Erhebungsinstrumente zur Verfügung stehen, die den Aufgaben gewachsen sind und zu vertretbaren Kosten eingesetzt werden können.

7.6.1 Erhebung des Nutzerprofils

Eine erfolgreiche Internet-Werbeaktion führt zu Abfragesteigerungen. Die Messung der Steigerung ist oben beschrieben. Ein weiteres Kriterium ist die Erhebung nach soziodemografischen Merkmalen. Es besteht eine Reihe von Erhebungsmöglichkeiten, die aus dem klassischen Marketing bekannt sind. Die Erhebungsmethoden unterteilen sich in direkte und indirekte Methoden.

Im Nutzerprofil werden folgende Merkmale erfasst:

- Alter
- Geschlecht
- Einkommen
- Sozialer Status
- Gewohnheiten
- Weitere soziodemografische Merkmale

7.6.2 Direkte Erhebung

Für die Erhebung des Nutzerprofils hinsichtlich demografischer Merkmale steht ein ausgereiftes Marketinginstrumentarium zur Verfügung. Die klassische Marktforschung kennt dafür die Instrumente naive Marktschau, Panels, Befragungen, Briefmailing mit Fragebogen oder ein Wettbewerb. Es ist sinnvoll, zur Erfolgskontrolle von Internet-Werbeaktionen bekannte Instrumente zu verwenden; allerdings ist nur ein kleiner Teil davon für die Internet-Erfolgsauswertung genügend erprobt.

Naive Marktschau

Die naive Marktschau trägt die abwertende Bezeichnung zu Unrecht: Die erste Stufe der Informationsgewinnung zur Erfolgskontrolle beginnt immer mit einer einfachen Umschau über die Ergebnisse einer Internet-Werbeaktion. Die Resultate sind Indizien und Hinweise, die in einer ersten Näherung kostengünstig brauchbare Informationen liefern, ob die Kampagne auf dem richtigen Weg ist.

Panels

Panels sind wiederholte, regelmäßige Befragungen von Konsumenten über einen längeren Zeitraum. Panels sind eher geeignet, generelle Gewohnheiten von Internet-Benutzern aufzuzeigen als spezifische Informationen über Nutzung von einzelnen Web-Angeboten zu liefern. Der Informationsgehalt von Panels kann nur bedingt in die Erfolgskontrolle einer Internet-Werbeaktion einfließen. Die Stichprobenfehler und die Verzerrungen sind in der Regel hoch.

Für den Alltagsgebrauch im Internet sind Panels zu teuer und zu unhandlich. Es genügt, passiv Panelergebnisse zu sammeln und auszuwerten. Nur Unternehmen, die mit der großen Kelle anrichten, sollten eigene Panels durchführen.

Befragungen

Befragungen sind ein nützliches und weitverbreitetes Marktforschungsinstrument, um Informationen über Konsumgewohnheiten zu erheben. Am bekanntesten ist das standardisierte Interview, in dem die Fragen festgelegt sind und die Interviewpartner schriftlich, mündlich oder telefonisch Auskunft geben. Internet-Befragungen sind prinzipiell auch mit E-Mails durchführbar, allerdings sind die Erfahrungen hier noch sehr bescheiden. Zur Erfolgskontrolle von Internet-Werbeaktionen sind Befragungen nur bedingt brauchbar; sie liefern eher Informationen über die allgemeine Verbreitung des Internet und dessen Nutzung. Insbesondere sind die systematischen Verzerrungen mit E-Mail-Umfragen sehr hoch. Nur ein ganz spezifischer Typus macht überhaupt in solchen Mail-Um-

Sinnvolle Briefmailings

Die Befragung mittels Briefmailing sollte nur durch professionelle Marketingleute erfolgen. Von Fragebogen-Interviews, die unaufgefordert per E-Mail verschickt werden, wird dringend abgeraten. Ein Briefmailing erfolgt sinnvollerweise nach einer Werbeaktion und liefert einerseits Informationen über den Erfolg der Werbeaktion, andererseits wertvolle Hinweise über die Nutzung des Internet im eigenen Kundenkreis. Steht ein Budget für nur eine Aktion zur Verfügung, ist ein Briefmailing das beste Instrument, um Informationen über das Nutzungsprofil zu erheben. Das Mailing wird in diesem Falle mit einer Promotion der Internet-Adresse verbunden. Als Aufhänger kann auch ein Wettbewerb dienen.

fragen mit. Das statistische Instrumentarium, wie die Verzerrung in der Auswertung zu bearbeiten ist, steht noch nicht zur Verfügung.

Briefmailing mit Fragebogen

Eines der wenigen Marktforschungsinstrumente, welches sich zur Erfolgskontrolle für Internet-Werbeaktionen eignet, ist das Briefmailing mit Fragebogen. Die Kunden des Unternehmens erhalten einen Fragebogen und geben Auskunft über bisherige und geplante Nutzung des Internet. Die Ergebnisse liefern wertvolle Informationen über Verbreitung des Internet im eigenen Kundenkreis, über tatsächliche und geplante Nutzung und über Gewohnheiten der Kunden.

Wettbewerb

Ein Wettbewerb auf der eigenen Website ist mehr als nur ein Gag. Richtig eingesetzt, sind ein Wettbewerb und die Auswertung eine sinnvolle Grundlage für die Erfolgskontrolle der eigenen Internet-Seite.

Kriterien	Erhebungsmethoden
Alter, Geschlecht, Einkommen, Sozialer Status, Gewohnheiten, Soziodemografische Merkmale	Naive Marktschau, Panels, Befragungen, Briefmailing, Wettbewerb, indirekte Erhebung

Tab. 7.8: Nutzerprofil (© ionos GmbH).

Tabelle 7.8 zeigt ein Nutzerprofil eines Internet-Angebotes. Das Nutzerprofil gibt Antwort auf die Frage: «Wer benutzt unser Internet-Angebot?» Erfasst werden typische Merkmale, wie sie aus anderen Marktforschungen bekannt sind. Die Erhebung des Nutzerprofils ist ungleich schwieriger als die Erhebung des Nutzungsprofils, weil keine Internet-Statistik eine direkte Auswertung nach solchen Kriterien ermöglicht.

Wettbewerb als Informationslieferant

Ein Wettbewerb muss genau durchdacht sein, wenn er mehr sein soll als ein Gag. Online-Wettbewerbe sollten immer auch eine reale Komponente enthalten, beispielsweise kann die Teilnahme per Internet oder per Post erfolgen. Wird ein Wettbewerb als Controlling-Instrument eingesetzt, müssen professionelle Marketingfachleute hinzugezogen werden. Die Durchführung ist relativ teuer; bei richtiger Umsetzung und Auswertung sind die Ergebnisse jedoch äußerst wertvoll.

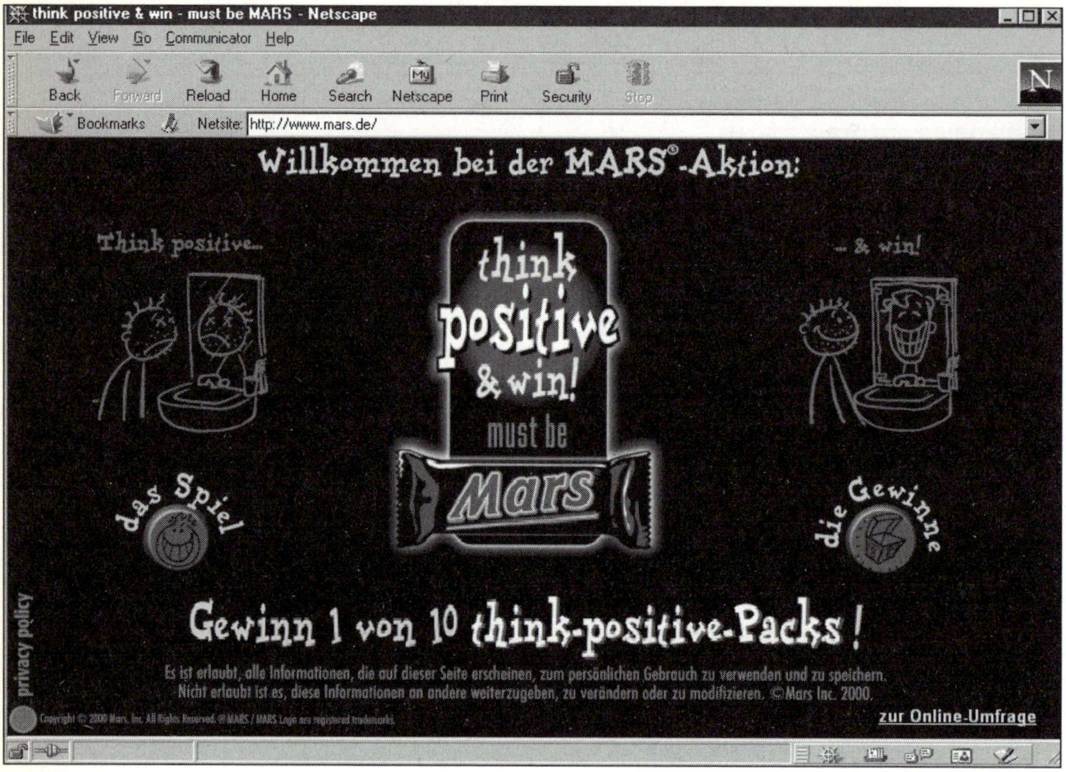

Abb 7.7: Einfach und wirksam: Mars bindet Kunden durch ein Online-Gewinnspiel (http://www.mars.de).

Abbildung 7.7 zeigt eine werbetechnisch wirksame Datenerhebung in Form eines Gewinnspiels. Absender ist keine Firma, sondern die Marke Mars. Mitmachen ist einfach, mit wenigen Klicks können die User – beileibe nicht nur Kinder – am Wettbewerb teilnehmen und etwas gewinnen. Die Site ist mit einem kleinen Fragebogen versehen, der Marketing-Informationen liefert. Die Auswertung der Teilnehmerdaten und der Fragebogen liefert wertvolle Hinweise auf Nutzer und Nutzung.

7.6.3 Indirekte Erhebung

Indirekte Erhebungen sind in der Marktforschung als Desk Research oder Sekundärmarktforschung bekannt. Indirekte Erhebungen stützen sich auf bereits vorhandene Informationen. Typische Quellen sind Veröffentlichungen statistischer Ämter, Medienberichte, wissenschaftliche

Untersuchungen oder Marktforschungsunterlagen aus anderen Quellen. Eine Basis für die indirekte Erhebung ist die eigene Abfragestatistik. Die Auflistung nach Wochentag und Tageszeit liefert beispielsweise Hinweise, ob eher Teenager in der Nacht oder Angestellte tagsüber das Angebot nutzen. Indirekte Erhebungen geben Aufschluss über die allgemeine Nutzung des Internet, über Gewohnheiten und über Unsicherheiten der Kunden wie beispielsweise die Verwendung der eigenen Kreditkartennummer.

7.6.4 Nutzerprofil für die Praxis

Um die Erfolgsauswertung zu konkretisieren, empfiehlt es sich, folgende fünf Elemente des Nutzerprofils einer Internet-Werbeaktion zu erfassen:

- Besucher
- Kunden
- Quote Kunde/Besucher
- Besucherpreis
- Kundenpreis

Die Erhebung ist mit einem gewissen Aufwand verbunden und das Instrumentarium ist heute noch nicht lückenlos ausgereift. Die Ergebnisse müssen mit kritischer Distanz verwendet werden. Der Aufwand lohnt sich, da diese fünf Werte ein erstklassiges Führungsinstrument zur Fehlerkorrektur für weitere Kampagnen bilden.

Konkurrenz beobachten

Ein wichtiger Pfeiler der Erfolgskontrolle sind Informationen über die allgemeine Nutzung des Internet in Ihrer Branche. Die Verbreitung des Internet in der eigenen Branche und in der Region muss mindestens in der Größenordnung bekannt sein. Unverzichtbar sind Konkurrenzbeobachtungen qualitativer Art: Ist die Konkurrenz schon online? Wer hat einen Online-Shop in der Branche? Wie hoch ist die Verbreitung von Internet-Anschlüssen an Arbeitsplätzen in Ihrem Einzugsgebiet? Wie hoch sind die Online-Umsätze? Wie hoch sind die Wachstumsraten? Trotz der Auswertung Ihrer Abfragestatistiken und der Untersuchungen über die Internet-Gewohnheiten der Menschen dürfen Sie die Konkurrenzbeobachtung nicht außer Acht lassen.

Besucher und Kunden

Ein zentrales Ergebnis eines Nutzerprofils ist die Unterscheidung in Besucher und Kunden. Besucher sind wegen der Internet-Werbeaktion auf das Web-Angebot gestoßen, schauen sich auf der Seite um, verlassen sie und kommen vielleicht zurück, vielleicht auch nicht. Die Analogie dazu sind Restaurantbesucher, die an der Eingangstür die Speisekarte studieren. Kunden nutzen das Internet-Angebot einmalig oder regelmäßig. Kunden tätigen eine Bestellung oder nutzen das kostenlose Angebot der Site. Es sind Gelegenheitskunden und Stammkunden.

Die Statistik weist Kunden nicht direkt aus. Alle Kunden und Besucher erscheinen in der Statistik einheitlich als PageImpressions und Visits. Die Unterteilung zwischen Kunden und Besucher kann prinzipiell nicht korrekt erfolgen. Bei der Auswertung der Daten für ein Nutzerprofil ist man auf Hilfsmittel oder Schätzungen angewiesen. Einzig die Bestellungen im Online-Shop sind exakt bekannt. Ob die Anzahl Kunden gleich hoch sind, ist Sache der Interpretation.

Quote Kunde/Besucher

Zu den Besuchern zählen auch die Suchmaschinen und die Erhebungsfehler in der Abfragestatistik. Zwangsläufig sind die Kunden eine Teilmenge der Besucher. Einfache Werbemaßnahmen zielen auf die Erhöhung der Besucher ab. Die Teilmenge der Kunden kann sich als konstant erweisen. Die Aufgabe lautet hier:

«Miss die Anzahl Besucher und Kunden, die eine Werbeaktion auf die Seite gebracht hat. Berechne den Anteil der neugewonnenen Kunden an der Gesamtzahl der Besucher und stelle fest, ob die Quote konstant ist.»

Die Werbeinstrumente in der Internet-Werbung sind noch nicht so weit ausgereift, dass sie eine zuverlässige Steuerung der beiden Teilmengen ermöglichen würden. Immerhin erscheint es möglich, die beiden Werte in einer Größenordnung zu erfassen und die qualitative Veränderung der Größenordnung in der Richtung («steigt oder sinkt») anzugeben.

Beispiel:

Die Quote Kunde/Besucher wird sinnvollerweise in Prozent angegeben. Sind an einem Tag 360 Besucher auf der Website erschienen und es werden 18 Verkäufe gezählt, lautet die Quote: 18 Kunden / 360 Besucher = 0,05 Kunden pro Besucher; dies entspricht 5 Kunden pro 100 Besucher oder einer Quote von 5 Prozent.

Besucherpreis und Kundenpreis

Ein erstklassiges Führungsinstrument für Internet-Werbeaktionen sind die Kosten, die für einen zusätzlichen Kunden aufzuwenden sind. Die Rechnung ist vom Prinzip her simpel, in der Realität aber knifflig. Die beiden Aufgaben lauten:

a) Besucherpreis:

«Miss die Anzahl Besucher, die durch eine Werbeaktion auf die Seite gestoßen sind und rechne aus, welcher Preis für einen zusätzlichen Besucher bezahlt wurde».

b) Kundenpreis:

«Miss den Anteil der Kunden von den Besuchern, die durch die Werbeaktion auf die Seite gestoßen sind und berechne den Preis, der für einen zusätzlichen Kunden bezahlt wurde.»

Kriterium	Eigenschaft	Bedeutung für die Praxis
Besucher	Die Anzahl Besucher weist aus, wie viele Menschen in einem bestimmten Zeitraum das Angebot im Online-Shop angeschaut haben.	Der Wert muss statistisch korrekt erfasst werden, danach darf die Erhebungsmethode nicht mehr ändern. Der Wert sollte konstant steigen. Die Besucherzahl ist die eigentliche Zielgröße jeder Internet-Werbung.
Kunden	Kunden sind Besucher, die im Online-Shop etwas gekauft haben.	Sehr wichtiger Wert. Die Zahl der Kunden sollte konstant steigen.
Quote Kunde/ Besucher	Die Quote weist aus, wie hoch der Anteil der Leute ist, die im Shop tatsächlich etwas kaufen und wie viele nur im Sortiment stöbern.	Die Quote ist in der Praxis oft erstaunlich stabil. Die Besucherzahl sollte mit derselben Rate wachsen wie die Kunden. Die Quote lässt sich nicht direkt beeinflussen, Zielgröße der Internet-Werbung ist die Besucherzahl.
Besucherpreis	Der Besucherpreis gibt an, wie viel ein Betreiber eines Internet-Angebotes für Online-Werbung zahlen muss, um einen zusätzlichen Besucher zu gewinnen.	Sehr interessanter Wert. Eignet sich hervorragend als Kontrollinstrument der Bannerwerbung.
Kundenpreis	Der Kundenpreis gibt an, wie hoch die Kosten sind, um einen neuen Kunden im Online-Shop zu gewinnen.	Sehr interessanter Wert. Eignet sich hervorragend als Kontrollinstrument der Bannerwerbung.

Tab. 7.9: Nutzerprofil für die Erfolgskontrolle (© ionos GmbH).

Die Anwort auf Frage a) zeigt den Preis, den ein Betreiber eines Internet-Angebotes zahlen muss, um einen zusätzlichen Besucher auf die Website zu bringen. Die Anwort auf Frage b) zeigt den Preis, den ein Betreiber eines Internet-Angebotes zahlen muss, um einen zusätzlichen Kunden auf die Website zu locken. Die beiden Preise heißen Besucherpreis und Kundenpreis.

Am einfachsten erscheint die Berechnung des Besucherpreises. Die Kosten der Kampagne sind bekannt und die Zahl der Besucher wird statistisch recht genau erfasst. Die Berechnung des Besucherpreises lautet in diesem Falle:

Besucherpreis = Kosten der Kampagne : Anzahl Besucher

Beispiel:

Eine Internet-Kampagne hat 1000 Euro gekostet, es sind 500 Besucher auf die beworbene Seite gekommen. Für einen Besucher bezahlte der Online-Werber also 1000 Euro : 500 Besucher = 2 Euro pro Besucher; der Besucherpreis ist also 2 Euro.

Die pragmatische Erfolgsauswertung beschränkt sich auf die Erhebung des Besucherpreises. Dieser Wert wird über die Zeit hinweg verfolgt. Die Veränderung des Besucherpreises zeigt an, ob die Anpassungen der Kampagnen Erfolg zeigen; konkret sollte der Besucherpreis sinken. Im obigen Beispiel sollten in der nächsten Kampagne dank der Verbesserungen 600 Besucher kommen, damit sänke der Besucherpreis von 2 auf 1,66 Euro.

TIPP

«Mittelfristig» im Internet heißt drei Monate

In der Auswertung der Abfragestatistik können Tagesdurchschnitt und Wachstumsrate berechnet und quartalsweise miteinander verglichen werden. Eine grafische Aufzeichnung sollte eine gezackte Kurve ergeben, die einen deutlichen Wachstumstrend zeigt. Prognostizieren Sie die nächsten drei Monate und vergleichen Sie die Werte der Statistik mit Ihren Prognosen. Im Internet ist die Kadenz einen Zacken höher als im realen Leben: «Kurzfristig» bedeutet einige Tage und «mittelfristig» heißt drei Monate. Internet-Prognosen über mehr als ein Jahr sind ein Scherz.

7.7 Einmaliger Erfolg und bleibender Erfolg

Das Internet ist ein junges Medium. Oft wird gerade deswegen unterschätzt, wie wichtig die langfristige Komponente der Informationsgewinnung ist. Professionelle Anbieter von Internet-Dienstleistungen hüten sich davor, unsystematisch Luftballons zu starten und die Erfolgskontrolle zum Selbstzweck zu degradieren.

Gute Internet-Werbeaktionen liefern einen sofortigen, unmittelbar messbaren Erfolg und einen unterschwelligen, langfristigen Erfolg. Die Auswertungen erfolgen nach Möglichkeit mit einer kurzfristigen und einer mittelfristigen Perspektive.

Eine Bannerwerbung sorgt für einen vorübergehenden Anstieg der Abfragezahlen. Die Besucherzahl steigt an und sinkt danach auf einen Stand, der über dem Durchschnitt vor der Werbeaktion liegen sollte. Die Differenz der beiden Durchschnittswerte indiziert die Anzahl der neu gewonnenen Online-Besucher.

Die Drei-Minuten-Erfolgsauswertung

Für eine Schnellkontrolle des Erfolges genügen drei Minuten. Die Schnellkontrolle ist einerseits für die Sofortkontrolle in der Testphase und andererseits für die tägliche Kurzauswertung einsetzbar.

Die Drei-Minuten-Erfolgsauswertung benötigt:

- Internet-Zugang
- Passwort und Zugang zur eigenen Abfragestatistik
- Passwort und Zugang zur Bannerstatistik

Vorgehen:

1. Internet starten
2. Abfragestatistik aufrufen
3. Views, User, beste Stunde, bester Wochentag notieren
4. Bannerstatistik aufrufen
5. Anzahl Erscheinen des Banners und CTR (Click-Through-Rate) notieren

Die gediegene Version der Drei-Minuten-Erfolgsauswertung erfasst die genannten Eckwerte zusätzlich in einem Programm, das eine grafische Darstellung erlaubt.

Checkliste: Erfolgsauswertung

Es gibt prinzipiell zwei Formen von Erfolgsauswertung im Internet: die Abfragestatistik des eigenen Internet-Angebotes und die Statistik der Bannerwerbung. Voraussetzung für die Erfolgskontrolle sind gute Kenntnisse der Zählweise im Internet.

1. Mittel

- ☐ Die technischen Voraussetzungen sind erfüllt (Statistik installiert etc.)
- ☐ Das Unternehmen hat die notwendigen Mittel bereitgestellt, um den Erfolg des eigenen Internet-Angebotes auszuwerten
- ☐ Die Ausführenden haben das Know-how der Zählweise im Internet und verstehen die Statistiken auf dem eigenen Server und der Bannerschaltungen
- ☐ Die Ausführenden haben die notwendige Zeit für die Auswertung zur Verfügung
- ☐ Die Erfolgsauswertung des eigenen Internet-Angebotes findet regelmäßig statt
- ☐ Jede Bannerkampagne wird ausgewertet

2. Nutzung der Erfolgsauswertung

- ☐ Die Erfolgsauswertung des eigenen Internet-Angebotes wird protokolliert
- ☐ Die Erfolgsauswertung der Bannerkampagnen liefert Erkenntnisse, die in den nächsten Mediaplan einfließen
- ☐ Die Erfolgsauswertung wird für die Verbesserung des eigenen Internet-Angebotes verwendet
- ☐ Die Auswertung des Nutzungsprofils und Nutzerprofils fließen in die nächste Kampagne ein und verbessern das Online-Angebot

3. Eigeninitiative

- ☐ Das Unternehmen investiert Zeit und Mittel, um die Erfolgsauswertung zu professionalisieren
- ☐ Die Ausführenden nehmen sich die Mühe, um die Erfolgsauswertung zu verbessern
- ☐ Das Nutzerprofil des eigenen Internet-Angebotes wird laufend verbessert
- ☐ Das Nutzungsprofil wird laufend verbessert
- ☐ Neue technische Möglichkeiten der Erfolgsauswertung fließen in die Auswertung ein

8

Klassische Fehler und Alltagsprobleme

Die klassischen Probleme im Umgang mit dem neuen Medium Internet betreffen mangelhafte Vorbereitung und unprofessionelle Umsetzung. Das Unternehmen muss das Internet als Medium beherrschen und auf seine Besonderheiten in der Kommunikationsform Rücksicht nehmen. Typische Alltagsprobleme betreffen mangelnde Professionalität im Internet-Auftritt, im Online- Shop, im Kundenservice oder in anderen Online-Dienstleistungen. Typische technische Probleme betreffen Pannen mit dem Webserver und Probleme, die beim Benutzer des Web-Angebotes auftreten. In der Praxis lassen sich gehäuft einige Fehler und Probleme beobachten. Einige davon sind in diesem Kapitel beispielhaft aufgelistet. Die Liste soll helfen, diese Fehler beim eigenen Internet-Auftritt, beim Online-Verkauf und bei der Online-Werbung zu vermeiden.

8.1 Alltagsprobleme

Bei einer erfolgreichen Internet-Werbekampagne stellt sich noch während der Durchführung eine Reihe von Aufgaben und Problemen, die es zu bewältigen und zu lösen gilt. Viele der Probleme sind Alltagsschwierigkeiten. Voraussetzung für die Bewältigung der Aufgaben ist es, dass die möglichen Probleme bekannt sind, die Chargen verteilt, die Arbeitsplätze eingerichtet sind und die Angestellten die notwendige Arbeitszeit und die Mittel zur Verfügung gestellt erhalten. Im Folgenden sind einige typische Alltagsprobleme aufgelistet.

Schnellere Reaktion

Die Funktionsweise des Internet ist die Ursache für die erhöhte Reaktionsgeschwindigkeit. Eine Antwort auf ein Mailing oder ein ausgefüllter und zurückgesandter Bestellschein aus einer Annonce ist naturgemäß einige Tage unterwegs. Im Internet klicken die potenziellen Kunden unmittelbar auf die geschalteten Werbebanner und betreten den Online-Shop ohne Zeitverlust. Es lässt sich in der Realität beobachten, dass viele Firmen gerade bei ersten größeren Internet-Werbeaktionen diesem Umstand zu wenig Rechnung tragen.

Direktes Feedback

Das Feedback der Kunden ist direkt spürbar, im Positiven wie im Negativen. Aus einer erfolgreichen Kampagne resultieren messbare Ergebnisse in Form von Bestellungen, die im Online-Shop eingehen. Die negativen Reaktionen folgen ebenfalls sehr schnell: Wenn die Kampagne schlecht ist oder der Server im dümmsten Moment abstürzt, erfährt der Webmaster das Feedback sehr direkt. Deshalb ist es wichtig, größere Kampagnen mit einer Testphase zu beginnen und den Start nicht beispielsweise auf den Freitagnachmittag zu legen, da bei einem Problem unter Umständen der Server das ganze Wochenende lang lahm gelegt ist. Der Betreiber des Online-Shops muss in der Lage sein, das Feedback zügig zu beantworten. Mails und Anfragen, die aus der Kampagne hervorgehen, müssen spätestens am folgenden Arbeitstag beantwortet sein.

Neuer Reaktionsweg

Das Phänomen des fehlenden Medienbruchs bei Internet-Shops berührt auch den technischen Reaktionsweg. Er verläuft nicht mehr via

Eigene Kundenkartei für den Online-Shop

Die Integration von elektronischen Bestellvorgängen in die bestehende Kundenverwaltung kann unter Umständen teuer sein. Es besteht auch ein gewisses Sicherheitsrisiko, wenn Sie lokale Kundendateien mit dem Online-Shop verknüpfen. Wenn die Kosten für eine vollständige Integration zu hoch sind, können Sie durchaus darauf verzichten und in einer ersten Phase eine eigene Kundenkartei nur für den Online-Shop erstellen. Die spätere Integration der Online-Kunden ist dann deutlich billiger und problemloser zu bewerkstelligen als bestehende Daten in den Shop zu integrieren. Dasselbe gilt für Anbindung an Logistik und an die Auslieferung.

TIPP

Postbote oder Telefon, sondern elektronisch über die Provider des Kunden und des Shops. Die Bestellung geht bei vielen Online-Shops elektronisch analog zu einem Mail ein. Der Kunde ist dadurch sehr nahe am Shop; es gibt bildlich gesprochen keine Distanzen zu überwinden.

Webserver stürzt ab

Im Internet gilt: «Murphy was an optimist». Die Technologie ist nicht ausgereift, die Anwendung ist für den Kunden mühselig und enervierend langsam. Die Erfahrungen mit dem Medium sind allgemein noch bescheiden. Es ist durchaus möglich, dass der Server während einer laufenden Kampagne aussteigt, weil die Kampagne einen riesigen Erfolg zeigt. Meist liegt der Grund dann darin, dass die Leitungen beim Provider überlastet sind, wenn die Kampagne gut läuft und mehrere hundert User innerhalb derselben Minute den Server anwählen. Steigt der Server in diesem Moment aus, erhalten die Besucher eine Fehlermeldung, was recht peinlich ist.

8.2 Die klassischen Fehler

Grabenkrieg ums Budget

Wenn die Grundsatzentscheidungen gefällt sind – oder meist schon vorher – entsteht das Gerangel ums Budget. Sehr oft lässt sich beobachten, dass gerade in größeren Unternehmen die Informatik-Abteilung die

Sache in die Finger nimmt, bevor die strategischen Entscheidungen gefällt sind und Konzepte und Vorgehen auf dem Tisch liegen. Meist hat ein Angestellter in der Informatik-Abteilung oder ein Angestellter mit Affinität zum Medium Internet in grauer Internet-Vorzeit die Domain ohne Anweisung von oben registriert. Danach entstand nach einer Zangengeburt der erste Internet-Auftritt, von dem meist nichts mehr übrig geblieben ist.

Informatiker haben einen Informationsvorsprung in der Anwendung des Internet. Sie können die Chefetage leicht davon überzeugen, dass das Internet eine Notwendigkeit ist und viel technisches Know-how verlangt. Dieser Vorsprung führt nicht selten dazu, dass erstens das Budget für die Hardware zu hoch angesetzt wird und zweitens die Techniker ganze Lösungen selbst erarbeiten, obwohl ein Einkauf deutlich günstiger käme.

Budget in der Informatik

Eine Agentur macht einen Prospekt. Sie plant und realisiert ihn nach den Wünschen des Kunden. Wenn das «Gut zum Druck» vorliegt, wandert das Ganze in die Druckerei. Der Kunde ist König, die Agentur verwaltet das Budget, die Druckerei druckt und hat nichts zu sagen. Im Internet ist flächendeckend zu beobachten, dass eine Informatikfirma das Budget für das Internet verwaltet. Warum? Internet ist Kommunikation und das Unternehmen muss kommunizieren, nicht Leitungen spannen und Software ausprobieren. Viele Unternehmen leiden heute darunter, dass ihre Internet-Angebote technisch hervorragend sind, aber inhaltlich zu wenig gepflegt werden und für die User zu kompliziert sind. Die Ursache liegt oft in vergangenen Budget-Entscheidungen und im krassen Missverhältnis zwischen technischen Kosten und Pflegeaufwand.

Unendliche Planung

Das wichtigste Gesetz im Internet lautet: «Wer zuerst kommt, mahlt zuerst». Unternehmen, die mit Planspielen und Kompetenzrangeleien Zeit verlieren, könnten dies später bereuen. Es ist ein schwerwiegender Fehler, jahrelang zu planen und zu konzipieren. Das Vorgehen muss prinzipiell anders sein: zügig einen Firmenauftritt realisieren und danach in aller Ruhe Erfahrungen sammeln und aufgrund der gesammelten Erkenntnisse das Online-Angebot nach Bedarf ausbauen.

Sicherheits-Paranoia

Beobachten Sie das paradoxe Verhalten der Menschen: Sie fahren mit dem Auto ins Kaufhaus und kaufen sich kein Rindfleisch, um sich nicht mit BSE anzustecken. Die Wahrscheinlichkeit, wegen des Schnitzels zu sterben, ist etwa so hoch wie von Weltraumschrott erschlagen zu werden. Die Wahrscheinlichkeit eines Autounfalls ist hingegen durchaus substanziell.

Das selbe gilt im Internet: Die Wahrscheinlichkeit, dass ein Hacker einen erfolgreichen Angriff auf ein Sicherheitssystem durchführt, ist für durchschnittliche Unternehmen äußerst klein. Wenn der Server in einer Informatikfirma betrieben ist, ist das Risiko nahezu null. Die Überwachung des Shops geschieht online, ebenso die Bestellungen und die Auftragsabwicklung. Mit dieser Konstruktion ändert sich das bisherige unternehmerische Risiko nicht, da die Buchhaltung und die Bankverbindungen physisch vom Online-Shop getrennt sind. Die andere Sicherheitsaspekte wie Debitorenrisiko können mit technischen Sicherheitseinrichtungen ohnehin nicht beeinflusst werden.

Eine geradezu fahrlässige Fehlinvestition ist es, einen eigenen Server zu kaufen, Standleitungen zu mieten und eine simple Firmen-Homepage mit einer Firewall zu sichern.

Pfusch

Keinem Unternehmen würde es im Traum einfallen, einen Firmenprospekt voller Tippfehler auf Altpapier drucken zu lassen. Es ist fast unglaublich, wie viele Unternehmen halbfertige, unausgereifte Internet-Angebote publizieren. Würden Sie in einem Laden einkaufen, in dem in jedem dritten Regal ein Täfelchen steht, was hier in Zukunft noch alles angeboten wird? Derselbe Effekt ergibt sich im Internet mit dem sattsam bekannten Ausdruck «Under construction».

Zu viel Geld für Hardware

Nicht wenige Unternehmen bezahlen zu viel für ihr Internet-Angebot. Häufig fließen zu hohe Beträge in die Hardware, vor allem dann, wenn die Firma eigene Server betreibt und interne Netze verlegt hat, die von den Anforderungen her gesehen nicht notwendig gewesen wären.

Luftballons ohne Konzept

Drei Schlafsäcke im Wald sind kein Hotel und ein Einkaufskörbchen mit Bestellformular ist kein Online-Shop. Es ist eine unverzeihliche Sünde, die Kunden mit unausgereiften, unfertigen, ungeplanten und unkoordinierten Projekten zu belästigen. Die Zeiten für nette Experimente im Internet sind längst vorbei. Die Firma muss sich entscheiden: Es gibt entweder eine Firmenpräsentation oder einen Online-Shop, einen Online-Kundendienst, Business-to-Business-Lösungen, Intranet-Anwendungen oder was auch immer – aber das Projekt ist klar, durchdacht, konzipiert und professionell umgesetzt.

Keine Anbindung an Verkauf

Die Funktionsfähigkeit des Online-Shops ist das eine, die Anbindung an den Verkauf das andere. Im Shop-Konzept müssen die betrieblichen Abläufe ausgearbeitet sein. Ein Arbeitsplatz ist eingerichtet, das Personal verfügt über die notwendigen Mittel und ist entsprechend geschult. Wenn die Anbindung an den Verkauf fehlt, merkt der Online-Kunde davon wenig. Die Probleme sind in diesem Falle unternehmensintern und äußern sich in Form von unkoordinierten Abläufen. Dies ist für die Angestellten ärgerlich, drückt auf die Stimmung und bremst die Weiterentwicklung des Online-Shops stark.

Kein Online-Kundendienst

Ein Kunde im Geschäft will bedient sein. Analog dazu muss man die Kunden im Internet genauso pfleglich behandeln, man muss Fragen beantworten, helfen, beratend beistehen und so weiter. Wenn ein Kunde per Mail eine Frage stellt und nie eine Antwort erhält, ist es genauso, wie wenn Sie im Restaurant etwas bestellen und der Kellner bequemt sich nicht, Sie zu bedienen.

Wenn der Online-Kundendienst fehlt, häufen sich briefliche und telefonische Reklamationen. Der Grund für die Reklamationen liegt dann natürlich nicht beim Shop, sondern beim fehlenden oder mangelhaften Service.

Keine Anbindung an Auslieferung

Genauso wie die Anbindung an den Verkauf klappen muss, ist die Verknüpfung des Online-Shops an die physische Distribution elementar

Mails umgehend beantworten

Die Bestellungen und die Mails mit Fragen und Kommentaren müssen umgehend bearbeitet werden. Als sinnvoll hat sich eine strikte Aufgabenteilung erwiesen: Die Bestellungen werden von der Shop-Verwaltung bearbeitet und die Mails mit Fragen vom Online-Kundendienst. Für kleinere Shops lohnt es sich nicht, zwei Arbeitsplätze einzurichten. In diesem Falle übernimmt die gleiche Arbeitsstelle zwei getrennte Funktionen.

TIPP

wichtig. Die Anknüpfung muss bereits in der Planungsphase ausformuliert sein. Die Realisierung muss einen Test bestehen; ideal ist es, wenn die Organisation der Auslieferung noch vor der ersten größeren Werbeaktion einen internen Test bestanden und sich als robust erwiesen hat.

Noch während einer erfolgreichen Werbekampagne kann ein Online-Shop großen Umsatzzuwachs verzeichnen. Die Auslieferungsanbindung muss auch die Spitzen bewältigen können. Temporäre Engpässe sind nicht weiter tragisch, ernsthafte Probleme in den betrieblichen Abläufen können sich jedoch ergeben, wenn die Auslieferungskonzepte unbrauchbar sind oder gänzlich fehlen.

Kein Konzept für modularen Ausbau

Gute Internet-Angebote sind klar, übersichtlich und pflegeleicht. Die Benutzer wissen auf den ersten Blick, was sie erwartet. Sie finden mit wenigen Klicks das Gesuchte und können alle Funktionen bedienen, ohne komplizierte Installationen vorzunehmen.

Ein Internet-Angebot hat sich irgendwann erschöpft. Die Firmenstrategie legt mindestens im Groben fest, wie ein Ausbau aussieht, in welchem Tempo und mit welchem Budget in Größenordnungen vorgegangen wird. Konzepte für modularen Ausbau umschreiben, welche Möglichkeiten für eine Erweiterung der Online-Palette bestehen und in welchem Zeithorizont Schritte vorgenommen werden.

Zu komplexes Web-Angebot

Viele Unternehmen geben sich im Internet zu wenig Mühe – und einige bieten zu viel des Guten an. Ein überladenes Web-Angebot schreckt ab, die Benutzer finden sich nicht zurecht und geben es bald auf. Bei

Dienstleistungen oder Shops gehören Struktur und Funktionalität des Internet-Angebotes zu den wichtigsten Kriterien. Der Hauptgrund für abschreckend komplizierte Internet-Angebote sind falsche oder fehlende Konzepte. Die Site wuchert vor sich hin, ein Informatiker programmiert noch den letzten Schrei hinzu, der Grafiker lässt die Buttons flimmern, der Verkäufer will alle Aktionen oben in der Mitte anbieten, der Werber pflanzt überall seine Slogans hin – und niemand ist da, der die Übermotivierten bremst.

Das Überangebot an Funktionen ist ein modernes gesellschaftliches Phänomen; es ist nicht selten ein Ärgernis und für viele Menschen ein echtes Problem. Soziologen sprechen von der Multi-Options-Gesellschaft. Zum Skifahren stakte der Großvater mit der Familie früher auf seinen Hausberg und alle kurvten in derselben Spur nach unten. Heute gibt es im Skigebiet 243 Kilometer Piste, 78 Skilifte und 59 Restaurants; ein simpler Skiausflug eröffnet eine Informationsfülle, die das menschliche Hirn schlicht nicht verarbeiten kann. Für viele Menschen ergeben sich Orientierungsschwierigkeiten, auch wenn nur wenige dies zugeben.

Das selbe gilt im Internet: Wenn die Suchmaschine mir 20 000 Ergebnisse liefert, brauche ich dann die nächsten 20 000 wirklich auch noch? Wozu brauche ich mehr Suchfunktionen als ein Pulldown-Menü und die Suche nach Stichworten verknüpft mit «und» und «oder»? Und warum um Himmels Willen steht dort «Search routine use bool operating» oder ein ähnlicher Unsinn, warum nicht «Geben Sie Ihr Stichwort ein»?

Niemand ist zuständig

Der vielleicht verheerendste Fehler ist es, ein Internet-Angebot in die Welt zu setzen und zu warten, was passiert. Es ist mehr als nur peinlich, wenn ein Kunde eine Frage per Mail stellt und nie eine Antwort erhält. Das Unternehmen hat sich entlarvt; es ist offensichtlich entweder nicht willens oder nicht fähig, im Internet professionell zu handeln. Es gibt keine Kündigungsfrist im Internet, der Kunde klickt sich weg und Sie sehen ihn nie wieder.

Inhaltspflege in der Informatik

Welche Zeitung hat die Redaktion der Druckerei unterstellt? Steht der Sänger hinter dem Mischpult oder auf der Bühne? Und was denkt das

Publikum, wenn der Tontechniker mitsingen muss? Es ist bedenklich, wie viele Unternehmen die Lufthoheit über den Inhalt eines Internet-Angebotes organisatorisch der Informatik unterstellt haben. Genauso wie das Budget für das Internet nicht in die Informatik-Abteilung gehört, muss die Inhaltspflege außerhalb der Technik angesiedelt sein. Organisatorische Mängel haben auch oft dazu geführt, dass die Redakteure Form und Inhalt den technischen Möglichkeiten anpassen müssen. Informatiker haben weder das Wissen noch die Fähigkeit, Inhalte zu bearbeiten und zu pflegen. Die Reibungsverluste und Nervenbelastung auf beiden Seiten sind hoch, wenn Techniker und Redakteure sich Budget, Kompetenzen und Räume teilen müssen. Es ist entscheidend, Infrastruktur, Informatik und Inhalte voneinander klar zu trennen.

Unterschätzung des Folgeaufwandes

Die Anfänge der meisten Online-Shops sind sehr bescheiden. Wenn eine Kampagne eingeschlagen hat und die Kunden das Internet-Angebot rege nutzen, ist die Pflege des Online-Shops allerdings eine recht handfeste Angelegenheit. Der Folgeaufwand wird meist dann unterschätzt, wenn das Konzept die Anbindungen an die Auftragsabwicklung und den Kundenservice zu wenig oder gar nicht berücksichtigte. Auch die Pflege des Online-Shops selbst wird oft unterschätzt: Am zuständigen Arbeitsplatz müssen Preise aktualisiert werden, alte Produkte entfernt und neue ergänzt werden. Diese Aufgabe lässt sich nicht

TIPP

Internet ist Kommunikation, nicht Technik!

Die Bedeutung der Technik in der Anwendung des Internet für unternehmerische Zwecke wird regelmäßig überschätzt. Das Internet ist nicht ein technisches Problem, das Internet ist eine Kommunikationsaufgabe. Keinem Automobilisten käme es in den Sinn, selbst nach Öl zu bohren, man kauft das Benzin an der nächsten Tankstelle. Im Internet hingegen wird regelmäßig versucht, ganze Anwendungen von Grund auf neu zu erfinden, firmeneigene Server zu betreiben, Standleitungen zu verlegen und ganze Intranets auf eigene Faust zu programmieren. Inhouse-Lösungen müssen wirklich gut durchdacht sein und die Führung soll es sich besser dreimal als zweimal überlegen, eigene Lösungen zu implementieren.

«zwischendurch» erledigen. Man darf ruhig einen ansehnlichen Posten Zeit und Geld in die Pflege des Internet-Angebotes stecken. Nichts ist ärgerlicher als ein verpatzter Start, weil das Unternehmen am eigenen Erfolg zweifelte.

Fehlender Mediaplan

Nur die ersten Gehversuche und Einführungstests sollten ohne Mediaplan über die Bühne gehen. Besser ist es, auch die Tests und Müsterchen in den Mediaplan mit einzubeziehen. Die scheinbare Einfachheit, Banner zu schalten und an Stichworte zu koppeln, verleitet viele Unternehmen dazu, die Internet-Werbung auf eigene Faust und ohne Planung durchzuführen. Ein Unternehmen sollte dies nur tun, wenn es das nötige Know-how wirklich im Haus hat. Internet-Werbung ohne Mediaplan durchzuführen ist nicht gefährlich, aber Profis können meist mit demselben Budget mehr herausholen.

Fehlende Einbindung in Site Promotion

Werbung im Internet ist gut – besser ist es, sie mit Werbung rund ums Internet zu verknüpfen. Die Synergien, die eine Kombination der Kommunikation in den verschiedenen Medien ermöglichen, müssen unbedingt ausgenützt werden. Problematisch ist insbesondere der Zeitverlust, den ein Unternehmen hinnehmen muss, wenn es Insellösungen im Internet betreibt und diese später mühselig in andere Gebiete und Aufgaben integrieren muss.

Fehlende Einbindung in klassische Kommunikation

Bereits in der Planungsphase müssen die Prinzipien der Einbindung klar sein. Wichtig ist die unterschwellige, langfristige Integration der Kommunikationsformen und -mittel in den verschiedenen Medien. Ideal ist es natürlich, wenn die Agentur, die bisher für klassische Werbung zum Zug kam, auch die Internet-Werbung durchführen kann.

Mangelhafte Erfolgskontrolle

Die Erfolgskontrolle ist zwingend notwendig. In Kapitel 7 ist die Erfolgskontrolle ausführlich beschrieben. Die Unternehmen sollten bereits die ersten Werbeaktionen im Internet auswerten, auch wenn es sich anfänglich um kleine Beträge und Kampagnen handelt. Informationen über Erfolg und Misserfolg einer Kampagne lassen sich später nicht mehr beschaffen.

Start mit zu hohem Budget

Bannerwerbung lässt sich wie keine andere Werbeform zeitlich präzis platzieren. Klassische Werbeformen haben oft eine gewisse Mindestschwelle; bei Plakatwerbung ist es beispielsweise nicht vernünftig, vereinzelte Plakate über eine lange Zeit auszuhängen. Im Internet hingegen können auch kleinere und kleinste Budgets bestens über die Zeit verteilt werden. Die Erfahrungen mit anderen Werbeformen verleiten dazu, mit einem Knall schnelle Erfolge erzielen zu wollen. Das Gegenteil ist wahr: sachte beginnen, Erfolg auswerten, Kampagne korrigieren und lange laufen lassen. So stellt sich auch mit minimalen Beträgen Erfolg ein.

Datensammelwut

Es ist eine kollektive Datensammelwut ausgebrochen. Computer verleiten dazu, Datenfriedhöfe aufzubauen: Wo Daten sind, werden sie auch gesammelt. Bei genauerem Nachfragen sind die Antworten häufig verschwommen: Warum und wieso man derart viele Daten über Kunden aufbewahrt, kann oft niemand mehr recht erklären. Data-Mining und One-to-One-Marketing haben ihre Berechtigung und sind ein wichtiges Instrument im Marketingmix. Daten sammeln zum Selbstzweck ist hingegen eine Unsitte, Geldverschwendung und eine Fallgrube für Probleme mit verärgerten Kunden und dem Datenschutz.

Vom Erfolg überrannt

Unerwarteter Erfolg löst Hektik in der Auslieferung aus und kann auf das Engagement der Angestellten für das Internet drücken. Die nach außen sichtbare Komponente von Überforderung sind die unbeantworteten Mails und Anfragen. Es ist sehr schwierig und setzt viel Internet-Erfahrung voraus, angehäufte Mails nach mehreren Tagen zu beantworten. Oft schicken Kunden ihre Fragen mehrmals ab, weil sie denken, das Mail sei gar nicht angekommen. Wenn nun der Kunde nach langer Zeit mehrmals Antwort erhält – und womöglich verschiedene Antworten auf die gleiche Frage – ist das Unternehmen bloßgestellt.

Index